LE SAVANT ET LA TEMPÊTE

Étudier l'atmosphère et prévoir le temps au XIXe siècle

Cet ouvrage a été publié avec le concours de la Fondation Carnot (http://www.carnot.org), sous l'égide de la Fondation de France.

Parmi ses diverses missions, la Fondation Carnot récompense un travail original de valeur en histoire sur l'un des cinq thèmes suivants :

- Histoire des sciences appliquées et des techniques.
- Histoire de l'enseignement scientifique et des grands corps techniques de l'État.
- Histoire des sciences humaines.
- Histoire des idées politiques modérées.
- Histoire des Assemblées parlementaires et de l'Administration.

Thèmes unifiés autour du titre fédérateur « *Hommes, idées et moyens de la modernité, fin* XVIII*e* – *début* XX*e* *siècle* ».

Les candidats à un tel soutien peuvent adresser les manuscrits de leurs thèses au comité de lecture de la Fondation Carnot : 7 Boulevard Jean Mermoz – 92200 Neuilly-sur-Seine (France) ***info@carnot.org***

Campus de La Harpe / 2, rue du doyen Denis-Leroy - 35044 Rennes Cedex

www.pur-editions.fr

Mise en page : Emmanuel Parent pour le compte des PUR
Dépôt légal 2e semestre 2008
ISBN : 978-2-7535-0696-1

Fabien LOCHER

LE SAVANT ET LA TEMPÊTE

Étudier l'atmosphère et prévoir le temps au XIXe siècle

Presses Universitaires de Rennes
2008

Carnot

Collection « Carnot »

Dirigée par Patrick Harismendy

Derniers ouvrages parus :

Gabriel Galvez-Behar,
La république des inventeurs. Propriété et organisation de l'innovation en France (1791-1922), 2008, 354 p.

Pierre Karila-Cohen,
L'État des esprits. L'invention de l'enquête politique en France (1814-1848), 2008, 404 p.

Jacqueline Carroy et Nathalie Richard (dir.),
Alfred Maury, érudit et rêveur. Les sciences de l'homme au milieu du XIXe siècle, 2007, 206 p.

Michel Cotte,
Le choix de la révolution industrielle. Les entreprises de Marc Séguin et de ses frères (1815-1835), 2007, 574 p.

Yannick Marec,
Pauvreté et protection sociale aux XIXe et XXe siècles. Des expériences rouennaises aux politiques nationales, 2006, 404 p.

Gilles Crochemore,
Armand Carrel. Un républicain réaliste, 2006, 256 p.

Patrick Harismendy (dir.),
La France des années 1830 et l'esprit de réforme, 2006, 310 p.

Annie Lagarde-Fouquet et Christian Lagarde,
Édouard Charton (1807-1890) et le combat contre l'ignorance, 2006, 250 p.

Leonard N. Rosenband,
La fabrication du papier dans la France des Lumières. Les Montgolfier et leurs ouvriers, 1761-1805, 2006, 244 p.

Claudine Fontanon et Robert Frank (dir.),
Paul Painlevé (1863-1933). Un savant en politique, 2005, 152 p.

Patrick Harismendy,
Le parlement des Huguenots. Organisations et synodes réformés français au XIXe siècle, 2005, 438 p.

Christophe Voilliot,
La candidature officielle. Une pratique d'État de la Restauration à la Troisième République, 2005, 300 p.

Michel Letté,
Henry Le Chatelier (1850-1936) ou la science appliquée à l'industrie, 2004, 262 p.

Irina Gouzévitch, André Grelon et Anousheh Karvar (dir.),
La formation des ingénieurs en perspective, 2004, 176 p.

Nicole Chezeau,
De la forge au laboratoire. Naissance de la métallurgie physique (1860-1914), 2004, 240 p.

Rosemonde Sanson,
L'Alliance républicaine démocratique. Une formation de centre (1901-1920), 2003, 564 p.

Chapitre I

UN ŒIL SUR L'ATMOSPHÈRE
Adolphe Quetelet et les observations simultanées

En 1834, les physiciens allemands Carl Friedrich Gauss et Wilhelm Weber lancent un appel à la communauté scientifique [1]. Ils sollicitent la coopération des savants, afin de parvenir à une observation simultanée du champ magnétique terrestre, en différents points du globe. Leur but est de saisir ce phénomène physique complexe dans sa globalité et dans sa dynamique, en multipliant les points d'observation et en opérant des mesures fréquentes et synchrones. Gauss et Weber proposent d'observer toutes les 5 minutes pendant 24 heures, le dernier samedi du mois. Dans les années qui suivent, ils parviennent à recruter des observateurs bénévoles et à les rassembler sous l'égide de leur *Magnetischer Verein*, leur « Union magnétique ».

Un petit groupe de savants britanniques décide bientôt de les imiter et lance ses propres campagnes d'observation. Ce groupe se confond largement avec le premier cercle de la *British Association for the Advancement of Science*, et ses membres les plus actifs sont Edward Sabine, Humphrey Lloyd et John Herschel. Herschel est au Cap de Bonne-Espérance jusqu'en mai 1838, mais après son retour en Angleterre, il contribue à organiser les campagnes. Il use aussi de ses réseaux politico-scientifiques, et suscite la création de postes permanents d'observation magnétique, placés sous la responsabilité de l'Amirauté, de la *Royal artillery* et de la *East india company.*

Gauss et Weber mettent un terme à leurs recherches géomagnétiques au début des années 1840. Les campagnes britanniques, quant à elles, sont poursuivies jusqu'en 1848, et les postes d'observation sont pérennisés. L'Observatoire de Paris ne participe ni aux campagnes allemandes ni aux campagnes britanniques. On peut y voir un signe de dépit : dans la seconde moitié des années 1830, l'Observatoire perd en effet son *leadership* en matière d'étude du champ magnétique terrestre. François Arago, son directeur, ne parvient pas à contrer la montée en puissance des programmes de recherche allemands et britanniques.

1. J. Cawood, « Terrestrial magnetism and the development of international collaboration in the early nineteenth century », *Annals of science*, 34, 1977, p. 551-587 ; J. Cawood, « The magnetic crusade: science and politics in early Victorian Britain », *Isis*, 70, 1979, p. 493-518 ; M. Dörries, « La standardisation de la balance de torsion dans les projets européens sur le magnétisme terrestre », *in* : C. Blondel et M. Dörries (dir.), *Restaging Coulomb : usages, controverses et réplications autour de la balance de torsion*, Florence, L. S. Olschki, 1994, p. 121-150.

Au même moment, des campagnes d'observations simultanées sont aussi organisées dans le but d'étudier *l'état et la dynamique de l'atmosphère à grande échelle*. En 1834, au cours de sa première année au Cap, Herschel lance un programme d'observation météorologique[2]. Il engage les propriétaires d'instruments à observer leur baromètre et leur thermomètre toutes les heures, les 1er et 3e samedi de chaque mois. Il s'inspire ici directement de Gauss et Weber. Par ailleurs, en plus des samedi, il décide de mobiliser les observateurs les jours des solstices et des équinoxes. Il fait ce choix car c'est à ces moments de l'année que son ami Humphrey Lloyd réalise des mesures géomagnétiques intensives à l'Observatoire de Dublin[3]. L'idée de Herschel est d'étudier, de cette façon, les connexions qui pourraient exister entre l'état de l'atmosphère, le champ magnétique terrestre et les configurations astronomiques.

L'Observatoire de Bruxelles et les campagnes météorologiques simultanées

En mai 1835, Herschel s'adresse au directeur de l'Observatoire de Bruxelles, Adolphe Quetelet. Il lui demande de participer aux campagnes[4]. Quetelet est connu comme l'un des personnages les plus marquants de l'histoire des sciences statistiques[5]. Mais son importance dans le développement des sciences de la Terre, du milieu des années 1830 au début des années 1860, a été négligée jusqu'ici. Il dirige pourtant l'Observatoire de Bruxelles dès sa création en 1832, et y mène un important programme de recherche dans le domaine de la « physique du globe ». Ce terme recouvre pour lui l'investigation des phénomènes atmosphériques et géomagnétiques, l'étude des marées et des courants marins et celle des météores physiques (étoiles filantes, aurores boréales, tremblements de terre...). Dans la décennie 1835-1845, Quetelet

2. J. Herschel, « Report of the meteorological committee of the South african literary and scientific institution », *Edinburgh New Philosophical Journal*, 21, 1836, p. 239-246.
3. J. Cawood, « The magnetic crusade... », *loc. cit.*, p. 507. Le rapport entre les évolutions du magnétisme terrestre et les positions du Soleil aux solstices et aux équinoxes avait été établi dès 1791 par Cassini (IV) : J.-D. Cassini, *De l'influence de l'équinoxe du printemps et du solstice d'été sur la déclinaison et les variations de l'aiguille aimantée*, Paris, L. P. Couret, 1791.
4. H. Elkhadem, « La correspondance d'Adolphe Quetelet avec sir John Herschel : un exemple de la richesse du fonds Quetelet », *in* : *Adolphe Quetelet*, Bruxelles, Palais des Académies, 1975, p. 46-58. Quetelet connaît les principaux fondateurs de la *British Association for the Advancement of Science*. Il participe à son second meeting annuel en 1832, et il est membre correspondant à partir de 1834. J. Morell et A. Thackray, *Gentlemen of Science. Early Years of the British Association for the Advancement of Science*, Oxford, Clarendon Press, 1981, p. 291-296 et p. 372-386.
5. F. H. Hankins, *Adolphe Quetelet as statistician*, New York, Columbia University Press, 1908 ; les articles de l'ouvrage collectif *Adolphe Quetelet*, Bruxelles, Palais des Académies, 1975 ; les articles de *Actualité et universalité de la pensée scientifique d'Adolphe Quetelet* [actes du colloque du 24-25 octobre 1996], Bruxelles, Palais des Académies, 1997.

délaisse la statistique sociale au profit de ces recherches. Il publie 57 textes au cours de cette période, avec pour thèmes : les étoiles filantes (12), la température dans le sol (8), les « observations périodiques » (météorologie et géomagnétisme) (6), la météorologie (6), le géomagnétisme (6), l'astronomie (5), la géodésie (4), les historiques et les nécrologies (4), la statistique sociale (3), les plantes et les animaux (2), les marées (1)[6]. Ainsi, 39 articles sur 57 concernent son programme de physique du globe. L'astronomie est peu présente. Quetelet publie 5 articles à ce propos, dont 4 sont des notes qui évoquent des évènements astronomiques[7]. Il ne livre que trois textes relevant de la statistique sociale, dont un sur l'influence des saisons sur la mortalité[8].

Quetelet organise un service d'observation météorologique peu de temps après la création de l'Observatoire de Bruxelles. Mais il s'intéresse surtout à ces questions à partir de 1835, sous l'influence de John Herschel. Il accepte de coopérer à ses campagnes, et fait observer dans la capitale belge à l'occasion du solstice d'été 1835. Mais après son retour en Angleterre, Herschel se désengage des campagnes météorologiques qu'il a suscitées. Le 25 octobre 1838, il écrit à Quetelet pour le prévenir qu'il cesse de les superviser. En fait, Herschel a été très tôt débordé par la masse d'observations collectée, et déçu par le peu qu'il pouvait en tirer. Dès juin 1836, il se plaignait de « la quantité des calculs qu'elles nécessitent » et de « l'immense correspondance à laquelle elles donnent lieu[9] ». Puis, en septembre 1837, il insistait sur la difficulté d'en tirer des conclusions générales, difficulté qu'il attribuait alors à l'éloignement des points d'observation :

> « Quoiqu'une masse considérable d'observations soit réunie à présent, j'ai été un peu désappointé en voyant combien peu on peut en déduire de conclusions immédiates et évidentes. Une des principales causes de ceci peut tenir au manque de stations intermédiaires ; par exemple, les stations les plus voisines de Bruxelles sont Mæstricht [...] Londres, Hanovre et Genève. Il est aisé de voir le peu d'intérêt qui peut résulter pour la météorologie dynamique, de points aussi dispersés[10]. »

À partir de 1840, c'est Quetelet qui prend le relais comme coordinateur des campagnes d'observations météorologiques simultanées. Jusque là, il s'était contenté d'être un exécutant, en participant aux observations météorologiques,

6. Recensement à partir des *Roy. Soc. Papers*.

7. Éclipse lunaire (1844), éclipse solaire (1836 et 1842), occultation de Mars (1837).

8. A. QUETELET, « De l'influence des saisons sur la mortalité aux différents âges », *Mémoires de l'Académie royale des sciences de Bruxelles*, 1838 [numéroté à part]. Il faut distinguer les simples comptes-rendus d'observation — qui accroissent artificiellement la bibliographie de Quetelet — et les ouvrages de synthèse. Mais les trois travaux statistiques évoqués ci-dessus sont eux-mêmes de brefs articles.

9. Lettre de Herschel à Quetelet, du 8 juin 1836. Citée dans la *Correspondance mathématique et physique*, 3e série, 10(1), 1838, p. 183 [traduit par Quetelet].

10. Lettre de Herschel à Quetelet, du 3 septembre 1837. *Ibid.*, p. 186.

mais aussi géomagnétiques[11]. C'était une façon, pour Quetelet, de chercher à imposer l'Observatoire de Bruxelles dans l'espace scientifique européen. L'observatoire belge n'a pas les ressources financières, techniques et humaines pour devenir un grand centre de recherche astronomique. La météorologie et le géomagnétisme sont des domaines qui demandent moins de moyens, ce qui explique pour partie l'investissement de Quetelet.

Le savant belge voit une chance inespérée dans le retrait de Herschel. Avec son accord, il collecte pour la première fois les observations météorologiques à l'occasion de l'équinoxe de printemps 1840. Par la suite, il s'emploie à étendre le nombre de participants. En 1842, Quetelet peut compter sur 41 observateurs, répartis sur toute l'Europe. Les données qu'ils produisent sont publiées dans le *Bulletin* et les *Mémoires de l'Académie royale des sciences de Bruxelles.*

Auguste Bravais, Charles Martins et l'expédition de *La Recherche*

Les campagnes météorologiques de Herschel et de Quetelet ne suscitent aucune réaction de la part de l'Observatoire de Paris. En revanche, un petit groupe de savants français y participe activement. Cet engagement s'exprime tout d'abord à l'occasion d'une expédition scientifique dans les parages nord de la Laponie.

La corvette *La Recherche* y est envoyée pour la première fois en 1835, à la recherche du brick *La Lilloise*, disparu en mer. Le chirurgien et naturaliste Paul Gaimard participe à cette première expédition. Il a obtenu l'autorisation d'adjoindre à l'équipage deux savants, deux artistes et un « homme de lettres ». Les six hommes se livrent à une exploration sommaire des régions traversées.

Une fois rentré en France, Gaimard s'emploie à mettre sur pied une nouvelle expédition de *La Recherche*, avec cette fois des visées exclusivement scientifiques. Il rencontre le roi Louis-Philippe, qui soutient le projet. L'expédition est programmée sous la responsabilité du ministère de la Marine. L'équipe scientifique mobilisée en 1835 reprend du service. Le groupe comprend les artistes Louis Bevalet et Auguste Mayer (peintres d'histoire naturelle, et de paysage), le géologue Eugène Robert, le « littérateur » Xavier Marmier et le lieutenant de vaisseau Victor Lottin[12]. Lottin est un officier issu d'une pure tradition maritime, puisqu'il est entré dès l'adolescence dans l'une des

11. Quetelet observe dans un pavillon en bois situé dans les jardins de l'Observatoire, en utilisant un magnétomètre de Gauss. A. Quetelet, « Sur l'état du magnétisme terrestre », *Mémoires de l'Académie royale des sciences de Bruxelles*, 1842, p. 1-40.

12. Comme au cours de la première expédition, Marmier est chargé de décrire les pays traversés — modes de vie, coutumes, art et littérature —, et de rédiger le récit du voyage.

écoles pratiques de la flotte. Il a déjà participé à des voyages d'exploration : en mer Noire et en Méditerranée avec le capitaine Gautier, « autour du monde » avec D'Urville et Duperrey[13]. Il a aussi dirigé les observations astronomiques, météorologiques et géomagnétiques de la première expédition de *La Recherche*.

En 1837, Paul Gaimard cherche à compléter cette équipe d'un physicien et d'un naturaliste. Son choix se porte sur deux jeunes savants, appelés à jouer un rôle important dans le champ des études météorologiques : Auguste Bravais et Charles Martins.

Auguste Bravais est né à Annonay, dans une famille où l'intérêt pour les sciences naturalistes est vif[14]. En 1829, après une préparation à Paris, il entre à l'École Polytechnique, dont il sort bien classé. Tous les corps d'État, celui des Mines excepté, lui sont accessibles. Mais il choisit la Marine[15]. Affecté à un poste sans mobile scientifique particulier, il poursuit des travaux personnels. Au cours de ses séjours à terre, qu'il passe dans la maison familiale (par intermittence de novembre 1833 à juin 1835), Auguste Bravais se livre à une activité botanique intense en compagnie de l'un de ses frères, Louis. Mais il s'intéresse surtout aux recherches concernant l'astronomie et l'environnement terrestre (météorologie, géomagnétisme, hydrographie). Homme de terrain, sensibilisé aux intérêts naturalistes, Bravais possède aussi une maîtrise exceptionnelle des outils analytiques et géométriques, acquise à l'École Polytechnique. Dans les années 1830, c'est un proche de Simon-Denis Poisson, qui joue pour lui le rôle de protecteur académique. Les deux hommes partagent un style commun de traitement des problèmes, avec une utilisation brutale des développements analytiques[16]. Début 1837, le père et les frères d'Auguste Bravais le pressent de solliciter une place dans l'équipe de *La Recherche*, car ils pensent que cela peut favoriser sa carrière scientifi-

---

13. SHM, dossier « Lottin (Victor) ».
14. Son Père, François-Victor, est médecin mais aussi botaniste amateur, et il travaille un temps à une flore des Alpes et des Cévennes. À sa mort, il laisse un herbier de plus de 6 000 plantes. Les sources biographiques sur Bravais sont (en plus des dictionnaires biographiques usuels) : SHM, dossier « Bravais (Auguste) » ; L. Élie de Beaumont, « Éloge historique d'Auguste Bravais », *Mémoires de l'Académie des sciences*, 1866, p. XXIII-XCIX ; son dossier de titulaire de la légion d'honneur [AN LH 35415] ; M.-H. Reynaud, *Auguste Bravais : de la Laponie au Mont-Blanc*, Annonay, Éditions du Vivarais, 1991.
15. Le contexte familial a dû jouer un rôle dans l'attirance du jeune Auguste Bravais pour le monde de la mer. Son père avait en effet été deux fois candidat pour les expéditions de recherche de La Pérouse, mais sans succès.
16. Dans les années 1830, Poisson travaille principalement sur le problème de la diffusion thermique. L'historiographie a souvent opposé l'élégance formelle des travaux de Fourier au caractère « laborieux » des développements dus à Poisson : R. Fox, *The culture of science in France 1700-1900*, Aldershot, GB-Brookfil USA-variourum, 1992, p. 121-122.

que. C'est son frère Camille qui demande — et obtient — l'assentiment de Gaimard en mars 1837. Le 27, Auguste Bravais lui écrit pour confirmer qu'il se joint à l'expédition [17]. En octobre, pressé par Poisson, il soutient une thèse de sciences physiques à la faculté des sciences de Lyon [18].

Dans sa lettre à Gaimard, en plus d'accepter une place de physicien à bord de *La Recherche*, Bravais recommande la candidature de l'une de ses connaissances, Charles Martins [19]. Ce dernier est né en France, mais il passe ses vingt premières années en Suisse, ce qui lui vaut d'être bilingue français-allemand. Puis il rejoint Paris, où il suit des études médicales jusqu'au doctorat, en 1834. Son intérêt va avant tout aux études naturalistes. En 1836, il obtient l'agrégation de la faculté de médecine pour les sciences naturelles. Charles Martins et Auguste Bravais se connaissent depuis le milieu des années 1830, par l'intermédiaire de Louis Bravais. Les trois hommes ont plusieurs fois herborisé ensemble autour d'Annonay. En 1837, Bravais recommande Martins en avançant son bilinguisme et sa formation médicale (il peut être un « médecin de rechange »).

Bon connaisseur des travaux de Humboldt et De Candolle, Martins est un adepte de la géographie des plantes. En 1837, il vient d'achever un important travail sur la topographie botanique du Mont Ventoux [20]. À cette occasion, il a procédé à de nombreuses observations barométriques de terrain. Elles lui ont servi à réaliser des mesures *hypsométriques*, c'est-à-dire des mesures d'altitude par l'observation comparée de la pression. L'objectif de Martins était de déterminer les hauteurs où se développent les différentes plantes, ce qui est l'un des grands thèmes de recherche de la géographie botanique.

Lorsqu'il recommande Martins, Bravais peut ainsi faire état de son expérience dans le maniement du baromètre. Il suggère qu'ils pourront opérer des mesures hypsométriques en duo, en se plaçant l'un en plaine et l'autre en hauteur. Mais l'intérêt que Martins manifeste pour les observations barométriques dépasse leur simple utilisation pour les mesures d'altitude. Lorsqu'il

---

17. Lettre de Camille Bravais à Gaimard, du 27 mars 1837. BNF Mss 3303.

18. A. Bravais, *Thèses présentées le 5 octobre 1837 à la faculté des sciences de Lyon, pour obtenir le grade de docteur ès sciences physiques… Sur les méthodes employées dans les levées sous voiles*, Lyon, s. éd., 1837 [première thèse] ; *Sur l'équilibre des corps flottants*, Paris, Arthus Bertrand, 1840 [deuxième thèse]. Dans sa première thèse, Bravais traite des causes d'erreur dans le cadre des levées hydrographiques.

19. J.-M. Drouin a étudié Charles Martins en tant que vulgarisateur de la géographie des plantes : J.-M. Drouin, « Comprendre et dominer le monde végétal. La vulgarisation de la géographie botanique au XIXe siècle », *in* : P. Acot (dir.), *La maîtrise du milieu*, Paris, Vrin, 1994, p. 40-57. Voir aussi son dossier de titulaire de la légion d'honneur [AN LH 176997], et surtout le manuscrit intitulé « Rapport sur les travaux scientifiques de Charles Martins », Institut Mss 2452.

20. Ch. Martins, « Essai sur la topographie botanique du Mont Ventoux en Provence », *Annales des Sciences Naturelles*, botanique, 2e série, 10, 1838, p. 129-158 et p. 228-277.

s'adresse à Gaimard pour avoir confirmation qu'une place lui est bien réservée à bord, il met en avant la perspective d'un « magnifique travail » sur les évolutions barométriques aux hautes latitudes, sujet, écrit-il, « tout à fait neuf[21] ». Martins se révèlera par la suite un très bon connaisseur des problèmes théoriques et pratiques liés à l'observation des instruments météorologiques.

Le Navire et l'Observatoire : observer sous le cercle polaire

La Recherche quitte Le Havre le 13 juin 1838[22]. Elle met le cap au Nord, et embarque sur sa route cinq savants scandinaves. À la fin du mois de juillet, la corvette atteint la côte ouest des Spitzberg, où elle stationne une dizaine de jours. Mais dès le 5 août, elle est contrainte de lever l'ancre et de rejoindre le port d'Hammerfest, à proximité du cap Nord.

La Recherche doit rentrer en France, mais il est prévu que cinq membres de l'expédition passent l'automne et l'hiver 1838 à proximité de la ville, pour un hivernage scientifique franco-suédois. Le groupe est composé de trois officiers de marine formés aux sciences physiques et hydrographiques (Lottin, Bravais et le lieutenant de vaisseau Carl Bertil Lilliehöök), d'un membre de l'Observatoire de Stockholm (le physicien Per Adam Siljeström) et d'un peintre d'histoire naturelle (Bevalet). Fin août 1838, les cinq hommes gagnent le comptoir de Bossekop, où ils créent un site permanent d'observation, dédié à la météorologie et au géomagnétisme. Ils s'installent dans de petites constructions en bois, où ils dorment à côté de leurs instruments scientifiques.

Dans son éloge funèbre de Bravais, le géologue Élie de Beaumont décrit l'organisation de l'hivernage. Il note qu'on y faisait « *le quart avec la même régularité que sur un bâtiment de guerre*[23] ». Du 1er septembre 1838 au 6 avril 1839, les hivernants se répartissent le travail d'observation selon trois tranches horaires : de 8 h. du matin à 8 h. du soir, de 8 h. du soir à 2 h. du matin, de 2 h. du matin à 8 h. du matin[24]. Ils relèvent les indications des instruments météorologiques toutes les deux heures[25]. Seul Bevalet est exempté de toute observation.

21. Lettre de Martins à Gaimard, s.d. BNF Mss 3307.
22. Les sources sur l'expédition sont : *Voyages de la commission scientifique du Nord, en Scandinavie, en Laponie, au Spitzberg et aux Feroë pendant les années 1838, 1839, et 1840 sur la corvette La Recherche, commandée par M. Fabvre*, Paris, Arthus Bertrand, 17 t., 1843-1855 ; P. Gaimard, *Du Spitzberg, souvenirs de voyage à Bell Sound et à Magdalena Bay*, Paris, Pilout, 1839 ; journal de bord de *La Recherche* (1838-1839), AN 4JJ 148.2.
23. L. Élie de Beaumont, « Éloge historique d'Auguste Bravais », *loc. cit.*, p. XLIII. Nous soulignons.
24. Chaque jour, l'un des quatre hommes est au repos.
25. Cette série bihoraire systématique comprend des mesures barométriques (avec des baromètres de type Fortin), des mesures de la température et de l'humidité de l'air (grâce à un hygromètre à cheveux de Saussure), une estimation de la force et de la direction du vent (Les hivernants ont installé une girouette sur le toit de la maison des français), une observation des nuages (selon la classification d'Howard). La température est aussi relevée sur un thermomètre attaché au baromètre, pour une réduction ultérieure des pressions à 0° C.

Au cours du trajet depuis Le Havre, Bravais, Lottin et Pottier — le maître de timonerie du navire — se relaient déjà pour assurer le même type de mesure « en continu » à bord de *La Recherche*. Les observations météorologiques sont assumées par celui qui est en charge du quart de navigation. Comme le note Élie de Beaumont, cette forme particulière de division du travail scientifique est reprise par les hivernants de Bossekop. Leur campement apparaît alors, d'un certain point de vue, comme un « navire à terre ». Au quart de navigation s'est substitué un « quart d'observation ». Comme sur un navire, l'espace de la vie domestique et l'espace du travail sont confondus, et il règne une discipline stricte. Par ailleurs, la division des tâches valorise la qualification savante et le statut social qui s'y rattache. Bevalet, le seul à ne pas en être pourvu, n'observe pas[26]. La responsabilité du quart et celle du maintien de la série d'observation impliquent toutes deux, du fait de leur importance, de s'en remettre à un acteur qualifié : l'officier de marine ou le savant — des statuts qui ici se confondent pour trois des cinq hivernants[27].

L'observation « continue » des instruments météorologiques est la norme dans les grandes expéditions maritimes de la Restauration et de la monarchie de Juillet. Sur *L'Uranie*, en navigation autour du monde de 1817 à 1820, l'équipe scientifique observe ainsi les instruments météorologiques toutes les deux heures au cours des traversées et des escales[28]. Des observations du même type sont aussi organisées sur *La Coquille* en 1822-1825 (deux ans et demi d'observations trihoraires) et sur *La Vénus* en 1836-1839 (deux ans et demi d'observations horaires). Elles sont censées contribuer à l'étude des oscillations *périodiques* de la pression atmosphérique, dont l'existence est en débat depuis que Louis-François Ramond de Carbonnières en a défendu l'existence dans ses *Mémoires sur la formule barométrique de la Mécanique céleste*, parues en 1811[29].

---

26. Cette situation est à l'opposé du modèle d'organisation décrit par Simon Schaffer sous le terme d'« observatoire-usine » : S. SCHAFFER, « Astronomers Mark Time: Discipline and the Personal Equation », *Science in Context*, 2(1), 1988, p. 115-145. Notons que S. Schaffer, citant Herschel, évoque le bateau comme exemple de projection d'un observatoire « discipliné » en dehors de la métropole [*Ibid.*, p. 118].
27. La rareté du personnel joue bien sûr un rôle important ici. Mais justement, Bevalet n'est pas mis à contribution, en dépit de la rudesse de la discipline à laquelle se soumettent les observateurs.
28. « Rapport fait à l'Académie des sciences, le lundi 23 avril 1821, sur le voyage autour du Monde de la corvette *L'Uranie*, commandée par M. Freycinet », *Annales de chimie et de physique*, 2ᵉ série, 30, 1825, p. 389-427 [« météorologie », p. 414-420].
29. L.-F. RAMOND, *Mémoires sur la formule barométrique de la Mécanique céleste, et les dispositions de l'atmosphère qui en modifient les propriétés*, Clermont-Ferrand, Landriot, 1811. À propos des recherches hypsométriques de Ramond : T. S. FELDMAN, « Applied Mathematics and the quantification of experimental Physics: the example of barometric hypsometry », *Historical Studies in the Physical Science*, 15(2), 1985, p. 127-197 [et particulièrement p. 176-186].

L'équipe de *La Recherche* collabore aussi aux campagnes météorologiques de Herschel, à l'initiative de Bravais et Martins. Avant leur départ, les deux hommes ont même pris soin de recruter un volontaire parisien, pour s'assurer d'un point de comparaison dans l'Hexagone. Le 12 juin 1838, à la veille d'embarquer, ils écrivent depuis Le Havre au commandant François-Joseph Delcros, un ingénieur-géographe en retraite, pour lui demander de participer aux campagnes[30]. Bravais et Martins connaissent Delcros depuis les préparatifs du départ, car son baromètre est l'un des deux baromètres-étalons de l'expédition, avec celui de l'Observatoire de Paris. Les six baromètres qui équipent *La Recherche* ont été achetés à la Maison parisienne Ernst. Ils sont de type « Fortin », c'est-à-dire qu'ils adoptent le modèle conçu dans les années 1800 par le constructeur d'instrument Nicolas Fortin. Les baromètres Fortin constituent le *nec plus ultra* en matière de dispositifs barométriques, car ils incluent un curseur à vernier et un mécanisme de correction de niveau[31]. Avant le départ de l'expédition, les baromètres Fortin-Ernst de *La Recherche* sont transportés dans l'appartement parisien de Delcros, puis à l'Observatoire de Paris, où ils sont comparés aux instruments sédentaires[32]. Le rôle joué par Delcros est lié aux rapports qu'il entretient, dans les années 1830, avec la Maison Ernst. L'officier sert d'intermédiaire au constructeur. En tant que praticien des mesures hypsométriques, son rôle est de porter témoignage de la qualité de construction des instruments. Il vérifie chaque baromètre qui sort de l'atelier en le comparant au sien, et il tire une partie de ses revenus de ce travail. Mais Delcros est par ailleurs un observateur motivé par des mobiles scientifiques, et il accepte de participer aux campagnes météorologiques anglaises. À Bossekop, les hivernants observent toutes les heures les jours des solstices et des équinoxes, et les 1er et 3e samedi de chaque mois. Delcros fait de même à Paris : il se livre à 27 de ces « observations-marathons » pendant le temps que dure l'expédition.

Sous l'étendard de la précision : évaluer les instruments et les observateurs

Martins rejoint Bravais quelques semaines avant la fin de l'hivernage, car les deux hommes ont prévu de rentrer ensemble en France, par la Terre.

---

30. Lettre de Delcros à Quetelet, du 25 septembre 1840. Bruxelles M804.
31. Pour des baromètres ordinaires, le niveau du mercure de la cuvette est considéré comme constant dans la graduation du baromètre, alors même que ce niveau varie, mais faiblement, en fonction de l'ascension du mercure. Le baromètre de Fortin, lui, inclut par construction un mécanisme de compensation de l'effet de niveau.
32. Le baromètre de Delcros avait déjà servi d'étalon dans le cadre d'une expédition scientifique. En 1822, ce dernier s'était en effet rendu à Toulon, pour y effectuer les comparaisons des baromètres de *La Coquille* : F. Arago, « Voyage de *La Coquille* », *Œuvres complètes*, Paris, Gide, t. 10, 1858, p. 176-222 [mention : p. 197].

Ce retour va se transformer en une véritable enquête sur les baromètres de l'Europe germanique et scandinave. Les savants français inspectent les instruments utilisés dans les observatoires d'Upsala et de Stockholm (octobre-novembre 1839), à l'école polytechnique de Copenhague (fin novembre 1839), dans les observatoires d'Altona et de Berlin (décembre 1839), au « salon mathématique » de Dresde (fin décembre 1839), à l'Observatoire de Göttingen (début janvier 1840), de Bruxelles (fin janvier 1840) et enfin de Paris (début février 1840). À l'occasion de cette enquête, ils sont introduits dans le monde savant de cette partie de l'Europe. Mi-décembre 1839, ils rencontrent ainsi le grand Alexandre Humboldt à Berlin.

Au cours de leur enquête, Bravais et Martins dressent des fiches signalétiques minutieuses à propos des baromètres. Ils relèvent tout d'abord le nom du constructeur et le numéro de série. Ce sont des données essentielles, car elles permettent d'assurer une traçabilité des instruments. La référence au constructeur est en elle-même un critère de fiabilité et de précision, car un petit nombre d'entre eux sont favorablement connus. Bravais et Martins citent Ernst à Paris, Pistor et Schieck à Berlin (baromètres de Upsala, Stockholm, Altona, Berlin), Buzengeiger à Tubinguen (baromètres de Copenhague), Hoffmann à Leipzig (baromètres de Dresde). Les deux hommes décrivent aussi les instruments avec minutie. Ils en notent les dimensions — diamètre du tube, hauteur et diamètre de la cuvette, longueur de la pointe d'ivoire — et toutes les particularités techniques — dispositifs de repérage, parties transparentes, dispositifs de suspension.

Par ailleurs, ils effectuent des comparaisons systématiques avec les deux baromètres Fortin-Ernst qu'ils transportent avec eux. À l'issue de leur enquête, ils concluent à une dispersion des mesures de l'ordre de 0,30 mm, qu'ils attribuent aux « imperfections des baromètres », « aux erreurs d'observations » et à des inexactitudes liées au mouillage du mercure sur les parois des tubes barométriques[33]. La référence aux « erreurs d'observation » renvoie au concept de l'« erreur personnelle », de plus en plus présent au même moment dans le champ des études astronomiques. Bravais est très sensible à cette question. Depuis Bossekop, il confiait déjà à Martins sa confiance dans le système du « quart d'observation », en soutenant que lorsque l'on se relaie sans cesse « les moyennes se trouvent débarrassées de la cause d'erreur qui provient de la manière propre à chaque observateur[34] ».

En rapport avec ces préoccupations, l'enquête de Bravais et Martins

33. Bravais proposera par la suite une méthode simple et précise de mesure de l'angle de mouillage du mercure sur le tube barométrique. A. Bravais, « Nouvelle table de dépression du mercure dans les tubes du baromètre », *Annales de chimie et de physique*, 3e série, 6, 1842, p. 492-508.

34. Lettre de Bravais à Martins, du 31 décembre 1838. BNF Mss 3303.

se transforme souvent en une enquête sur les *pratiques* de mesure. Les deux hommes opèrent leurs comparaisons en deux temps. Tout d'abord, l'un d'eux lit les Fortin-Ernst, pendant que leur hôte étranger relève l'indication de son instrument. Puis les places sont échangées et on renouvelle les mesures. Bravais et Martins concluent de ces tests des différences moyennes dans la lecture des baromètres de +0,09 mm à Upsala, +0,08 mm à Halle, +0,031 mm à Göttingen et +0,005 mm à Altona[35]. Ils attribuent ces écarts à des différences d'appréciation dans l'affleurement du curseur de repérage sur le ménisque de la colonne de mercure (eux-mêmes procèdent, à l'imitation de Delcros, en cherchant la limite d'affleurement). Cette latitude dans l'évaluation de la hauteur barométrique leur paraît limiter la précision des baromètres Fortin. Leur réflexe n'est alors pas de suggérer l'imposition d'une discipline uniforme d'observation, mais d'en appeler à un perfectionnement des systèmes techniques. Bravais et Martins proposent par exemple d'améliorer le repérage des niveaux grâce à l'utilisation de microscopes.

Les campagnes simultanées, de Bruxelles à Paris

Au cours de leur passage à Bruxelles, les deux hommes se lient avec Adolphe Quetelet, qui les reçoit dans son Observatoire. Le savant belge est alors en passe de coordonner sa première campagne météorologique. À l'issue de cette rencontre, les trois hommes entament une collaboration fructueuse, qui se prolongera jusqu'au début des années 1850[36]. Cet appui étranger permet à Bravais et Martins de contrer l'influence d'Arago. Le directeur de l'Observatoire de Paris s'emploie en effet à saboter l'essor des campagnes météorologiques simultanées. Lui ne jure que par des méthodes « classiques » d'observation : de longues séries continues de mesure barométrique, destinées à alimenter les recherches sur les oscillations périodiques de la pression. Il impose ce type d'observation à l'Observatoire de Paris et les préconise pour les expéditions scientifiques (c'est cette même pratique à laquelle les membres de l'expédition de *La Recherche* se livre à bord du navire puis à Bossekop, avec leur « quart d'observation »).

Pour Bravais et Martins, l'avenir de la météorologie se joue ailleurs, dans les campagnes internationales, à la *British Association*, à Bruxelles. Dans les années suivantes, c'est dans la capitale belge qu'ils publient leurs travaux les plus importants, à commencer par les résultats de leur enquête de 1839-1840[37]. Après leur retour en France, ils recrutent également des observateurs

35. Ce sont les écarts constatés entre leur propres mesures et celles réalisées par les savants étrangers, sur les baromètres Fortin-Ernst de l'expédition. A. Bravais, C. Martins, « Comparaisons barométriques faites à Bruxelles et dans le nord de l'Europe », *Mémoires de l'Académie royale des sciences de Bruxelles*, 1841, p. 31-78 [p. 36].

36. Au chapitre III, nous reviendrons sur les échanges entre Bravais, Martins et Quetelet, à l'occasion de la création de la *Société météorologique de France*.

pour le compte de Quetelet. Leurs efforts sont relayés par Delcros, qui se révèle un intermédiaire précieux en raison de ses contacts avec les utilisateurs de baromètres Ernst. L'officier obtient la participation de cinq d'entre eux, dont celle de Valz, le directeur de l'Observatoire de Marseille[38]. Grâce à cette mobilisation, La France prend toute sa place dans les campagnes météorologiques. En 1842, onze bénévoles y contribuent dans l'hexagone, ce qui place la France en tête des pays contributeurs[39]. C'est le cas jusqu'en 1844, quand Quetelet décide de se retirer après avoir coordonné sa 17ᵉ et dernière campagne. Johann Von Lamont, le directeur de l'Observatoire de Munich, accepte alors de reprendre le flambeau. Mais la transition se fait mal et les campagnes cessent au milieu des années 1840[40].

Des graphes et des cartes : identifier et suivre les phénomènes atmosphériques

Si Quetelet cesse de superviser les campagnes, c'est en partie pour des raisons financières. En effet, les coûts de publication des observations sont contestés par certains membres de l'Académie de Bruxelles. Mais s'il prend cette décision, c'est surtout parce que l'accumulation des données ne permet pas d'aller au-delà des constatations qu'il a tiré dès 1840, au vu des premières observations.

Quetelet fait un grand usage des *représentations graphiques*. Après chaque campagne, il fait tracer des séries de courbes barométriques qui représentent les variations de la pression d'heure en heure, en chacun des sites où ont lieu des observations. Cette façon de traiter les données est en elle-même une nouveauté. En effet, les graphes sont pour l'essentiel absents des recherches météorologiques jusqu'à cette toute fin des années 1830[41]. Ils s'imposent tout d'abord dans le cadre des campagnes géomagnétiques allemandes et britanniques, avant d'essaimer jusque dans

37. A. Bravais, Ch. Martins, « Comparaisons barométriques... », *loc. cit.*

38. Delcros recrute aussi Nell de Breauté, un astronome amateur dieppois (correspondant de l'Académie des sciences), Guérin, professeur de physique (retraité) du collège d'Avignon, De Flaugerges, professeur d'hydrographie au port de Toulon et Billet, professeur de physique au collège de Marseille. Lettres de Delcros à Quetelet, de février 1841 [réception] et du 24 mars 1841. Bruxelles M804.

39. Les autres observateurs se répartissent entre la Belgique (3), l'Italie (6), la Hollande (6), la Suisse (4), l'Autriche (4), le Royaume-Uni (3), la Prusse et la Bavière (2), le Luxembourg (1) et l'Espagne (1).

40. Lorsque Quetelet se retire, Bravais semble cesser les observations. Delcros les poursuit mais continue à les envoyer au savant belge, car il est vexé de ne recevoir aucune réponse de la part de Lamont. Lettre de Delcros à Quetelet, du 27 janvier 1845. Bruxelles M804.

41. Lamarck est l'un des premiers à utiliser les graphes en météorologie. J.-B. Lamarck, « Météorologie-statistique. Considérations sur les observations météorologiques comparatives, et sur leur application », *Annales de statistique*, t.3, 1802, p. 58-72 [deux graphes, hors pagination après la page 64].

le champ connexe des études atmosphériques.

Grâce à leur utilisation, Quetelet établit dès 1840 l'existence de petites oscillations barométriques synchrones, observées au même moment par des observateurs distants. Mais les campagnes qui se succèdent ne permettent pas d'en savoir plus, en dépit de la bonne volonté des bénévoles, motivés par ces premières constatations.

Pour pousser plus loin l'analyse, Quetelet innove sur un autre terrain : celui de la *cartographie météorologique*. Exception faite des cartes marines des vents — produites depuis la Renaissance, — aucune carte ne rend compte de phénomènes météorologiques avant les premières années de la Restauration[42]. Le premier pas en ce sens date de 1817. Cette année-là, Alexandre Humboldt décrit le principe du tracé des lignes isothermes dans un article des *Mémoires de physique et de chimie de la société d'Arcueil*[43]. Peu de temps après, il publie une carte des isothermes terrestres moyens dans les *Annales de chimie et de physique*[44].

Mais en France, dans les années qui suivent, cet exemple ne suscite aucun intérêt pour la cartographie météorologique. En revanche, les savants allemands s'inspirent de Humboldt pour développer des travaux de cartographie physique, dans lesquels la climatologie occupe une place importante[45]. Le *Physikalischer Atlas* d'Heinrich Berghaus est le fleuron de cette tradition[46]. Berghaus, professeur de géométrie et de graphisme à l'école d'architecture de Berlin, est un proche de Humboldt. En 1827, ce dernier lui propose de concevoir un atlas qui serait le pendant cartographique de son projet d'une description complète du Cosmos. Berghaus accepte, et les premières cartes sont tirées en 1837. Plusieurs d'entre elles représentent des isothermes terrestres.

Ce dynamisme contraste avec l'indifférence que manifeste la communauté savante française sous la Restauration. Ceci confirme les conclusions de Josef W. Konvitz, selon lesquelles le contexte intellectuel français est très défavorable au développement de la cartographie physique (météorologique,

---

42. La carte de l'orage du 13 juillet 1788, publiée en 1790 dans les *Mémoires de l'Académie des sciences*, est souvent donnée en exemple. Mais elle est isolée et surtout son statut est ambigu, car c'est une carte des *dégâts* causés par l'orage.
43. A. Humboldt, « Des lignes isothermes et de la distribution de la chaleur sur le globe », *Mémoires de physique et de chimie de la société d'Arcueil*, t. 3, 1817, p. 462-602. À propos des lignes isothermes, on peut consulter : A. H. Robinson et H. Wallis, « Humboldt's map of isothermal lines: a milestone in thematic cartography », *Cartographic Journal*, 5, 1967, p. 119-123.
44. A. Humboldt, « Sur les lignes isothermes », *Annales de chimie et physique*, 2e série, 5, 1817, p. 102-111 [carte p. 112-113].
45. J. Camerini, « The Physical Atlas of Heinrich Berghaus: distribution maps as scientific knowledge », *in* : R. Mazzolini (ed), *Non-verbal communication in science prior to 1900*, Firenze, Leo S. Olschki, 1993, p. 479-512.
46. H. Berghaus, *Physikalischer Atlas*, Gotha, J. Perthes, 2 t., 1845 et 1848.

mais aussi géologique, agronomique...) pendant toute la première moitié du XIXe siècle[47].

Au même moment, en Belgique, Quetelet cherche à comprendre l'existence des oscillations barométriques synchrones. Pour y parvenir, il conçoit un nouveau mode de mise en carte des observations, qui se double d'une théorie interprétative des évolutions atmosphériques. L'inspiration de Quetelet est une nouvelle fois anglaise[48]. En 1840, John Herschel, qui s'est retiré des campagnes météorologiques au profit de Quetelet deux ans auparavant, incite un professeur londonien, William Radcliffe Birt, à se réintéresser au problème. Birt travaille à partir des données des campagnes simultanées. Comme Quetelet, il emploie des méthodes graphiques. Birt défend à partir de 1843 l'existence d'*ondes de pression* qui se propageraient à grande distance à la surface du globe. La réception de cette théorie est dans l'ensemble défavorable au sein de la communauté savante britannique. Birt poursuit tant bien que mal ses travaux sur ce thème jusqu'en novembre 1851, date à laquelle il s'en détourne, après un dernier refus de financement de la *Royal society*.

C'est le moment que Quetelet choisit pour livrer sa propre théorie des ondes atmosphériques[49]. Il l'expose sous la forme d'une analyse de la situation météorologique des mois de juin, juillet et août 1841. Il ne se limite pas aux données produites par les campagnes simultanées mais utilise 20 autres séries d'observations météorologiques, dues en particulier au service des Mines russe[50]. Il fait tout d'abord tracer des courbes barométriques pour chacune des stations. Sur ces courbes, il constate que dans la période du 4 au 10 juin, des maxima barométriques ont été constatés à peu de temps d'intervalle, en des points distincts. Puis il utilise une carte de l'Eurasie, sur laquelle il porte un point cerclé de noir à l'emplacement de chaque site d'observation. Il y reporte la date et l'heure du maximum de pression, avant de tracer, par interpolation, des isolignes censées représenter les lieux où la pression est passée par un maximum le 4 juin à minuit, le 5 juin à minuit... le 10 juin à minuit. Ce tracé procède d'une interpolation entre des points de données, une technique qui laisse une assez grande liberté d'interprétation au dessinateur. Quetelet choisit de privilégier des

47. J. W. KONVITZ, *Cartography in France 1660-1848. Science, Engineering, and Statecraft*, Chicago, University of Chicago Press, 1987.

48. V. JANKOVIC, « Ideological crests versus empirical troughs: John Herschel's and William Radcliffe Birt's research on atmospheric waves, 1843-50 », *British Journal for the History of Science*, 31, 1998, p. 21-40.

49. A. QUETELET, *Sur le climat de la Belgique. Seconde partie : pressions et ondes atmosphériques*, Bruxelles, Hayez, 1851.

50. Ces séries concernent Bruxelles, Greenwich, Paris, Munich, Prague, Genève, Grand-Saint-Bernard, Parme, Varsovie, Cracovie, Lemberg, Saint-Petersbourg, Dorpat, Kazan, Catherinenbourg, Zlatoouste, Bogoslowsk, Barnaoul, Nertchinsk et Pékin.

isolignes interpolatrices à peu près parallèles et équidistantes : c'est-à-dire qu'il suppose que les courbes de pression se propagent sans déformation, à vitesse constante, à la surface du continent.

Illustration 1. – Cartes des lignes de pression isochrones sur l'Europe et l'Asie, pour le 4, 11 et 16 juin 1841.

La publication de ces cartes constitue un moment décisif dans l'histoire de la météorologie. Après l'essor de la cartographie « statique » initiée par Humboldt et développée par l'école de Berghaus, Quetelet pose ici les premiers jalons d'une cartographie dynamique des phénomènes atmosphériques. Ses cartes de 1851 sont comme l'acte de naissance de la *météorologie dynamique*, une approche qui s'affirmera peu à peu dans les décennies suivantes autour de l'identification des formations atmosphériques et l'analyse de leurs évolutions spatio-temporelles.

Quetelet, l'atmosphère et l'« œil de la science »

En 1867, Quetelet résume ainsi le grand dessein qui doit animer les savants de son époque :

> « Couvrir le globe entier, dans toutes ses parties accessibles, d'un vaste réseau d'observateurs, espacés de manière qu'aucun phénomène naturel de quelque importance ne puisse se manifester sans avoir été vu et observé avec soin, sans qu'on ait le moyen de le suivre et de l'étudier dans sa marche ; en sorte que l'œil de la science reste pour ainsi dire incessamment ouvert sur tout ce qui se passe à la surface de notre planète[51]. »

Pendant la quarantaine d'années durant lesquelles il dirige l'Observatoire de Bruxelles, le savant belge cherche à contribuer à la réalisation de cette grande vision. Il s'y emploie dès les années 1830. Il contribue aux observations barométriques simultanées organisées par Herschel, avant d'en prendre à son tour la responsabilité. Il participe aussi aux entreprises géomagnétiques allemandes et anglaises. Avec ces différentes campagnes d'observation, l'« œil de la science » s'ouvre pour un bref instant sur l'atmosphère et le globe terrestre, grâce à la multiplicité des points d'observation et à une répétition des mesures qui exclut, à cette heure, d'en prolonger la durée.

La coordination des campagnes météorologiques n'est qu'un début pour Quetelet. Par la suite, il multiplie les initiatives dans le but de couvrir la surface terrestre — limitée, dans les faits, à l'Europe — de réseaux de correspondants impliqués dans l'observation des phénomènes naturels. Comme il l'écrit en 1844, son projet est de « recueillir, sur les différents points du globe,

51. A. Quetelet, *Sciences mathématiques et physiques au commencement du* XIX*e siècle*, Bruxelles, C. Muquardt, 1867, p. 23.

des indications sur les grandes commotions atmosphériques, les tremblements de terre, les aurores boréales, les apparitions extraordinaires d'étoiles filantes, les perturbations magnétiques et tous les phénomènes en général qui semblent avoir des rapports entre eux[52] ». Pour cela, il ouvre les colonnes de son *Bulletin* à des récits de météores qui lui sont adressés ou qu'il reproduit à partir d'articles de revue. Il publie aussi des travaux inventoriels sur les étoiles filantes ou les tremblements de terre. Dans les années 1840 et 1850, Alexis Perrey, bien connu des spécialistes de l'histoire sismologique de la France, trouve ainsi dans les *Mémoires de l'Académie royale de Bruxelles* son principal débouché de publication, à part égale avec les modestes *Mémoires de l'Académie de Dijon*.

Actif dans la création de réseaux d'observation centrés sur Bruxelles, Quetelet l'est aussi en matière de *diplomatie scientifique*. Pour lui, c'est une autre façon de poursuivre son grand dessein d'un panoptikôn terrestre. Il est le promoteur des neuf congrès internationaux de statistique qui se réunissent à Bruxelles de 1853 à 1874, et qui contribuent à la fois à forger l'identité de la statistique contemporaine et à redéfinir les modalités des échanges savants internationaux[53]. Dans le domaine de la physique du globe, il joue ce rôle d'intercesseur dès la fin des années 1830. Quetelet et l'Académie de Bruxelles constituent alors un relais pour ceux qui désirent participer, en France, aux campagnes d'observation anglaises ou allemandes. Cela évite ainsi à Bravais et Martins de traiter directement avec Herschel ou Gauss, ce qui les auraient fait glisser vers une opposition frontale à Arago. Quetelet montre aussi des talents d'intermédiaire exceptionnels lorsqu'il parvient à réunir à Bruxelles, en 1853, la première conférence internationale de météorologie maritime en dépit des vives tensions diplomatiques qui annoncent la guerre de Crimée[54]. Le rôle qu'il joue en ces différentes occasions s'inscrit dans une détermination historique plus profonde du territoire et de la société belge, comme carrefour entre des espaces nationaux, pays neutre et zone de mixité linguistique.

En s'impliquant dans la promotion et l'animation de réseaux transnationaux d'observation, en jouant un rôle d'intercesseur entre les communautés savantes, en développant des outils cartographiques inédits, Quetelet a donné de la substance à son projet d'un « l'œil de la science » fixé sur la surface terrestre. La vision de l'atmosphère qui s'y projette est à la fois dynamique et à grande échelle. S'inaugure ici une nouvelle façon de percevoir et de penser l'objet atmosphérique qui ouvre la voie aux entreprises de prévision scientifique du temps des décennies 1850 et 1860.

---

52. *Mémoires de l'Académie royale des sciences de Bruxelles*, 1844, p. 4.

53. E. Brian, « Transactions statistiques au xixe siècle. Mouvements internationaux de capitaux symboliques », *Actes de la recherche en sciences sociales*, 145, 2002/5, p. 34-46.

54. Chapitre VI. La guerre est déclarée un mois plus tard.

Chapitre II

SURVEILLER LE CIEL
L'astronome, le télégraphe et le « temps qu'il fait »

« Jamais, quels que puissent être les progrès des sciences, les savants de bonne foi et soucieux de leur réputation ne se hasarderont à prédire le temps [1]. » Cette déclaration de François Arago reflète une conviction largement partagée par la communauté savante, dans la première moitié du XIXe siècle. La prédiction météorologique ne constituerait pas un objectif scientifique légitime, car elle serait au-delà de ce que la science peut promettre.

L'astronome s'exprime ainsi dans un article de l'*Annuaire du Bureau des longitudes,* publié en 1846. Pour appuyer son propos, il emploie un argument dont on découvre, au passage, l'ancienneté. Il met en avant l'extrême sensibilité du milieu atmosphérique, qu'une multitude de phénomènes physiques peut affecter : le détachement des icebergs, la pullulation des méduses et son effet sur la diaphanéité de l'eau, le déboisement et les émanations industrielles... Autant de causes qui agissent — y compris à grande distance — sur le « temps qu'il fait ». Autant de facteurs que l'on ne pourra jamais, selon lui, anticiper. De ce catalogue des influences à la fois ténues et décisives qui s'exercent sur l'atmosphère (et où le lecteur prévenu des risques de l'anachronisme peine malgré tout à ne pas voir une préfiguration de l'« effet papillon »), Arago conclut finalement à l'impossibilité de prévoir le temps à l'avance, fût-ce d'un jour, avec « quelque certitude ».

L'article d'Arago n'est pas une communication scientifique, mais un texte à destination du grand public. Sous la monarchie de Juillet, l'astronome utilise l'*Annuaire du Bureau des longitudes* comme un vecteur de popularisation des sciences. Il y expose l'état des connaissances contemporaines en des termes simples, sans recours aux mathématiques. C'est là l'une des facettes de son engagement en faveur de la diffusion de la culture scientifique. Au même moment, les cours d'astronomie qu'il donne à l'Observatoire de Paris attirent un public nombreux. Victor Hugo, Auguste Comte et George Sand font partie de l'auditoire. Arago est également actif à l'Académie. En tant que secrétaire perpétuel, il généralise l'ouverture des débats aux journalistes et crée

1. F. Arago, « Sur la prédiction du temps », *Annuaire du Bureau des longitudes,* 1846, p. 574-608 [sous-titre : Est-il possible, dans l'état actuel de nos connaissances, de prédire le temps qu'il fera à une époque et dans un lieu donnés? Peut-on espérer, en tout cas, que ce problème sera résolu un jour?], citation p. 576.

les *Comptes rendus*, ce qui donne une visibilité médiatique sans précédent aux travaux académiques[2].

Son engagement vulgarisateur prend, à l'occasion, l'allure d'un combat anti-obscurantiste. C'est le cas avec son article de 1846. Manifester l'impossibilité qu'il y a à prévoir le temps, c'est en effet mettre en garde contre les prédictions des almanachs astrométéorologiques. Les almanachs sont des publications annuelles, à bas prix, contenant un calendrier, diverses rubriques pratiques, mais aussi des récits guerriers, humoristiques ou sentimentaux, des calembours, des conseils de jardinage, des articles politiques[3]... Au XIXe siècle, certains d'entre eux contiennent en plus des prédictions du temps pour l'année à venir. Ces almanachs prétendent se baser sur des méthodes astrologiques, dues à Nostradamus ou à Mathieu Lænsberg. Ce dernier est un personnage à l'historicité douteuse, qui aurait été chanoine à Liège au début du XVIIe siècle. Les almanachs astrométéorologiques déclinent cette référence à l'infini, en s'intitulant *Petit liégeois*, *Véridique liégeois*, *Vieux liégeois*, *Véritable double liégeois*... tous signés Mathieu Lænsberg. On trouve également un grand nombre d'almanachs « Nostradamus », et jusqu'à des bizarreries, comme ce *Véritable Nostradamus* signé Mathieu Lænsberg...

Les almanachs astrométéorologiques sont très en vogue au XVIIIe siècle, mais ils connaissent un déclin à partir des années 1780. Ils sont alors concurrencés par des publications qui se réclament de la modernité des Lumières, et qui exaltent les vertus de la science et de la raison. Ces almanachs d'un nouveau genre n'intègrent pas de prédictions météorologiques mais des contenus de vulgarisation scientifique, qui concernent particulièrement l'astronomie et la météorologie[4]. Toutefois, ce mouvement n'est pas linéaire. En effet, les almanachs astrométéorologiques connaissent de nouveaux succès en France dans les années 1830 et 1840[5]. Ce constat est corroboré par le cas anglais, où le même phénomène est observé un peu plus tôt dans le siècle[6].

2. B. Belhoste, « Arago, les journalistes et l'Académie des sciences dans les années 1830 », *in* : P. Harismendy (dir.), *La France des années 1830 et l'esprit de réforme*, Rennes, PUR, coll. « Carnot », 2006, p. 253-266 ; B. Bensaude-Vincent, *L'opinion publique et la science*, Paris, Sanofi-Synthélabo, coll. « Les empêcheurs de penser en rond », 2000, p. 73-82.
3. H. J. Lüsenbrink, Y. G. Mix, J.-Y. Mollier, P. Sorel (dir.), *Les lectures du Peuple en Europe et dans les Amériques du XVIIe au XXe siècle*, Paris, Éditions Complexe, 2003 ; R. Gosselin, *Les almanachs républicains*, Paris, L'Harmattan, 1992 ; J. Grand-Carteret, *Les almanachs français*, Genève, Slatkine reprints, 1968 [1re éd. 1896]. Pour un éclairage anglo-saxon, on consultera M. Perkins, *Visions of future. Almanacs, Time and Cultural Change*. 1775-1870, Oxford, Clarendon press, 1996, et K. Anderson, « The weather prophets: science and reputation in victorian meteorology », *History of Science*, 37, 1999, p. 179-216.
4. L. Andries, « La popularisation du savoir dans les almanachs français de 1750 à 1830 », *in* : H. J. Lüsebrink, Y. G. Mix, J.-Y. Mollier et P. Sorel (dir.), *Les lectures du Peuple*, *op. cit.*, p. 291-302.
5. J. Grand-Carteret, *Les almanachs français*, *op. cit.*
6. K. Anderson, « The weather prophets... », *loc. cit.*, particulièrement p. 183.

Il semble ainsi qu'après le déclin des années 1780-1830, les *Nostradamus* et autres *Mathieu Lænsberg* aient connu un nouvel âge d'or sous la monarchie de Juillet.

Ce constat a pu inciter Arago à intervenir, en 1846, à propos de la prédiction du temps. Mais ce sont des raisons plus spécifiques qui l'ont motivé en premier lieu :

> « Je l'avouerai sans détour, j'ai voulu alors faire naître une occasion de protester hautement contre les prédictions qu'on m'a attribuées tous les ans, soit en France, soit à l'étranger. Jamais une parole sortie de ma bouche, ni dans l'intimité, ni dans les cours professés pendant plus de quarante années, jamais une ligne publiée avec mon assentiment, n'ont autorisé personne à me prêter la pensée qu'il serait possible dans l'état de nos connaissances, d'annoncer avec quelques certitudes le temps qu'il fera une année, un mois, une semaine, je dirai même un seul jour à l'avance. Une déclaration si explicite me donnerait le droit d'espérer qu'on ne me fera plus jouer le rôle de Nostradamus ou de Mathieu Lænsberg; mais je suis loin de me bercer, à ce sujet d'aucune illusion. Des centaines de personnes qui cependant ont parcouru tous les échelons des études universitaires n'ont pas manqué de m'assaillir après 1846, comme elles le faisaient antérieurement, de ces questions vraiment déplorables à notre époque : l'hiver sera-t-il rude? Pensez-vous que nous aurons un été chaud, un automne humide[7] ? »

Ce qui est en jeu, c'est donc la réputation d'un savant que l'on crédite, malgré lui, de prophéties météorologiques. Le phénomène est à la mesure de la célébrité qu'Arago a acquise sous la monarchie de Juillet. En combinant la renommée scientifique, l'implication politique et l'engagement en faveur de la popularisation des sciences, l'astronome s'impose comme une autorité morale et intellectuelle, à l'échelle du pays. Il se fait le propagandiste des pouvoirs de la science, et il suscite ainsi des attentes qu'il peine à contrôler. Ces attentes concernent notamment la prédiction du temps. La rumeur publique a vite fait d'amalgamer Arago à un nouveau Mathieu Lænsberg, confondant ainsi astronomie et astrologie. On retrouve cette situation en Angleterre. Sous la monarchie de Juillet, le directeur de l'Observatoire de Greenwich, George Airy, reçoit fréquemment des demandes d'horoscopes et de thèmes astrologiques[8]. Et tout au long des années 1810 1820 et 1830, certains almanachs astrométéorologiques attribuent leurs prévisions à l'astronome William Herschel. Leurs promoteurs tirent un intérêt commercial de ce patronage imaginaire[9]. En France, l'écho de la rumeur incite Arago à intervenir pour expliciter l'interdit moral et épistémologique qui doit peser, selon lui, sur le problème de la prédiction du temps.

---

7. F. Arago, *Œuvres complètes*, vol. 5, Paris, Gide, 1858, p. 2-3.
8. K. Anderson, « The weather prophets... », *loc. cit.*, p. 185.
9. *Ibid.*, p. 188.

Dans le contexte hexagonal, le lien entre prévision du temps et discrédit personnel se noue, dans l'imaginaire, autour de la figure de Jean-Baptiste de Lamarck. En effet, Lamarck publie de 1799 à 1810 un *Annuaire météorologique* annuel, qui comprend un calendrier, des articles théoriques sur les phénomènes météorologiques, mais aussi des « probabilités » sur le temps à venir, élaborées à partir d'une théorie de l'influence de la Lune sur l'atmosphère[10]. La réception des *Annuaires* de Lamarck donne matière à anecdotes tout au long du XIXe siècle. Le savant en fait lui-même état dans ses *Articles d'histoire naturelle :*

> « À Paris — écrit-il en parlant de son *Annuaire* — on affecta bientôt de le considérer comme une entreprise vaine, présomptueuse, sans possibilité et sans moyens réels d'exécution. Le ridicule fut adroitement versé de toutes parts sur cette nouvelle production : l'*Annuaire météorologique* reçut partout le nom d' "almanach", et les probabilités celui de "prédictions"[11]. »

Après la mort du naturaliste, en 1829, ses adversaires utilisent cet épisode pour chercher à le discréditer. Ainsi, pour Georges Cuvier, le démenti donné aux prévisions météorologiques de Lamarck condamne en retour l'ensemble de ses théories « hydrogéologiques », où le temps long joue un rôle essentiel[12]. En effet, les prévisions donneraient l'occasion d'en évaluer — défavorablement — la validité à l'échelle humaine.

Dans les années 1850, Arago contribue encore à fixer l'image d'un Lamarck discrédité par ses tentatives de prédiction météorologique. L'astronome décrit, dans ses mémoires, une rencontre entre le naturaliste et Napoléon 1er[13]. L'Empereur, qui recevait les académiciens aux Tuileries, aurait fait une confusion entre l'annuaire météorologique et l'exemplaire de la *Philosophie zoologique* que lui offrait Lamarck. Il lui aurait alors déclaré en guise de remerciement : « C'est votre météorologie, c'est cet ouvrage avec lequel vous faites concurrence à Mathieu Lænsberg, cet annuaire qui dés-

---

10. J.-B. Lamarck, *Annuaires météorologiques de l'ère de la République française, à l'usage des agriculteurs, des médecins, des marins [...]*, Paris, Maillard, Treuttel et Würtz, et chez l'auteur, 1799-1810. Sur la météorologie lamarckienne, voir : J.-F. Braunstein, « Le concept de milieu, de Lamarck à Comte et aux positivistes », *in* : G. Laurent (éd.), *Jean-Baptiste Lamarck*, Paris, CTHS, 1997, p. 557-571, et Y. Delange, « Les phénomènes de l'atmosphère et la météorologie de Lamarck », *in* : G. Laurent (éd.), *Jean-Baptiste Lamarck*, Paris, CTHS, 1997, p. 123-135.

11. J.-B. Lamarck, « Météorologie », *Nouveau dictionnaire d'histoire naturelle appliquée aux arts à l'agriculture*, seconde édition, Paris, Déterville, t. 20, 1818, p. 451-477 [citation p. 474].

12. G. Cuvier, « Éloge de M. de Lamarck », *Mémoires de l'Académie des sciences*, 1832, p. xxij-xxiv. L'« éloge », lu en séance le 26 novembre 1832, était si critique que la famille de Lamarck demandera qu'il ne soit pas imprimé.

13. F. Arago, « Histoire de ma jeunesse », *in* : *Œuvres complètes*, Paris et Leipzig, Gide et T. O. Weigel, t. 1, 1854, p. 1-102.

honore vos vieux jours [...]. » « Le pauvre M. Lamarck », poursuit Arago, « qui, à la fin de chacune des paroles brusques et offensantes de l'Empereur, essayait inutilement de dire : « C'est un ouvrage d'histoire naturelle que je vous présente », eut la faiblesse de fondre en larmes [14]. » Vraie ou non, cette anecdote est un avertissement clair : moquerie, discrédit scientifique, déshonneur. Voilà le risque pour le savant qui voudrait transgresser l'interdit moral et épistémologique qui pèse sur la prédiction du temps, dans la première moitié du XIXe siècle.

Le télégraphe et le « temps qu'il fait »

Dans la seconde moitié des années 1840, au moment même où Arago réaffirme cet interdit, l'état d'esprit de la communauté savante est en train d'évoluer rapidement sur cette question. Cette évolution est liée à l'essor d'un nouvel objet technique, qui marque profondément les esprits : le télégraphe. C'est une technologie récente puisqu'en France la première ligne (Paris-Rouen) est opérationnelle à partir de 1845. L'utilisation du télégraphe semble ouvrir des perspectives formidables dans un grand nombre de domaines, dont celui de la prévision du temps. La rapidité de transmission qu'il autorise, pense-t-on, pourrait permettre de suivre l'état du ciel « en temps réel » et d'en déduire les conditions météorologiques à venir.

Mais les rapports entre le télégraphe et le « temps qu'il fait » ne sont pas simplement ceux liant un objectif (prévoir le temps) et le moyen de communication qui doit le rendre réalisable. Le télégraphe et l'atmosphère possèdent des affinités particulières dans l'imaginaire scientifique et parascientifique de la monarchie de Juillet et du Second Empire. Dans les années 1840, les observations de l'action des orages et des aurores boréales sur les lignes télégraphiques se sont multipliées dans les publications savantes. Les perturbations localisées causées aux lignes paraissent ouvrir des perspectives de suivi de ces phénomènes. Le savant anglais John Russell Hind fait ainsi état, dans une lettre lue à l'Académie des sciences le 8 janvier 1849, des tentatives de Highton, ingénieur télégraphiste à la *London and North-Western Railway*, pour suivre le mouvement d'une aurore boréale à partir des perturbations des lignes [15]. Au-delà de la faisabilité technique de ces procédures, ce qui se dessine ici est un imaginaire du « télégraphe sensible », dans lequel les lignes sont perçues à la manière d'un réseau nerveux couvrant le globe, et prêt à recueillir l'influence des manifestations atmosphériques.

La fascination pour le fluide électrique, ses manifestations et les possibilités qu'offre sa maîtrise forme le cadre général de cet imaginaire. Ce lien de l'électricité à l'atmosphère et au « temps qu'il fait » s'inscrit dans une matrice culturelle de plus long terme. Dans la seconde moitié du XVIIIe siècle, la phi-

14. *Ibid.*, p. 94.

losophie naturelle expérimentale contribue largement à accréditer ce lien. Les physiciens les plus en vue utilisent des dispositifs électriques pour reproduire des orages ou des tornades « miniatures » devant le public des salons d'Ancien régime[16]. Au même moment, l'idée d'une connaissance et d'une maîtrise possible des phénomènes atmosphériques s'exprime dans la mise au point d'appareils de grande taille. Dans le sillage des travaux de Benjamin Franklin, la construction et la diffusion des paratonnerres deviennent des questions omniprésentes au sein du monde savant[17]. Ces travaux suscitent une vaste production littéraire et iconographique qui fait de cet objet technique l'une des icônes culturelles des Lumières tardives, aux côtés du baquet de Mesmer étudié par Robert Darnton[18].

La culture parascientifique, elle aussi, exploite ce thème de la maîtrise des phénomènes atmosphériques par l'électricité. C'est le cas, notamment, dans la littérature d'anticipation. L'écrivaine Jane Webb décrit en 1825 comment les agriculteurs de 2126 attireront la pluie grâce à des machines électriques[19]. Le journaliste scientifique Samuel-Henri Berthoud, dans ses *Petites chroniques de la science* pour 1864, décrit lui le monde de 2864. Son héros assiste au départ d'un bateau en compagnie de son guide Asræl, et il s'exclame :

> « Que Dieu lui épargne les naufrages et les tempêtes! » « Asræl — poursuit le narrateur — partit d'un éclat de rire qui me fit monter le rouge au visage. Badaud! me dit-il, quels naufrages, quelles tempêtes peut-il y avoir aujourd'hui avec les courants électriques qui détournent et dirigent les vents, et qui règlent les courants sous-marins[20] ! »

Cette conviction diffuse dans l'application des technologies électriques à la science météorologique se traduit concrètement, à partir de la fin des années 1840, par des tentatives de suivi des conditions atmosphériques. Ces tentatives utilisent plus prosaïquement le télégraphe comme moyen de communication rapide. Elles voient le jour dans le monde anglo-saxon[21]. En 1849,

---

15. « Lettre de M. Hind à Le Verrier », CR, t. 27, 1849, p. 46-47.
16. Sur cette physique expérimentale imitative appliquée aux météores : P. Bertholon, *De l'électricité des météores*, Paris, Croullebois, 1787.
17. C. Blondel, *Histoire de l'électricité*, Paris, Explora, 1994. Voir également, à, propos des problèmes posés par l'implantation des paratonnerres : J. Riskin, « The Lawyer and the Lightning Rod », *Science in Context*, 12(1), 1999, p. 61-99.
18. R. Darnton, *La fin des Lumières : le mesmérisme et la Révolution*, Paris, Perrin, 1984.
19. K. Anderson, *Practical science: meteorology and the forecasting controversy in mid-victorian Britain*, Ph.D. Dissertation, Northwestern University, 1994, chap 5, p. 28. Katherine Anderson a publié une version remaniée de cette thèse : K. Anderson, *Predicting The Weather: Victorians And The Science of Meteorology*, Chicago, University of Chicago Press, 2005.
20. S. H. Berthoud, *Petites chroniques de la Science* pour 1864, Paris, Garnier Frères, 1865, p. 424.
21. Nous nous basons ici sur M. Monmonier, *Air Apparent. How meteorologists learned to map, predict, and dramatize weather*, Chicago-London, University of Chicago Press, 1999,

James Glaisher, superintendant du département de magnétisme et de météorologie de l'Observatoire de Greenwich, organise pour le journal londonien le *Daily News* la centralisation d'observations météorologiques réalisées à 9 heures dans une trentaine de gares anglaises. Elles sont transmises chaque jour à Londres par le train et le télégraphe, et publiées dans le journal. En 1851, l'exposition universelle de Londres voit la publication de la première carte météorologique quotidienne, obtenue par transmission télégraphique des données. À Hyde Park, l'*Electric Telegraph Company* vend un penny, du 8 août au 11 octobre 1851, une carte de l'Angleterre portant la pression, la direction du vent et l'état du ciel dans plusieurs stations de son réseau. Au même moment, aux États-Unis, le télégraphe est mis à contribution pour tenter d'anticiper la survenue des tornades. Fin 1847, le directeur de la Smithsonian Institution, Joseph Henry, propose d'organiser un système d'observation météorologique avec centralisation par le télégraphe, dans le but de suivre « en temps réel » leurs déplacements sur le territoire américain. À partir de 1849, des observations sur l'état du ciel et des vents sont transmises chaque jour à l'Institution, grâce à la participation bénévole des télégraphistes. Cette organisation ne débouche pas, toutefois, sur la diffusion de prévisions ou d'alertes aux populations.

Le Verrier et l'Observatoire de Paris sous le Second Empire

En France, la mise à contribution du télégraphe à des fins de suivi et d'anticipation des conditions météorologiques est associée à l'action d'Urbain Le Verrier, directeur de l'Observatoire de Paris de 1854 à 1870, puis de 1873 à 1877[22]. Urbain-Jean-Joseph Le Verrier est né à Saint-Lô (Manche), le 11 mars 1811[23]. Après des études à l'École Polytechnique, il intègre l'école de la régie des tabacs avant d'opter, en 1836, pour une carrière dans les sciences. Il devient répétiteur de géodésie à l'École Polytechnique et travaille en parallèle à des travaux théoriques concernant la mécanique céleste. Il s'intéresse à la trajectoire de Mercure, aux comètes périodiques et à Pallas (un corps céleste qui gravite entre Mars et Jupiter). À ce moment, la détermination des éléments

p. 39-44, et J. R. Fleming, *Meteorology in America 1800-1870*, Baltimore-London, Johns Hopkins University Press, 1990, p. 141-146.

22. Il n'existe aucun travail circonstancié à ce propos, hormis celui de J. L. Davis, centré sur les aspects institutionnels : J. L. Davis, « Weather forecasting and the development of meteorological theory at the Paris observatory », *Annals of Science*, 41, 1984, p. 359-385.

23. Fabien Locher, « L'empire de l'astronome : Urbain Le Verrier, l'Ordre et le Pouvoir », *Cahiers d'histoire. Revue d'histoire critique*, 102, 2007, p. 33-48. On peut aussi consulter : F. Lamotte, *Urbain Le Verrier : savant universel, gloire nationale, personnalité cotentine*, Coutances, OCEP, 1977 ; *L'Exposition Le Verrier et son temps, Observatoire de Paris, 18-27 octobre 1946*, Paris, Gauthier-Villars, 1946 ; J.-M. Feurtet, *D'Arago à Le Verrier, le Bureau des longitudes au XIXe siècle*, DEA, EHESS, 2004 ; D. Aubin, « The fading star of the Paris Observatory in the nineteenth Century: astronomer's urban culture of circulation and observation », *Osiris*, 18, 2003, p. 79-101.

de l'orbite d'Uranus pose problème. Aucune des tables dressées pour en rendre compte ne soutient la comparaison avec les observations. C'est l'un des thèmes de travail de Le Verrier. En 1845, il fournit ses premiers résultats concernant les influences croisées de Jupiter et de Saturne sur la trajectoire de la planète. Il obtient la reconnaissance de ses pairs pour ces différents travaux lorsqu'il est élu à l'Académie des sciences, en section d'astronomie, le 19 janvier 1846.

Surtout, le 1er juin de cette même année, il annonce à l'Académie l'existence d'une nouvelle planète, encore inconnue, et responsable des perturbations inexpliquées d'Uranus[24]. Celle-ci, qui prend plus tard le nom de Neptune, est observée au cours de l'été par l'astronome berlinois Johann Galle. L'hypothèse planétaire validée, Le Verrier est subitement projeté sur le devant de la scène, couvert d'honneurs et de distinctions académiques. Le 14 octobre, le Bureau des longitudes le nomme membre adjoint. Le 9 novembre, une chaire de « mécanique céleste » est créée pour lui à la Sorbonne[25]. Il commence alors à évoluer dans les sphères du pouvoir politique, qu'il ne quittera plus. Il est présenté à Louis-Philippe, qui le fait chevalier puis officier de la légion d'honneur[26]. Le contraste est saisissant entre Le Verrier et Arago, en délicatesse avec le régime depuis le début des années 1840, après qu'il a réclamé, à l'Assemblée législative, l'instauration du suffrage universel[27].

Avec l'avènement de la Deuxième République, Le Verrier perd ses soutiens politiques. Mais en mai 1849, il parvient à se faire élire à l'Assemblée législative. Il y représente son département natal, la Manche, sous l'étiquette des « Amis de l'ordre ». L'astronome siège à droite, et soutient la politique du prince président. Le Verrier travaille à l'Assemblée au développement du télégraphe et des chemins de fer, et à la réorganisation de l'École Polytechnique. Partisan du coup d'État, il est nommé sénateur à vie au lendemain de la prise du pouvoir par Louis-Napoléon Bonaparte.

Illustration 2. – Urbain Le Verrier sous le Second Empire.

Il convoite surtout la direction de l'Observatoire de Paris. La mort d'Arago, le 2 octobre 1853, lui en ouvre les portes. Le nouveau pouvoir impérial est soucieux de restreindre l'autonomie institutionnelle dont jouissent

24. U.-J.-J. Le Verrier, « Recherches sur les mouvements d'Uranus », CR, t. 22, 1846, p. 907-918.
25. Il l'échange en 1849 contre une chaire d'« astronomie physique ». Dossier de fonctionnaire de Le Verrier : AN F17 23407 (administration centrale de l'Instruction publique) et AN AJ16 224 (académie de Paris).
26. AN LH 1626/79.
27. Voir son discours parlementaire du 16 mai 1840. Arago est député des Pyrénées-orientales, sa région natale, à partir de 1831. J. Cawood, « François Arago, homme de science et homme politique », *La recherche*, 16, 1985, p. 1464-1471.

l'Observatoire et le Bureau des longitudes (dont il dépend). Les autorités profitent de la mort d'Arago pour redéfinir complètement leur fonctionnement et leurs attributions, par un décret du 30 janvier 1854[28]. Désormais, l'Observatoire de Paris est un organisme indépendant, dont le directeur est nommé directement par l'Empereur. Le même jour, Le Verrier est placé à ce poste, alors qu'il n'aurait pu y être élu selon les règles collégiales habituelles, en raison de l'hostilité du personnel scientifique de l'Observatoire. Le décret du 30 janvier 1854 porte les traces d'un moment historique particulier, marqué par l'idée d'un « retour à l'ordre ». Le rapport qui l'introduit dénonce ainsi les « effets funestes » de l'« anarchie » jusque dans les observatoires[29].

De 1854 à 1870, Le Verrier occupe une position dominante au sein de l'univers académique. Il dirige tout d'abord l'Observatoire, avec un règlement sur mesure. La collégialité n'y est plus de mise, et Le Verrier a le pouvoir de prescrire des orientations de recherche à son personnel. L'astronome siège également à l'Académie, où il est le chef de file d'un groupe puissant, composé entre autres du chimiste Jean-Baptiste Dumas, du Général Morin et un temps de l'astronome Hervé Faye[30]. Le Verrier se place par ailleurs constamment, sous les régimes politiques successifs, dans une posture de courtisan. Il donne des leçons d'astronomie au petit-fils de Louis-Philippe. Plus tard, il assiste Napoléon III dans la rédaction de son *César*, pour les calculs de dates et de phases lunaires.

Cette posture, combinée au poids de sa renommée scientifique, l'affranchit en partie des hiérarchies administratives. À la lecture de sa correspondance avec les ministres de Napoléon III, on a parfois l'impression d'un échange d'égal à égal, Le Verrier n'hésitant jamais à se prévaloir du soutien direct de l'Empereur. Il a par ailleurs un relais important au plus proche de celui-ci, en la personne de Jean-Baptiste Vaillant. Polytechnicien, officier du génie, Vaillant est un ancien des campagnes de Russie et de Saxe. Il est ministre de la Guerre de 1854 à 1859, puis ministre de la Maison de l'Empereur et membre de son conseil privé jusqu'en 1870. Vaillant est dans un rapport de fascination vis-à-vis de la « science pure ». En février 1853, il parvient à se faire élire académicien libre, et il assiste fréquemment aux séances de l'Académie, alors même qu'il est ministre. Le Verrier cultive ses relations avec cet allié précieux et souvent naïf, comme en témoigne leur correspondance[31].

---

28. « Décret du 30 janvier 1854 », *Bulletin administratif de l'Instruction publique*, t. 3, année 1852, p. 23-29.
29. « Réorganisation de l'Observatoire de Paris et du Bureau des longitudes », *Bullletin administratif de l'Instruction publique*, t. 3, année 1852, p. 16-22 [citation, p. 19].
30. Lettre de Bravais à Quetelet, du 21 mai 1854. Bruxelles M496.
31. Institut Ms 3714.

La météorologie et le télégraphe

En décembre 1854, Le Verrier remet à Napoléon III un rapport dans lequel il expose ses projets pour l'Observatoire de Paris[32]. Il a chargé l'un de ses subordonnés, Emmanuel Liais, de rédiger un avant-projet du texte pour ce qui concerne la météorologie et le géomagnétique[33]. Liais est le responsable de ce secteur d'activité à l'Observatoire, depuis son recrutement en février 1854[34]. Il s'était fait connaître auparavant par une série de travaux concernant l'étude de l'atmosphère, et notamment avec un mémoire remarqué sur la « théorie mathématique des oscillations du baromètre[35] ». Jusqu'à son départ fin 1857, Liais occupe une place importante au sein de l'équipe scientifique de l'Observatoire. Le Verrier a dû presque entièrement renouveler le personnel après le départ des astronomes restés fidèles à Arago. Liais en profite pour grimper dans la hiérarchie de l'établissement[36]. Comme on va le voir, ses projets sont dans le même temps soutenus — et confisqués, écrira-t-il plus tard — par Le Verrier.

Ce dernier, dans la partie « météorologie » de son rapport à l'Empereur, reprend largement les propositions de Liais. Parmi celles-ci, l'utilisation du télégraphe pour prévenir de l'arrivée des tempêtes sur les côtes françaises. Le rapport fait notamment référence aux tentatives américaines de suivi des tornades.

Cette proposition nécessite la mise à disposition d'importants moyens matériels et humains. Pour les obtenir, Le Verrier utilise les circonstances favorables que lui offre l'actualité. En Crimée, les troupes françaises s'enlisent dans le siège de Sébastopol. Elles sont durement éprouvées par une épidémie de choléra et par de graves problèmes d'intendance. C'est dans ce contexte que le 14 novembre 1854, une violente tempête touche la flotte franco-anglo-turque qui croise au large de la ville. Elle cause la perte de 40 navires, dont le vaisseau français *Le Henri IV* et l'aviso à vapeur *Le Pluton*.

Illustration 3. – Naufrage du *Henri IV* devant Sébastopol.

Le problème de la sécurité maritime occupe un temps le devant de la scène médiatique. Le Verrier en profite pour passer à l'action. Dès la fin du mois de novembre, il s'adresse à un grand nombre d'astronomes européens.

---

32. U.-J.-J. Le Verrier, *Rapport sur l'organisation de l'Observatoire impérial de Paris et projet d'organisation*, Paris, Mallet-Bachelier, 1855.
33. J. Ancellin, *Un homme de science du XIXe siècle : l'astronome Emmanuel Liais, 1826-1900*, Coutances, OCEP, 1985.
34. Ce poste était occupé précédemment par Jacques Babinet, qui quitte l'Observatoire un mois seulement après la prise de fonction de Le Verrier.
35. E. Liais, *Théorie mathématique des oscillations du baromètre et recherche de la loi de la variation moyenne de la température avec la latitude*, Paris, Bachelier, 1851.
36. Liais est recruté comme élève-astronome le 11 février 1854, il est astronome-adjoint le 11 août 1854 et astronome le 31 janvier 1857.

Il leur demande de lui transmettre leurs observations météorologiques pour la période du 12 au 16 novembre 1854. Liais effectue la synthèse des données recueillies[37]. Le 19 janvier 1855, Le Verrier remet au ministre de l'Instruction publique une étude provisoire sur la tempête de novembre :

> « Les conclusions scientifiques auxquelles nous sommes arrivés — écrit-il — laissent entrevoir des applications très importantes. [...] Avant peu, nous aurons l'honneur de vous rendre compte des premiers pas qui auront été faits dans l'organisation d'un service propre à prévenir de l'approche des tempêtes[38]. »

Le 16 février 1855, il soumet à Napoléon III un projet détaillé de réseau d'observation météorologique avec centralisation des données par le télégraphe. Ce réseau doit être utilisé, à terme, pour fournir des prévisions aux populations côtières. Dès le lendemain, le projet est approuvé par l'Empereur. Les circonstances ont pu jouer une seconde fois en faveur de l'Observatoire : deux jours auparavant, le transport de troupes *La Sémillante* a sombré dans une tempête au large de Bonifacio, causant la mort de 400 hommes d'équipage[39].

Démonstration à l'Académie : le naufrage du *Henri IV*

Le Verrier intervient également à l'Académie pour promouvoir son projet de réseau et en démontrer la faisabilité. Le 19 février 1855, il y présente des observations relevées le matin même, en différents points de la France. Ces observations ont été réalisées et transmises par des observateurs amateurs. Le directeur de l'Observatoire donne ainsi la preuve pratique de ce que le réseau télégraphique français peut permettre, dès à présent, de réaliser une centralisation quotidienne des observations météorologiques[40].

« Cette communication inattendue », lit-on dans la revue *Le Cosmos* du 23 février, « a produit au sein de l'Académie une sensation très vive, elle a été une sorte d'évènement. » Le Verrier renouvelle la démonstration au cours de la séance suivante, et il annonce qu'il a chargé Emmanuel Liais d'étudier la possibilité de pérenniser le dispositif[41].

Le directeur de l'Observatoire revient à la charge le 31 décembre 1855, en présentant le travail de Liais sur la tempête de la mer Noire[42]. Ce dernier

---

37. Selon Le Verrier, cette collecte aurait permis de rassembler près de deux cents cinquante réponses. Elles sont perdues.
38. Lettre de Le Verrier au ministre de l'Instruction publique, du 19 janvier 1855. AN F[17] 3728.
39. A. Daudet, « L'agonie de la « Sémillante », *Les lettres de mon moulin*, Paris, Librio, 1994, p. 57-62.
40. *L'Ami des Sciences*, 25 février 1855.
41. *L'Ami des Sciences*, 4 mars 1855.
42. U.-J.-J. Le Verrier, « M. Le Verrier présente un travail fait à l'Observatoire impérial, par M. Liais, sur la tempête de la mer Noire, en novembre 1854 », CR, t. 41, 1855, p. 1197

soutient que l'Europe a connu, dans les jours précédant le 14 novembre, la propagation d'une « tourmente » qui, s'étant fait sentir faiblement en France le 11 novembre, se serait déplacée en gagnant en intensité, jusqu'à atteindre son paroxysme devant Sébastopol. Liais est un partisan de la théorie des ondes atmosphériques d'Adolphe Quetelet, avec qui il a brièvement correspondu au cours de l'année 1852[43]. Pour lui, la tourmente de novembre 1854 a accompagné la propagation d'ouest en est, sur l'Europe, d'ondes de pression au sens de Quetelet.

Liais utilise les données collectées pour tracer les différentes lignes iso-« jour et heure d'extrema » de pression observées sur l'Europe du 12 au 16 novembre. Il reprend ainsi les techniques de traitement et de mise en carte des données météorologiques conçues peu de temps auparavant par Quetelet[44]. La carte de Liais met en scène la propagation d'une ligne de maxima de pression sur l'Europe, dans les jours qui ont précédé et suivi la tempête. Cette ligne est sur la mer Noire le 16 novembre, et pas le 14, mais Liais s'en explique en associant les forts coups de vent aux phases de dépression *précédant* les fronts d'onde.

Illustration 4. – Carte des ondes atmosphériques sur l'Europe, du 12 au 16 novembre 1854, présentée par Le Verrier à l'Académie des sciences dans la séance du 31 décembre 1855.

En présentant à l'Académie des observations réalisées le matin même, Le Verrier a montré la possibilité d'un suivi en temps réel des conditions atmosphériques. Avec son intervention du 31 décembre, il veut prouver qu'un tel suivi pourrait permettre d'annoncer à l'avance la survenue d'une tempête. Et il conclut en se demandant si « la présence d'un télégraphe électrique, entre Vienne et la Crimée, n'eût pas pu servir à prévenir nos armées et nos flottes[45] ». Cette question est rhétorique : le directeur de l'Observatoire a d'ores et déjà reçu l'aval du gouvernement pour mettre en place un tel système d'avertissement. Ici, il cherche de plus à emporter la conviction de la communauté savante, en insistant sur la *scientificité* de sa démarche. Dans cette perspective, la théorie des ondes atmosphériques possède un atout particulier. Elle se réfère à un cadre conceptuel central de la physique : le cadre

---

1203. Le texte est repris *in extenso* dans les *Nouvelles Annales de la Marine et des Colonies*, Paris, Paul Dupont, 1856, p. 168-174.

43. Lettre de Liais à Quetelet, du 16 décembre 1852. Bruxelles M1606.

44. Liais utilise la méthode de Quetelet, à ceci près que ce dernier travaillait au départ sur une période de trois mois (juin, juillet, août 1841), d'où il extrayait une séquence de propagation des extrema de la pression. Liais, lui, travaille d'emblée autour de l'« événement » que constitue la tempête de la mer Noire, et sa collecte auprès des observateurs européens n'a porté que sur une courte période autour du 14 novembre.

45. U.-J.-J. Le Verrier, « M. Le Verrier présente un travail... », *loc. cit.*, p. 1203.

ondulatoire, et elle semble de ce fait susceptible de mathématisation. Dans sa présentation à l'Académie, Le Verrier met en scène cette perspective : « On peut sans doute espérer — déclare-t-il — qu'il sera possible de soumettre à l'analyse les principales circonstances de la transmission [des ondes atmosphériques], et je vois avec plaisir M. Cauchy faire un geste d'assentiment [...][46]. » Notons que ceci n'est certainement pas la perspective dans laquelle travaille Liais. En 1851, dans son mémoire sur les oscillations barométriques, ce dernier insiste sur le fait que la prise en compte des variations « accidentelles » de la pression dépasse les « forces de l'analyse » et nécessite l'emploi d'une méthode strictement inductive et empirique[47].

Gage supplémentaire donné aux politiques, démonstration à destination du monde savant, l'intervention de décembre 1855 doit préparer le lancement d'un service d'« avertissements météorologiques ». Le mot « avertissement » est important. Le Verrier utilise presque toujours ce terme, rarement celui de « prévision », jamais celui de « prédiction ». Parler d'« avertissements », c'est affirmer que l'on met en œuvre une pratique non problématique : repérer un phénomène, le suivre, en avertir les populations concernées. Dans un contexte météorologique, le terme de « prédiction », lui, est fortement marqué par la référence — problématique — aux almanachs. C'est ce que confirme de façon éloquente les trois exemples d'usage du mot « prédiction » donnés par le *Dictionnaire de l'Académie* de 1835 : « Les astrologues avaient fait un art de la prédiction », « Le peuple croit aux prédictions de l'almanach », « Les gens sensés n'ont aucune foi aux prédictions des astrologues [sic]. » « Prédiction » est rédhibitoire, « prévision » est moins problématique, et cependant Le Verrier l'emploie peu, préférant toujours utiliser le pouvoir de neutralisation sémantique associé au terme d'« avertissement ».

Le réseau météo-télégraphique de l'Observatoire

De février 1855 à avril 1856, Le Verrier et Liais négocient avec le Comte de Vougy, le directeur de l'Administration des télégraphes, les modalités d'organisation du réseau d'observation météorologique (que nous désignerons à présent sous le nom de réseau « météo-télégraphique[48] »). Le 20 avril 1856, une circulaire à destination des inspecteurs des lignes en fixe l'organisation[49]. Dans un premier temps, dix postes parti-

46. Nous n'avons cependant trouvé aucune trace de travaux de ce type chez Cauchy, qui en revanche a travaillé activement sur les problèmes de propagation des ondes dans les milieux matériels.
47. E. Liais, *Théorie mathématique...*, *op. cit.*, p. 10.
48. Nous désignons simplement ainsi un ensemble de postes d'observation météorologique, d'où les observations sont centralisées vers un centre commun, grâce au télégraphe.
49. « Circulaire du 20 avril 1856 », *Ministère de l'Intérieur, Direction des lignes télégraphiques, Lois et règlements*, t. 3, année 1856, Paris, Imprimerie nationale, 1860, circulaire n° 98.

cipent : Dunkerque, Bayonne, Mézières, Strasbourg, Le Havre, Avignon, Abbeville, Besançon, Châlons-sur-Marne et Mulhouse. Le 15 mai, une seconde circulaire y adjoint les postes de Lyon, Montauban et Limoges [50]. Des « Instructions pour les observations de météorologie à faire dans les postes télégraphiques » sont rédigées par l'Observatoire. Elles prescrivent trois observations par jour, à l'ouverture (à 7 ou 8 heures du matin), à 15 heures et à 21 heures [51]. Les agents doivent mesurer eux-mêmes la pression et la température, estimer la force du vent et observer l'état du ciel. L'Observatoire fournit les instruments : un thermomètre et un baromètre à colonne de mercure (donnant la pression au 1/10 de mm [52]). L'estimation du vent est assez sommaire, puisque les « Instructions » conseillent d'observer d'hypothétiques girouettes placées à proximité, ou à défaut les pavillons et la fumée des maisons [53]. Les observations des postes télégraphiques ne sont pas des mesures de précision. Les baromètres n'atteignent pas la précision des Fortin, ce qui est cohérent avec l'objet de l'étude car la caractérisation des ondes atmosphériques ne nécessite pas une grande précision de mesure.

Les observations sont notées sur un registre conservé au poste, et reportées sur des bulletins pré-imprimés. Les bulletins devaient ensuite être adressés par voie postale à l'Administration des télégraphes, d'où ils étaient transmis à l'Observatoire. En effet, initialement, seuls les six postes de Dunkerque, Bayonne, Mézières, Strasbourg, Le Havre et Avignon font parvenir leurs observations par voie télégraphique, et seulement celles effectuées à l'ouverture du bureau. Les données sont reçues à l'Observatoire aux alentours de 9 heures du matin. Par la suite, le réseau s'étend et compte jusqu'à 24 postes, dont 13 transmettent télégraphiquement leur observation du matin [54]. Signe supplémentaire du soutien des pouvoirs publics, le ministère de l'Intérieur admet d'emblée le principe de la gratuité pour les dépêches. Le fait n'est pas sans importance. En effet, leur volume représente 13 (stations) fois 365 = 4745 dépêches par an. En 1856, si on s'en tient au coût forfaitaire du télégramme, cela représente près de 9 500 francs, soit 10 % du budget total de l'Observatoire de Paris.

---

50. « Circulaire du 15 mai 1856 », *Ministère de l'Intérieur, Direction des lignes télégraphiques, Lois et règlements*, t. 3, année 1856, Paris, Imprimerie nationale, 1860, circulaire n° 100.
51. L'ouverture du bureau correspond en 1856 à 7 heures du matin du 1er avril au 30 septembre, et 8 heures du matin du 1er octobre au 31 mars.
52. U.-J.-J. Le Verrier, « Note sur un système régulier d'observations météorologiques, établi en France… », CR, t. 42, 1856, p. 1039-1042.
53. La direction était donnée selon 16 divisions angulaires (ex : S.-S.-O.), et la force selon une échelle de 0 (calme) à 5 (ouragan). L'état du ciel, lui, était donné par la portion de ciel couvert. Les « particularités remarquables » devaient également être signalées : vent violent, tonnerre, éclairs, pluie, neige, grêle.

Illustration 5. – Dépêche télégraphique d'observation envoyée du poste de Limoges à l'Observatoire de Paris, le 27 mars 1864 au matin. La pression est de 772,20 mm ; le thermomètre intérieur indique +11,0° C ; le thermomètre extérieur indique +7,0° C ; le vent est de S.-S.-E et faible (force 1) ; il y a de pluie.

Début juin 1856, le réseau météo-télégraphique fonctionne régulièrement[55]. Chaque matin, entre neuf et dix heures, un commis apporte à l'Observatoire les relevés des 13 postes télégraphiques. Au cours du mois de juin, l'Observatoire commence à publier une synthèse quotidienne de ces données. Celle-ci, préparée par Liais, se présente sous la forme d'un tableau autographié[56]. Il est expédié le jour même, par la poste, à certains correspondants étrangers. Il est également diffusé dans la presse. À partir de juin 1856, on peut en prendre connaissance chaque soir dans le journal *La Patrie*[57]. C'est la première publication quotidienne d'un bulletin météorologique « officiel » à destination du public français. Le tableau prend une forme régulière et le nom de *Bulletin quotidien de l'Observatoire Impérial de Paris* à partir du premier janvier 1858[58].

Illustration 6. – Bulletin météorologique de l'Observatoire impérial de Paris, du 18 avril 1864.

Dès le départ, le projet de Le Verrier est celui d'un réseau météo-télégraphique *européen*. À partir de 1857, l'astronome écrit aux directeurs de

54. Ces stations sont celles de Strasbourg, Mézières, Dunkerque, Tonnerre, Le Havre, Limoges, Napoléon-Vendée, Brest, Montauban, Bayonne, Besançon, Lyon, Avignon. U.-J.-J. Le Verrier, « Historique des entreprises météorologiques de l'Observatoire impérial de Paris, 1854-1867 », introduction à l'*Atlas des mouvements généraux de l'atmosphère*, année 1864, juin-décembre, Paris, Gauthier-Villars, 1868, p. 1-18 (noté désormais « Historique des entreprises météorologiques de l'Observatoire impérial de Paris »).
55. Cette partie du réseau météo-télégraphique de l'Observatoire, dépendant de l'Administration des télégraphes, est peu modifiée jusqu'en 1878. Perpignan communique des observations à l'Observatoire à partir de mars 1867, alors que certaines stations cessent le service, comme Tonnerre (en janvier 1859), Avignon (en avril 1865), ou Strasbourg, remplacé par le poste télégraphique de Charleville après la guerre de 1870-1871.
56. L'autographie est une méthode de lithographie rapide, mais de qualité médiocre.
57. Voir la mention dans les *Comptes rendus* : CR, t. 42, 1856, p. 1229. À partir de juillet 1857, une copie du tableau est également affichée chaque jour à la Bourse de Paris.
58. Il prend les dénominations successives de : *Bulletin quotidien de l'Observatoire impérial de Paris* [janvier 1858-novembre 1863] ; *Bulletin international de l'Observatoire [impérial] de Paris* [décembre 1863-mai 1872] ; *Bulletin international de l'Observatoire physique central de Montsouris* [juin 1872-avril 1873] ; *Bulletin international de l'Observatoire de Paris* [mai 1873-septembre 1880].

différentes institutions scientifiques étrangères, pour leur demander que les observations météorologiques réalisées dans leurs établissements soient télégraphiées, chaque matin, à Paris. Dans le même temps, il sollicite la gratuité de ces dépêches auprès des autorités ou des compagnies privées qui gèrent les lignes[59]. En effet, l'Observatoire n'aurait pas été en mesure d'assumer le poids financier d'une telle correspondance.

Les demandes de Le Verrier concernent deux types d'établissements. Tout d'abord, les observatoires astronomiques, dans lesquels existe presque toujours un service d'observation météorologique quotidien. En juin 1857, l'astronome adresse ainsi des demandes aux directeurs d'observatoire Adolphe Quetelet (de Bruxelles), Émile Plantamour (de Genève), Daniel Lindhagen (de Stockholm) et Angelo Secchi (du Collège romain, au Vatican). Par ailleurs, ses demandes concernent aussi des établissements qui se consacrent exclusivement à l'étude de la météorologie et du magnétisme terrestre. En 1857, Le Verrier sollicite ainsi Karl Kreil (de l'Institut Central pour la météorologie et le magnétisme terrestre de Vienne) et Fradesso Da Silveira (de l'Observatoire météorologique de la Marine portugaise)[60]. Il entre également en contact avec Theodore Kupffer, le directeur de l'Observatoire physique central de Saint-Petersbourg. Par son entremise, Le Verrier profite de la partie européenne du réseau russe d'observation météorologique et géomagnétique. À partir de 1858, l'Observatoire de Paris reçoit des dépêches de Moscou, Saint-Petersbourg, Varsovie et Nikolaïev (Ukraine). Riga, Kiev et Helsinki complètent ce réseau à partir de l'année suivante. Grâce à ces différentes contributions, le réseau météo-télégraphique français s'étend rapidement au continent européen : il compte 8 stations étrangères fin 1858[61], 15 fin 1859[62] et 19 fin 1860[63].

Le Verrier et la Marine : quelle utilisation pour le réseau ?

Le réseau météo-télégraphique de l'Observatoire de Paris connaît un début d'utilisation à partir d'avril 1860. Cette évolution fait suite à une requête que le président de la Chambre de commerce du Havre adresse au ministre de la Marine fin 1859. Il demande que lui soit communiqué quotidiennement, par dépêche, les vents observés à Brest et à Cherbourg[64]. Ces observations doivent renseigner les capitaines sur les conditions qu'ils sont

59. AN F[17] 3728 et OP Ms 1060-II-E-6.

60. A. K. Khrgian, *Meteorology: a historical survey*, Jérusalem, Israël Program for Scientific Translation, 1970, p. 123-125 et p. 130-131.

61. Bruxelles, Genève, Madrid, Rome, Turin, Vienne, Lisbonne et Saint-Petersbourg.

62. Avec en plus Moscou, Nicolaïeff, Varsovie, Stockholm, Saint-Fernando, Florence et Livourne.

63. Avec en plus Haparanda (dans l'actuelle Finlande), Riga, Kiev et Helsinki.

64. Lettre (copie) du président de la Chambre de commerce du Havre au ministre de la Marine, du 16 décembre 1859. AN F[17] 3728.

destinés à rencontrer dans leur trajet vers l'ouest. La requête est motivée par des sinistres maritimes récents, évoqués dans la lettre.

Le ministre de la Marine transmet immédiatement cette demande à celui de l'Instruction publique. Au passage, il manifeste son désir de voir entrepris « l'établissement d'un service régulier de transmission de bulletins météorologiques entre les différents ports du littoral français[65] ». Il mentionne également un entretien qu'il a eu avec Le Verrier. Le directeur de l'Observatoire lui a parlé de la distribution du *Bulletin météorologique* dans les ports, et de la possibilité de parvenir à des prévisions du temps. « Je ne pense pas — écrit le ministre — que M. Le Verrier ait donné suite à cette idée qui mérite d'être appliquée ». Il conclut en promettant la collaboration de la Marine.

Le 17 janvier 1860, Le Verrier répond à cette sollicitation en indiquant son impatience d'aller de l'avant, si on lui en donne « les moyens et l'autorité[66] ». Il demande la constitution d'un groupe de travail Observatoire/Marine/Administration des télégraphes, pour faire avancer le projet. La proposition recueille l'accord des administrations concernées. Le Verrier entend bien saisir l'occasion qui lui est donnée d'obtenir de nouveaux moyens pour le réseau. Fin janvier-début février 1860, il parvient à s'entretenir personnellement de cette affaire avec le ministre de la Marine. Il cherche à accélérer les choses, pour que le service puisse être en place avant les tempêtes d'équinoxe[67]. La commission tripartite se réunit à l'Observatoire fin février-début mars 1860. Mais les négociations ne prennent pas la tournure espérée par Le Verrier. La création du système de prévision est remise à plus tard, car la Marine refuse d'y prendre une part active. En revanche, elle s'implique dans le sens d'une extension des observations côtières et d'une redistribution des observations entre les ports, sur le modèle de ce qui était demandé pour Le Havre[68].

La Marine fait réaliser des observations météorologiques dans ses observatoires des ports de Cherbourg, Toulon et Lorient. À Sète et Antibes, ce sont des professeurs d'hydrographie qui acceptent de s'en charger. Tous observent à sept ou huit heures du matin et télégraphient immédiatement leurs données à Paris. Par ailleurs, dans ces cinq ports et dans cinq postes télégraphiques situés en bord de mer[69], les autorités portuaires sont mobilisées

---

65. Lettre du ministre de la Marine au ministre de l'Instruction publique, du 29 décembre 1859. AN F^{17} 3728.
66. Lettre de Le Verrier au ministre de l'Instruction publique, du 17 janvier 1860. AN F^{17} 3728.
67. Rencontre évoquée dans une lettre du ministre de l'Instruction publique au ministre de la Marine, du 7 février 1860. AN F^{17} 3728.
68. « Rapport au ministre du 5 mars 1860 ». OP Ms 1060-II-E-2.
69. En 1860, il s'agit des ports de Dunkerque (T), Cherbourg (M), Brest-Ouessant (T), Le Havre (T), Bayonne (T), Rochefort (T), Sète (M), Antibes (M), Toulon (M) et Lorient (M) [M=Marine ; T=Télégraphe].

pour compléter les dépêches météorologiques avec une estimation du vent et de l'état de la mer[70].

À partir du 1er avril 1860, l'Observatoire de Paris redistribue les observations vers 14 ports du littoral[71]. Ils reçoivent en fin de matinée les informations concernant le temps et l'état de la mer régnant dans les stations les plus proches. L'Observatoire réexpédie ainsi à Nantes les observations de Brest, Rochefort et Bayonne[72]. Certains journaux régionaux, comme *Le Courrier du Havre*, publient quotidiennement ces mini-bulletins de météorologie marine.

La météorologie marine en Europe

La France n'est pas le seul pays, en Europe, où le télégraphe est mis à contribution pour l'observation des états atmosphériques. C'est en Hollande que ce système est effectivement utilisé pour la première fois afin de prévoir le temps. Le KNMI *(Koninklijk Nederlandsch Meteorologisch Instituut)*, dirigé par Christophorus Buys Ballot, organise à partir de 1855 un réseau météo-télégraphique implanté dans les villes de Groningue, Le Helder, Flessingue, Amsterdam et Maastricht. Au printemps 1860, Buys Ballot commence à le mettre à contribution pour l'avertissement des tempêtes[73]. Sa méthode est basée sur des règles statistiques, établies empiriquement. Selon lui, lorsque les écarts barométriques existant au nord du pays (entre Groningue et Le Helder) sont inférieurs de plus de 4 mm de mercure à ceux existant au sud (entre Maastricht et Utrecht), on a une fois sur quatre un vent de tempête d'ouest qui touche le pays (le vent d'ouest est en Hollande un vent dirigé vers la côte, dangereux pour la navigation côtière[74]). Buys Ballot organise un échange réciproque des données entre les stations du réseau. Ces données sont mises à portée du public, et elles sont interprétées, dans chaque station, selon la règle énoncée précédemment. Le système hollandais d'avis de tempête se

70. À Cherbourg, par exemple, les observations du baromètre et du thermomètre sont réalisées à l'observatoire de la Marine, celles concernant le vent et l'état de la mer, par le directeur des mouvements du port. Centre des Archives Contemporaines de Fontainebleau, F90-163 (Dépêches au départ, Cherbourg, 1861).

71. Dunkerque, Cherbourg, Brest-Ouessant, Le Havre, Bayonne, Rochefort, Sète, Toulon, Lorient, Bordeaux, Dieppe, Marseille, Nantes et Saint-Malo.

72. « Historique des entreprises météorologiques de l'Observatoire impérial de Paris », p. 4. Des dépêches supplémentaires, ne donnant que l'état du ciel et de la mer, étaient aussi expédiées à l'Observatoire à 15 heures, et réexpédiées en fin d'après-midi vers les ports concernés.

73. K. Van Berkel *et al.*, *A history of science in the Netherlands*, Brill, Leiden-Boston-Köln, 1999, p. 116-119 et p. 429-431 ; J. Detwiller, « La loi de Buys Ballot », *La météorologie*, mars 1982, p. 61-70.

74. C. Buys Ballot, « Note de M. Buys Ballot accompagnant l'envoi des premières feuilles de l'Annuaire de l'Institut Royal Météorologique des Pays-Bas », CR, t. 45, 1857, p. 640-641, et C. Buys Ballot, « Note sur le rapport de l'intensité et de la direction du vent avec les écarts simultanés du baromètre », CR, t. 45, 1857, p. 765-768.

base ainsi sur un réseau météo-télégraphique de petite dimension, à l'échelle de la seule Hollande, et sur une méthode d'anticipation du temps de nature statistique, qui permet une interprétation décentralisée des observations collectées par le télégraphe.

Au même moment, l'Angleterre s'engage résolument dans la météo-télégraphie. Ce chantier est géré par le service météorologique de la division Marine du *Board of Trade* (l'équivalent du ministère français du commerce[75]). Ce service est dirigé par Robert Fitzroy, un capitaine de la *Royal Navy*, qui avait notamment assuré le commandement du HMS *Beagle* lors de son voyage autour du monde de 1831 à 1836 (il embarquait alors à son bord un jeune naturaliste de 22 ans, Charles Darwin). Comme en France, c'est une catastrophe maritime qui donne son impulsion au développement de l'avertissement des tempêtes. Peu après le naufrage en mer d'Irlande, le 25 octobre 1859, du vaisseau *The Royal Charter*, Fitzroy sollicite les compagnies télégraphiques privées. Il parvient rapidement à mettre sur pied un réseau météo-télégraphique de 13 stations. Fitzroy se contente tout d'abord d'assurer la publication quotidienne des observations qui lui parviennent chaque matin des côtes britanniques.

En 1860, conscient du développement des activités météo-télégraphiques anglaises et hollandaises, Le Verrier engage une nouvelle phase d'expansion de son réseau. Son but est d'atteindre la taille critique à partir de laquelle l'Observatoire de Paris s'imposera de fait comme LE centre européen de correspondance météo-télégraphique[76]. Il sollicite Buys Ballot, Fitzroy, Airy et les directeurs des observatoires de Madrid et Turin. Ces démarches sont rapidement fructueuses. Buys Ballot transmet les observations du Helder en l'échange de celles de Brest, Le Havre et Paris[77]. Le Verrier obtient également les contributions venues des états de Sardaigne (Gênes, Cagliari, Livourne) et d'Espagne (Barcelone, Palma, Alicante, Bilbao, La Corogne). En ce qui concerne l'Angleterre, Airy adresse les observations réalisées à Greenwich, mais Le Verrier négocie surtout avec Fitzroy. Ce dernier expédie chaque jour, à partir de la fin septembre 1860, les observations qu'il reçoit des postes télégraphiques privés de Yarmouth et Scarborough (mer du Nord), Galway (mer d'Irlande), Valentia (S.-O. de l'Irlande), Portland et Penzance (Manche). À sa demande, Le Verrier lui adresse en retour les observations de Bayonne et de Brest. Le directeur de l'Observatoire utilise aussi les données étrangères comme monnaie d'échange, en réexpédiant chaque jour à Londres les dépêches du Helder, de Copenhague, de La Corogne et de Lisbonne.

75. J. BURTON, « Robert Fitzroy and the early history of the Meteorological Office », *British Journal for the History of Science*, 19, 1986, p. 147-176.
76. Ce qui n'a d'ailleurs d'intérêt stratégique que dans la mesure où, comme le pense Le Verrier, l'Europe est l'échelle « utile » dans le cadre d'un système d'avertissements des tempêtes.
77. OP Ms 1060-II-E-6, dossier « correspondance internationale ».

D'avril 1860 à avril 1861, le réseau météo-télégraphique de l'Observatoire se développe considérablement. En France, on passe de 13 à 20 stations, et en Europe, de 19 à 34. De plus, les observations sont désormais redistribuées vers le littoral français. Mais l'Observatoire ne fait rien de plus de ces données. Aucune recherche n'est plus menée sur la théorie des phénomènes atmosphériques depuis qu'Emmanuel Liais a été renvoyé, en décembre 1857. En effet, son remplaçant, le physicien Quentin Desains, ne s'intéressera jamais aux problèmes météorologiques.

Au cours de l'année 1861, l'étrangeté de cette situation apparaît de plus en plus nettement, par contraste avec les cas anglais et hollandais. Le système néerlandais d'avertissement fonctionne dès le printemps 1860. En Angleterre, il est opérationnel à partir de février 1861. Si les observations centralisées au *Board of Trade* laissaient prévoir la survenue d'un coup de vent, les stations météo-télégraphiques recevaient une alerte (*a cautionary storm warning*), transmises aux autorités maritimes. Ces alertes étaient diffusées grâce à des signaux imaginés par Fitzroy, hissés sur les mâts d'entrée des ports. À partir de mai 1862, le service prend encore plus d'ampleur : il fournit à présent une prévision systématique des vents à 24 heures. Fitzroy utilise le terme de *forecast* pour désigner ces prévisions. Avec ses *warnings* et surtout ses *forecasts*, il met en œuvre le même type de neutralisation sémantique que Le Verrier avec ses « avertissements ». En utilisant systématiquement le terme *forecast*, qui existait auparavant dans la langue anglaise mais était peu employé, Fitzroy cherche avant tout à écarter le terme anglais de « prediction ». Comme dans le cas français, ce dernier est en effet marqué — dans un contexte météorologique — par la référence compromettante à l'astrologie et aux almanachs.

Les méthodes utilisées pour les *forecasts* dérivent des travaux entrepris, depuis le début des années 1830, par le savant prussien Heinrich Wilhelm Dove. Sa théorie se base sur l'existence de deux courants atmosphériques fondamentaux : l'un, d'origine *équatoriale*, chaud, humide et « porteur » de basses pressions, soufflant du sud-ouest et de l'ouest, l'autre, d'origine *polaire*, sec, froid, et « porteur » de hautes pressions, soufflant du nord-est et de l'est. Pour Dove, ces courants se partagent en permanence la surface de l'Europe, leur zone d'action variant en fonction des saisons. Il attribue les états atmosphériques présents en tel ou tel lieu à la prédominance d'un courant, ou au passage d'un courant à un autre.

Dove donne une synthèse de ses conceptions dans un ouvrage de 1857, *Das Gesetz der Stürme* — « La loi des tempêtes ». Le *Board of Trade* en fait publier dès 1858 une première traduction anglaise[78]. Fitzroy est un adepte des théories de Dove : les prévisions du *Board of Trade* sont rédigées à partir des observations météo-télégraphiques, interprétées comme des résultantes du conflit entre le

78. *Third number of meteorological papers*, Londres, Board of Trade, 1858.

courant polaire et le courant tropical. Les anglais, pas plus que les hollandais, n'utilisent de cartes météorologiques pour rédiger leurs prévisions[79].

La Marine et les alertes anglaises

En 1861, l'Observatoire semble dépassé sur le terrain de la météorologie télégraphique. Le Verrier tente alors de relancer l'idée d'un service d'avertissement des tempêtes. Le 22 mai 1861, il s'adresse au ministre de l'Instruction publique, pour lui soumettre un rapport en ce sens[80]. Mais la Marine refuse de jouer le rôle que lui assigne Le Verrier. L'astronome souhaite qu'elle assure elle-même la tâche de prévision. Il propose d'affecter à Paris sept officiers « jeunes et intelligents » qui se relaieraient 24 heures sur 24, disposeraient de « toutes les cartes représentant la marche des ouragans », et pourraient ainsi s'essayer à cet exercice encore bien incertain. Mais non seulement ceci a un coût (que Le Verrier évalue à 60 000 francs), mais surtout c'est une entreprise à haut risque, alors même que l'on ne dispose d'aucune méthode éprouvée de prévision.

La Marine n'en est pas moins soucieuse d'utiliser les informations désormais disponibles grâce aux réseaux météo-télégraphiques étrangers. Elle collabore étroitement, à cette fin, avec les services météorologiques anglais. En 1861, le capitaine de vaisseau Vincent-Alfred Moulac, commandant des pêcheries de la Manche et de la mer du Nord, entre en relation avec Fitzroy. Il sollicite la communication des observations météo-télégraphiques anglaises. En retour, Fitzroy demande que les observations réalisées quotidiennement dans les observatoires des ports militaires de Rochefort, Lorient et Brest, lui soient transmises. Moulac rend compte de sa démarche au ministre de la Marine, et le principe de l'échange est accepté. La Marine contourne ainsi complètement l'Observatoire de Paris. Elle crée même dans la foulée un « service des dépêches météorologiques » autonome[81]. Ce service, institué par les dépêches ministérielles du 5 décembre 1862 et 10 janvier 1863, dépend de la direction des mouvements de la flotte. Il est implanté dans les bureaux du ministère, à Paris.

Ce service assure deux tâches principales. Tout d'abord, il gère les échanges d'observations entre la Marine, l'Observatoire et le *Board of Trade*, et redistribue les données vers 20 ports français. Surtout, il diffuse les *warnings* et

79. Et ce même si la cartographie météorologique était développée comme un moyen d'étude (spécialement dans le cas hollandais).

80. Rapport de Le Verrier au ministre de l'Instruction publique (« Service météorologique des ports »), du 22 mai 1861. AN F[17] 3728.

81. Rapport « Le service météorologique de la Marine », manuscrit anonyme et non daté. AN F[17] 3728 ; E. De Rostaing, « Comparaisons des prévisions de l'office météorologique de Londres pour les côtes nord et ouest de la France avec l'état réel observé sur ces côtes », *Revue Maritime et Coloniale*, septembre-décembre 1867, p. 600-625.

les *forecasts* émis par Fitzroy. Le *Board of Trade* rédige des dépêches pour deux zones côtières françaises : la côte nord-ouest, de Dunkerque à Honfleur, et la côte ouest, de Cherbourg à Bordeaux[82]. Le service des dépêches météorologiques transmet ces alertes et ces *forecasts* à 18 ports français[83]. Ils sont reçus dans les quatre ports militaires de l'Atlantique (Lorient, Brest, Rochefort, Cherbourg), ainsi que dans 14 ports de commerce, parmi les plus importants en terme de tonnage. Les *forecasts* sont affichés dans un lieu fréquenté du port, et les alertes sont signalées par un pavillon cylindrique. Les avis anglais sont ainsi susceptibles de toucher le quart (en nombre) et la moitié (en tonnage) de la flotte commerciale française[84].

Pour diffuser ces alertes, la Marine utilise également une infrastructure côtière mise en place au début des années 1860 : les électro-sémaphores[85].

> « On voit depuis un an — écrit Félix Julien dans *La Science pour tous* du 3 décembre 1863 — sur les falaises les plus arides et les roches les plus escarpées des côtes de France, s'élever des maisonnettes blanches surmontées d'une tour dont la toiture rouge, les murs badigeonnés et les persiennes vertes offrent le plus souvent un singulier contraste avec l'aspect sauvage des lieux qui les entourent. Ce sont les sémaphores que l'État a fait construire sur toute l'étendue de notre littoral[86]. »

C'est en 1859 qu'est prise la décision de construire ce réseau de postes sémaphoriques reliés au télégraphe. Au départ, les électro-sémaphores sont destinés à la surveillance du littoral et des mouvements maritimes. Ils constituent une infrastructure militaire, gérée par la première direction du ministère de la Marine (bureau des Mouvements)[87]. Grâce au télégraphe, les sémapho-

82. Les dépêches de la côte de Dunkerque à Cherbourg étaient en fait celles rédigées par les anglais pour leur propre côte sud-est. En revanche, le *Board of Trade* effectuait un travail spécifique pour la côte de Cherbourg à Bordeaux, consenti en l'échange des observations fournies par la Marine.

83. Dunkerque, Boulogne, Dieppe, Fécamp, Le Havre, Honfleur, Cherbourg, Granville, Saint-Servan (commune de Saint-Malo), Brest, Lorient, Le Palais (Belle-Île), Saint-Nazaire, Nantes, La Rochelle, Rochefort, Royan et Bordeaux. Ce sont les 20 qui reçoivent les observations brutes, moins Bayonne et Cap Breton, situés en dehors de la zone de prévision du *Board of Trade*.

84. Nos calculs sont basés sur : *Le tableau général du commerce de la France pour 1864*, Paris, Imprimerie nationale, 1865.

85. Sur l'histoire des infrastructures côtières : V. Guigueno, *Au service des phares. La signalisation maritime en France, XIXe-XXe siècle*, Rennes, PUR, 2002 ; J.-C. Fichou, *Gardiens de phare. 1798-1939*, Rennes, PUR, 2002 ; J. Humeau, *Des vigies aux sémaphoristes : les témoins de l'histoire islaise*, Ile d'Yeu, Atelier du patrimoine islais, 1993 ; Y. Lecouturier, S. Lucas, « Sémaphores d'hier et d'aujourd'hui », *Le Chasse-Marée*, 35, 1988, p. 2-17 ; *Pierres de mer, le patrimoine immobilier de la Marine nationale*, Paris, ADDIM, 1996.

86. F. Julien, « Des sémaphores », *La Science pour tous* du 3 décembre 1863.

87. Cependant, tout ce qui touchait au matériel et au fonctionnement des postes télégraphiques était du ressort de l'Administration des télégraphes.

ristes peuvent signaler immédiatement la présence de vaisseaux ennemis, mais aussi échanger des messages avec les navires de la flotte. Un mât d'une hauteur de 10 mètres, doté de trois ailes mobiles, assure cette fonction sémaphorique. Par temps clair, les signaux sont visibles à plus de 11 km au large. Dans chaque poste, le service est assuré par deux guetteurs, recrutés parmi d'anciens membres d'équipage des marines de guerre et de commerce.

Les tâches des électro-sémaphores sont rapidement diversifiées. Dès la fin 1864, les postes s'ouvrent à la télégraphie privée. Cela permet aux bateaux qui longent les côtes françaises de communiquer avec leurs armateurs. Cette communication se fait par l'intermédiaire de pavillons, car l'usage du mât sémaphorique est réservé à la Marine de guerre.

En 1863, le préfet maritime de Brest obtient du ministre de la Marine l'autorisation de faire parvenir les dépêches du *Board of Trade* aux électro-sémaphores du Conquet et de Camaret[88]. Deux ans plus tard, cette mesure est généralisée à tous les postes[89]. En cas d'alerte, les guetteurs hissent les signaux conçus par Fitzroy. Ce dispositif assure une bonne diffusion de l'information météorologique car les électro-sémaphores constituent un réseau dense (130 à 150 postes), et sont implantés de façon à voir — et à être vu de — la plus grande étendue côtière possible. Les marins peuvent prendre connaissance des alertes soit depuis le port — si le sémaphore est en vue — soit au moment de leur sortie en mer. Les navires de commerce qui longent les côtes françaises peuvent également en être informés au cours de leur trajet. Près de trente ans avant les premières transmissions météorologiques par TSF, les navires en mouvement sont ainsi alertés des tempêtes depuis la côte, grâce à l'utilisation combinée du télégraphe et des signaux par pavillon.

La Marine française et la sécurité maritime

La création du service des dépêches et l'utilisation des électro-sémaphores ne sont qu'une composante d'un ensemble d'initiatives publiques et privées, qui émergent au sein de la communauté maritime française, sous le Second Empire. Ces initiatives visent à améliorer la sécurité du transport maritime. En mai 1860, le ministère de la Marine constitue ainsi une commission des naufrages chargée de statuer sur les enquêtes après sinistre rédigées par les commissaires de l'inscription maritime[90]. La pratique de l'enquête après naufrage est ancienne, puisqu'elle est prescrite par une ordonnance royale de

88. O. Maillet, « Un œil sur l'océan... », *op. cit.*

89. L'organisation du service est décrite dans les « Instructions sur le service des postes électro-sémaphoriques », *Bulletin officiel de la Marine*, deuxième semestre 1866, Paris, Paul Dupont, 1866. p. 401-421 ; « Le service météorologique maritime français », *Revue maritime et coloniale*, janvier-mars 1873, p. 287 ; « Le service météorologique en France », *Revue maritime et coloniale*, janvier-avril 1870, p. 711.

90. « Commission des naufrages – Affaires générales (1860-1862) ». AN CC^4 2074.

1681, confirmée en 1833. Mais les enquêtes se limitaient en général à faire approuver le rapport du capitaine par les témoins de l'évènement. La commission des naufrages ne validera dorénavant que les enquêtes comportant un examen des débris, une critique des procès-verbaux d'avaries et un interrogatoire contradictoire des membres d'équipage. Dans le même temps, les mesures disciplinaires pour imprudence ou incapacité sont renforcées : sanction disciplinaire, ou déferrement devant un tribunal correctionnel. L'objectif est de réduire le nombre des naufrages en éliminant les comportements les plus dangereux, mais aussi de lutter contre un délit commercial : le sabordage volontaire des navires, maquillé en naufrage, pour toucher l'assurance.

La Marine contribue aussi au secours en mer. En 1864, une commission tripartite Marine-Finances-Ponts et Chaussées est chargée d'étudier la mise en œuvre d'un service général de sauvetage sur les côtes françaises. La commission préconise la création d'une société privée, calquée sur le modèle de la *Life-boat institution* anglaise. La *Société centrale de sauvetage des naufragés* (SCSN) tient sa première assemblée générale en juin 1865. Elle est soutenue par les Ponts et Chaussées et par la Marine, qui fournit la plupart de ses cadres. Elle met progressivement en place, sur le littoral français, un ensemble de stations de sauvetage munis de canots. Avant 1865, il n'existe que 8 stations de ce genre, gérées par des associations locales[91]. Avec la création de la SCSN, le nombre de stations s'accroît rapidement. La *Société* en finance par exemple 44 de 1865 à 1870. Les sémaphores jouent également un rôle dans le secours aux naufragés, en signalant les sinistres aux sauveteurs par un pavillon noir ou un coup de canon[92].

Dans les années 1850 et 1860, la Marine française développe ainsi une politique ambitieuse de sécurisation de la navigation, avec des mesures réglementaires portant sur les naufrages, un investissement dans la surveillance et le secours maritime et une diffusion de l'information météorologique le long des côtes. C'est pour elle une façon d'étendre son champ d'intervention. En effet, ces mesures s'adressent surtout aux flottes de pêche et de commerce, et n'ont qu'un rapport indirect avec des objectifs militaires.

De nouvelles infrastructures côtières voient le jour (réseau électro-sémaphorique, postes de secours de la SCSN), et cette vague d'aménagement du littoral, peu étudiée jusqu'à présent, vient se superposer à celle engagée plus tôt dans le siècle autour de la construction des phares[93].

---

91. J. Delarbre, *La Société centrale de sauvetage des naufragés sur les côtes de France (1864-1879)*, Paris, Berger-Levrault, 1879, et G. De Lépiney, *La Société centrale de sauvetage des naufragés*, Paris, SCSN, 1928.
92. À cette fin, des canons d'alerte équipent par exemple, à partir de 1871, tous les électro-sémaphores de l'arrondissement maritime de Brest. SHM BB[3] 803.
93. V. Guigueno, *Au service des phares…*, *op. cit.* ; J.-C. Fichou, *Gardiens de phare…*, *op. cit.*

La météo-télégraphie et le monde des observatoires : Paris-Greenwich

Les activités météorologiques de l'Observatoire de Paris se développent à l'unisson des transformations d'ensemble qui affectent au même moment l'établissement. Dès les premiers temps de son arrivée, Le Verrier réoriente l'activité vers deux thématiques : l'observation astronomique de précision, et l'utilisation du télégraphe dans une série de projets scientifiques — dont la météorologie prévisionnelle. Dans le même mouvement, il réforme en profondeur le fonctionnement interne de l'Observatoire, autour d'un idéal de discipline et de contrôle.

Le nouveau règlement intérieur, rédigé par Le Verrier, impose désormais des règles hiérarchiques strictes, y compris au niveau des astronomes et des astronomes-adjoints. Il est prévu que le directeur « dirige seul [...] tous les travaux scientifiques qui s'exécutent à l'Observatoire[94] ». Chacun de ses membres doit prendre dans ces travaux « la part que le directeur lui assigne[95] ». Le règlement prévoit également un droit de regard de ce dernier sur les publications scientifiques de son équipe — un droit dont Le Verrier usera à l'occasion pour tenter d'empêcher certaines parutions[96]. Désormais, l'Observatoire de Paris, en tant qu'institution, est présumé propriétaire des résultats — observations, développements théoriques, innovations techniques — produits par son personnel. Cette règle rompt avec les normes tacites qui régissaient jusqu'ici la propriété intellectuelle au sein de la communauté astronomique. Les relations sociales existant au sein de l'Observatoire en sont profondément transformées. Elles ne relèvent plus de l'idéal académique de la collégialité, comme c'était le cas à l'époque d'Arago.

Ces dispositions réglementaires ordonnent un nouveau régime de pratiques scientifiques qui s'exprime également, au sein de l'Observatoire, par un ensemble de règles technico-administratives. Celles-ci concernent notamment les procédures d'observation astronomique. Les observateurs n'ont qu'une latitude réduite dans le réglage des instruments. Dans les années 1850, il leur est interdit de toucher à la vis qui règle l'horizontalité de la lunette méridienne, ce que Liais dénonce en 1858 dans un article à charge, qui fait suite à son départ de l'Observatoire de Paris[97]. La division du travail organisée par Le

94. « Décret du 30 janvier 1854 », *Bullletin administratif de l'Instruction publique*, 1854, p. 23-29 [citation p. 25].
95. *Ibid.*, p. 26.
96. En 1866, Le Verrier tente par exemple d'empêcher la parution du livre d'Hippolyte Marié-Davy, *Les mouvements de l'atmosphère et des mers considérés au point de vue de la prévision du temps*. Marié-Davy est astronome, en charge depuis juillet 1862 du service météorologique de l'Observatoire de Paris. Le Verrier cherche à ce moment à le pousser à la démission [chapitre V].
97. E. Liais, « De l'état de l'astronomie en France », *L'Ami des sciences*, 2 et 9 mai 1858.

Verrier contribue également à déposséder le personnel de sa propre pratique scientifique. Les tâches sont segmentées, et il devient impossible de suivre de bout en bout le processus de production des données astronomiques. Le personnel affecté aux lunettes ne peut plus, par exemple, contrôler la réduction de ses observations par le bureau des calculs. En effet, l'une des premières dispositions imposées par Le Verrier a été de faire des cahiers-minutes d'observation la propriété exclusive de l'Observatoire, et de les soustraire, une fois remplis, à leurs auteurs. L'astronome pousse même à bout cette logique de dépossession et de déqualification en faisant employer des vacataires dépourvus de formation scientifique, qui sont payés à l'observation (15 centimes par passage d'étoile au méridien). L'Observatoire de Paris est ainsi réorganisé sur un mode semi-industriel, avec — comme le dénonce l'astronome suisse Émile Plantamour — « un directeur à la tête de subordonnés, machines à observer et à calculer[98] ».

Dans ses réformes, Le Verrier s'inspire de l'Observatoire britannique de Greenwich, dont son directeur George Airy a fait un établissement scientifique de tout premier plan[99]. Le Verrier met en avant l'exemple de Greenwich dès les premières lignes du projet qu'il rédige à son arrivée à l'Observatoire. Peu après, il acquiert une connaissance de première main de l'organisation de l'observatoire britannique. En effet, en avril 1855, il suit Napoléon III dans un voyage officiel en Angleterre et Airy, à cette occasion, lui fait les honneurs de son établissement.

On retrouve à Greenwich un grand nombre de traits adoptés à l'Observatoire de Paris, avec notamment une stricte division des tâches et le recours à des équipes d'observateurs et de calculateurs peu qualifiés, impliqués dans des activités répétitives de production et de traitement des données. La même discipline intransigeante s'exerce sur l'ensemble du personnel, quel que soit son niveau de formation scientifique. Par ailleurs, l'observatoire britannique publie à flux tendu des observations et des monographies, ce que Smith désigne comme l'« output of Greenwich's factory-like operations ». Le Verrier reprend à son compte cette idée d'un *output* imprimé, lorsqu'il lance en 1858 la publication des *Annales de l'Observatoire impérial de Paris*. Ces *Annales* livrent les observations astronomiques produites, avec un décalage de 3 ou 4 ans lié aux délais de correction et de publication. Le Verrier rompt ainsi avec la politique éditoriale d'Arago, qui n'incluait pas une publication *in extenso* des données.

---

98. Lettre d'Émile Plantamour à Ernest Laugier, du 4 mars 1854. Cité dans : G. Bigourdan, « Le Bureau des longitudes », *Annuaire du Bureau des longitudes*, 1932, A91.

99. S. Schaffer, « Astronomers Mark Time: Discipline and the Personal Equation », *Science in Context*, 2(1), 1988, p. 115-145, et R. W. Smith, « A National Observatory Transformed: Greenwich in the 19th Century », *Journal for the History of Astronomy*, 45, 1991, p. 5-20.

Mais le *Bulletin météorologique* offre un exemple encore plus frappant d'*output* imprimé. Avec lui, l'Observatoire livre chaque jour une cinquantaine d'observations météorologiques, qui sont transmises sans délais aux établissements étrangers, aux autorités politiques françaises et aux journaux parisiens. Le Verrier œuvre ainsi à la visibilité de l'Observatoire sur les scènes scientifiques françaises et internationales, tout en mettant en scène le dynamisme et la productivité de sa direction, aux yeux du pouvoir impérial.

Le réseau météo-télégraphique de l'Observatoire de Paris n'est pas le décalque d'un modèle étranger, bien que des tentatives ponctuelles, notamment américaines, aient pu en inspirer le principe. La France est novatrice, et il faut attendre près de cinq ans pour que le même type d'organisation soit mise en place au Royaume-Uni. Mais l'action de Le Verrier s'inscrit bel et bien dans le cadre d'une concurrence avec Greenwich. Pour lui, c'est autour des applications du télégraphe que se joue la suprématie scientifique de demain. Son analyse s'étend d'ailleurs à l'économie, et il pèse fortement, dès la fin des années 1840, pour que la France ne rate pas ce tournant. En 1850, il rédige le rapport à partir duquel l'Assemblée vote l'ouverture du réseau à un usage privé[100]. En 1853, il dépose, cette fois au Sénat, un projet de loi qui en abaisse fortement le tarif.

À l'Observatoire, Le Verrier promeut l'utilisation du télégraphe dans différents contextes. Le grand dessein de George Airy, dans les années 1850, est l'utilisation du télégraphe pour la diffusion des signaux temporels[101]. Au cours de l'année 1852, le savant britannique met en place la production et la diffusion d'un signal normalisé, qui assure la distribution du temps de Greenwich dans les stations télégraphiques et ferroviaires anglaises. Le Verrier cherche à faire de même en France : dans la seconde moitié des années 1850, Emmanuel Liais est chargé de la mise au point d'un système électromécanique de synchronisation des signaux temporels, à des fins de distribution du temps[102].

L'observatoire britannique ne développe pas de programme météo-télégraphique. Pourtant, on aurait pu l'imaginer dans la mesure où comme on l'a vu, James Glaisher, le responsable de la météorologie à Greenwich, avait procédé dès 1849 à des essais en ce sens. Lorsqu'il se lance dans la météo-télégraphie, Le Verrier investit ainsi un domaine dont il anticipe — à tort — le

100. U.-J.-J. Le Verrier, « Rapport fait au nom de la commission chargée d'examiner le projet de loi sur la correspondance télégraphique privée », *in* : *Assemblée nationale législative. 1850. Impressions. Projets de lois, propositions, rapports, etc.*, t. 18, Paris, Imprimerie de l'Assemblée nationale, 1850, n° 1110.

101. D. Howse, *Greenwich Time and the discovery of the longitude*, Oxford, Oxford University Press, 1980, p. 80-115.

102. E. Liais, « Sur la distribution électrique de l'heure », CR, t. 45, 1857, p. 952-958 [note présentée par Le Verrier].

développement chez son concurrent d'outre-Manche. L'Observatoire de Airy a une solide avance en matière de production et de distribution du temps. Dans ce contexte, la météorologie a pu apparaître comme un secteur plus favorable au rayonnement international que Le Verrier a en vue pour l'Observatoire de Paris. Par la suite, celui-ci a sans doute été pris à contre-pied par l'inaction de Greenwich et l'implication du *Board of Trade*. On sait aujourd'hui que cette situation inattendue résulte d'un certain nombre d'atermoiements, de rivalités personnelles et institutionnelles, mais aussi d'un désintérêt relatif de Airy pour les études atmosphériques [103].

Mais la France perd progressivement l'avance acquise dans la première moitié des années 1850, en reportant sans cesse le lancement d'un service opérationnel de prévision. De novembre 1854 à son départ en décembre 1857, Liais travaille à l'étude de la tempête de la mer Noire et à l'organisation du réseau météo-télégraphique. Dans l'intervalle, le problème de l'utilisation effective des observations peut encore apparaître comme prématuré. Mais après son départ, Liais est remplacé par Desains, qui ne s'occupera jamais de problèmes météorologiques. De 1858 à 1862, le réseau météo-télégraphique de l'Observatoire apparaît comme une entreprise en déshérence, car l'objectif initial de prévision des tempêtes est remis *sine die*. Entre-temps, le KNMI et le *Board of Trade* inaugurent des services quotidiens d'anticipation du temps. Pire, la Marine française va chercher en Angleterre les prévisions dont elle a besoin. La presse scientifique en fait ses choux gras : « N'est-il point à regretter », s'exclame Georges Barral dans *La Presse Scientifique des Deux Mondes*, « que nous soyons ainsi annexés à l'empire de la météorologie britannique, et que nos propres savants ne cherchent point à disputer à nos voisins d'outre-Manche l'empire de l'air ? » Peut-être vaudrait-il mieux, poursuit-il, « arborer franchement sur nos grèves les signaux britanniques », et « demander à l'amiral Fitzroy de vouloir bien fonder un bureau au Havre et un autre à Dunkerque [104] ».

Météorologie marine et stratégies institutionnelles

Nous verrons que les premières prévisions de l'Observatoire ne datent que de la fin de l'année 1863. Comment expliquer cette sous-utilisation prolongée du réseau ? Elle tient sans doute à des circonstances particulières (le départ de Liais). Mais elle se trouve surtout connectée aux stratégies institutionnelles de Le Verrier, dans le contexte d'une profonde recomposition de la scène scientifique française.

Depuis la période post-révolutionnaire, les recherches en astronomie, en hydrographie, en géodésie, en météorologie et en géomagnétisme sont

103. J. Burton, « Robert Fitzroy… », *loc. cit.*, p. 151-152.
104. *La Presse Scientifique des Deux Mondes*, 16 janvier 1863.

réparties autour de quatre pôles institutionnels : le Bureau des longitudes, l'Observatoire de Paris, le Dépôt des Cartes et Plans de la Marine et le Dépôt de la Guerre. Le Bureau des longitudes est créé en 1795, à l'imitation du *Board of Longitude* anglais. Il tire sa spécificité de sa mixité de composition. En effet, il regroupe à la fois des représentants de la communauté académique et des officiers savants, généralement liés aux Dépôts. Chargé de l'Observatoire de Paris et de l'Observatoire de l'École Militaire, le Bureau concentre jusque dans les années 1850 une grande partie des travaux français dans le champ de l'astronomie, de la géodésie et du géomagnétisme. Il est également responsable de la *Connaissance des temps*, qui publie les tables astronomiques annuelles à l'usage des navigateurs. Les Dépôts de la Marine et de la Guerre, quant à eux, déploient l'essentiel de leurs activités dans le champ de la cartographie hydrographique et topographique. La cartographie militaire pratiquée dans les Dépôts implique des processus de production lourds et coûteux, qui relèvent d'une forme de bureaucratie scientifique[105].

La création du Bureau des longitudes, dans la dernière décennie du XVIIIe siècle, favorise un investissement coopératif du personnel militaire et de la communauté savante. L'Institut est un autre point de contact entre ces deux groupes. Les officiers hydrographes et géodésiens s'y cooptent dans les sections « navigation » et « géographie », et ils participent à la vie de l'institution. La prédominance académique d'Arago accentue encore ce rapprochement à partir des années 1820. Le Dépôt de la Marine travaille en étroite collaboration avec le directeur de l'Observatoire, qui contribue en retour aux carrières scientifiques des officiers (il soutient notamment leurs candidatures à l'Académie). Par ailleurs, Arago et Charles-François de Beautemps-Beaupré, qui dirige le Dépôt de 1814 à 1854, entretiennent une réelle amitié. Les deux hommes scellent ainsi au plan individuel la proximité institutionnelle entre le Bureau, l'Observatoire et le Dépôt des Cartes et Plans. Le Dépôt de la Guerre, lui, semble trouver une place plus excentrique au sein de ce système.

Mais les premières années du Second Empire marquent le terme final de cette configuration institutionnelle et interpersonnelle, avec la séparation entre le Bureau des longitudes et l'Observatoire de Paris, et la mort des principaux acteurs de l'ère précédente — dont Arago et Beautemps-Beaupré[106]. Dans ce contexte, le projet de Le Verrier pour l'Observatoire passe à la fois par une réforme interne et par une redéfinition de ses rapports avec les autres institutions savantes.

---

105. O. CHAPUIS, *À la mer comme au ciel. Beautemps-Beaupré et la naissance de l'hydrographie moderne (1700-1850)*, Paris, Presses de l'université de Paris-Sorbonne, 1999 ; J. W. KONVITZ, *Cartography in France 1660-1848. Science, Engineering, and Statecraft*, Chicago, University of Chicago Press, 1987.

106. Arago meurt en 1853, Beautemps-Beaupré en 1854.

En cela, son modèle est encore l'Observatoire de Greenwich. Ce dernier ne représente pas seulement, dans les années 1850, l'archétype d'un observatoire « de pointe ». Il condense également un ensemble de prérogatives, connecté à l'organisation des recherches astronomiques et hydrographiques britanniques. Greenwich est chargé de l'évaluation des chronomètres de la *Navy*, de la compilation des tables astronomiques destinées à la navigation et de la publication du *Nautical Almanac* — l'équivalent de la *Connaissance des temps*. Il remplit ainsi vis-à-vis de la communauté maritime anglaise l'essentiel des tâches assurées en France par le Bureau des longitudes d'avant 1854. Il n'a pas à redouter la concurrence du *Board of Longitude* anglais, dissous en 1828.

Comme on l'a vu, l'arrivée de Le Verrier à la tête de l'Observatoire de Paris se double d'une redéfinition des prérogatives du Bureau des longitudes et de l'Observatoire. Les deux établissements sont séparés, et les attributions du Bureau sont réduites à la publication de l'*Annuaire* et de la *Connaissance des temps*[107]. En 1854, le Bureau apparaît presque comme une survivance, destinée à reclasser les anciens cadres de l'ère Arago[108].

Dans les années suivantes, Le Verrier cherche à se rapprocher encore de son modèle anglais. Il veut faire disparaître définitivement le Bureau, en s'attaquant à sa principale raison sociale : la *Connaissance des temps*. C'est pourquoi il attire l'attention de l'Académie, en février 1860, sur « l'insuffisance et le défaut d'exactitude » de cette publication. Il déclare dans la foulée qu'« une réforme profonde, qui la relève de son infériorité vis-à-vis des éphémérides [étrangers] est urgente[109] ». La réforme qu'il préconise est la suppression pure et simple du Bureau des longitudes, et l'attribution de la *Connaissance des temps* à l'Observatoire de Paris. Signe que le sort du Bureau est en suspens, le remplacement des membres décédés n'est pas décidé par le ministère de l'Instruction publique jusqu'en 1862, date à laquelle le gouvernement finit par trancher sans ambiguïté dans le sens d'un maintien de l'institution.

Entre-temps, de 1854 à 1862, Le Verrier cherche à marginaliser le Bureau des longitudes. Il met sur pied des programmes scientifiques en collaboration avec l'Armée et la Marine. Il veut ainsi déstructurer définitivement, et à son profit, le complexe qui regroupait auparavant le Bureau, l'Observatoire

107. G. Bigourdan, « Le Bureau des longitudes entre la séparation de 1854 et la réforme de 1874 », *Annuaire du Bureau des longitudes*, 1932, A89-A117, et *Annuaire du Bureau des longitudes*, 1933, A1-A91. Il s'agit de l'une des sections de : G. Bigourdan, « Le Bureau des longitudes : son histoire de l'origine à nos jours », *Annuaire du Bureau des longitudes*, 1828, A1-A72; 1829, C1-C92; 1930, A1-A110; 1931, A1-A151; 1932, A1-A117; 1933, A1-A91.

108. Comme on l'a dit, le personnel de la direction précédente a en effet refusé quasi-unanimement de rester à l'Observatoire sous la direction de Le Verrier, et il a donc à être réaffecté.

109. Cité par Bigourdan : *Annuaire du Bureau des longitudes*, 1932, A104.

et les Dépôts. Les programmes dans lesquels il entend impliquer les militaires sont focalisés sur l'usage du télégraphe : il s'agit d'une part de l'anticipation des vents sur les côtes françaises, et d'autre part, de la détermination des longitudes.

Dès 1854, Le Verrier fait établir une nouvelle mesure de l'écart de longitude entre Paris et Greenwich, en utilisant le télégraphe [110]. Cette opération a été préparée par la direction précédente. En 1851, Arago obtient le raccordement de l'Observatoire à la ligne télégraphique qui entre dans Paris par la Barrière d'Enfer [111]. Airy, qui au même moment travaille au raccordement de Greenwich, lui propose d'utiliser le télégraphe pour mesurer la différence de longitude entre les deux observatoires. En 1854, c'est finalement avec Le Verrier qu'il codirige l'opération [112].

Dans les années qui suivent, celui-ci organise des déterminations télégraphiques des longitudes de Bourges (en 1856), du Havre (en 1861) et de Dunkerque (en 1862). Ces opérations impliquent au départ le Dépôt de la Guerre, sur proposition de Le Verrier. L'Observatoire se charge de la partie liée à la technologie télégraphique. Le Dépôt, lui, fournit des opérateurs et mène des déterminations optiques de contrôle des mesures géodésiques.

Mais dès février 1857, les militaires renoncent à cette collaboration [113]. Peu de temps auparavant, Le Verrier a contesté publiquement un procédé de fabrication de lunettes astronomiques, promu par le constructeur d'instruments Ignazio Porro [114]. Or Porro est un proche du colonel Pierre Peytier, du Dépôt de la Guerre et d'Hervé Faye, l'un des rares alliés de Le Verrier au sein de la communauté astronomique [115]. En s'attaquant au constructeur d'instruments, Le Verrier se fait du même coup des ennemis de Porro, Faye et Peytier. Non seulement l'Observatoire ne fait pas du Dépôt un allié ou un vassal, mais Faye et Peytier seront, avec Charles-Eugène Delaunay, à l'origine de la renaissance du Bureau des longitudes. Ils y sont tous trois recrutés en 1862,

110. G. B. Airy, U.-J.-J. Le Verrier, « Nouvelle détermination de la différence de longitude entre les observatoires de Paris et de Greenwich », CR, t. 39, 1854, p. 553-566.

111. La connexion est en place à partir de janvier 1852. Registres manuscrits des procès-verbaux du Bureau des longitudes, séance du 31 janvier 1852, ABL.

112. Registres manuscrits des procès-verbaux du Bureau des longitudes, séance du 24 septembre 1851, ABL.

113. U.-J.-J. Le Verrier, « M. Le Verrier présente les remarques suivantes... », CR, t. 45, 1857, p. 609-612.

114. U.-J.-J. Le Verrier, « Remarques de M. Le Verrier, concernant un objectif précédemment présenté à l'Académie par M. Porro », CR, t. 44, 1857, p. 1293 et p. 1295.

115. Recruté par Arago, Faye avait opportunément démissionné du Bureau des longitudes dès le 31 mai 1852, scellant ainsi son allégeance aux nouveaux pouvoirs académiques et politiques. Il appartiendra brièvement au personnel de l'Observatoire de Paris après la nomination de Le Verrier. Sur la connexion Faye-Porro : M. Schiavon, *Itinéraires de la précision. Géodésiens, artilleurs, savants et fabricants d'instruments en France, 1870-1930 (environ)*, Thèse, EHESS, 2003, p. 55-59.

et y seront les promoteurs d'un programme scientifique ambitieux. Celui-ci inclut la vérification des repères géodésiques français, une systématisation des observations gravimétriques, ainsi que la vérification de la triangulation de la méridienne de Paris [116]. Il prévoit aussi d'organiser une instance permanente de coordination entre le Bureau des longitudes et le Dépôt de la Guerre, ce qui indique nettement le changement d'alliance survenu depuis 1855-1857. Cette association assurera au Bureau une existence à long terme, et le dotera d'une nouvelle identité scientifique, celle de pôle français des recherches géodésiques.

Le Verrier cherche aussi à collaborer avec la Marine, dans le cadre de son projet de météorologie télégraphique. Il le fait pour des raisons à la fois pratiques (sous-traiter des tâches délicates) et stratégiques (engager la Marine dans une alliance avec l'Observatoire). Mais si la Marine accepte de faire réaliser des observations par ses agents et de les transmettre à Le Verrier, elle refusera toujours, en revanche, de s'investir dans des tâches de prévision. Le Dépôt, par ailleurs, n'est pas impliqué dans ces tractations. Le Verrier négocie avec le ministre ou avec des officiers ordinaires constitués en délégation. On peut d'ailleurs penser que le corps des ingénieurs-hydrographes, traditionnellement proche d'Arago, n'a certainement pas dû favoriser les projets de Le Verrier.

Le directeur de l'Observatoire échoue ainsi largement dans ses tentatives de s'allier aux militaires. En ce qui concerne la météorologie, il est manifeste que les marins voient dans ses projets de prévision du temps des chimères, qui puisent leur source dans un esprit abstrait et peu formé aux réalités concrètes du milieu maritime [117]. Cette appréciation est liée pour partie à l'image publique de Le Verrier. La découverte de Neptune, son haut fait, a un revers. Si elle marque pour certains le triomphe de la théorie, pour d'autres elle fait de Le Verrier la personnification d'une science ésotérique, abstraite, déconnectée des réalités. Sans compter qu'il passe pour quelqu'un qui, comme l'écrit Camille Flammarion, « n'[a] jamais mis l'œil dans un instrument [118] ».

La Marine va plutôt chercher en Angleterre les renseignements pratiques dont elle a besoin. Sous le Second Empire, elle aussi a le regard tourné vers l'autre côté de la Manche. Elle développe un ensemble d'initiatives qui visent à sécuriser le trafic maritime : analyses des naufrages, diffusion de l'information météorologique, réseau électro-sémaphorique, secours en mer. Ce

---

116. G. Bigourdan, « Le Bureau des longitudes (suite) », *Annuaire du Bureau des longitudes*, 1934, A23-A24.

117. Lettre du ministre de la Marine au ministre de l'Instruction publique, du 4 août 1863. AN F^{17} 3728.

118. C. Flammarion, *Mémoires biographiques et philosophiques d'un astronome*, Paris, E. Flammarion, 1911, p. 155.

mouvement, mis en œuvre par des officiers ordinaires, trouve son pendant dans les efforts du Dépôt pour optimiser la navigation par l'usage de cartes statistiques des vents [119]. Or, dans les deux cas, ces entreprises passent par l'importation de pratiques ou de publications issues des institutions maritimes anglo-saxonnes.

Ces importations s'insèrent dans le double contexte d'une entente cordiale teintée de méfiance et d'une incontestable domination maritime anglaise. Celle-ci concerne à la fois la flotte de guerre victorienne et le pavillon anglais dans le cadre du trafic commercial [120]. En regard, la politique maritime du Second Empire est l'une des plus dynamiques du siècle. D'un point de vue militaire, Napoléon III ne cherche pas à surclasser la puissance maritime anglaise, mais à rendre la flotte française suffisamment dissuasive, en s'en tenant à la règle des deux tiers et en réalisant le passage de la voile à la vapeur [121]. D'un point de vue commercial, le pouvoir s'emploie à créer les conditions infrastructurelles du libre-échangisme. Les nouvelles technologies de sécurisation et d'optimisation des flux maritimes doivent y contribuer.

La Marine est ainsi investie de nouvelles tâches, qui ne relèvent ni du combat ni de la conquête, mais de l'encadrement de l'activité maritime civile. Dans ce contexte, la division Marine du *Board of Trade* (dont dépend le service météorologique anglais) est un modèle pour la Marine française. Même si la division ne relève pas directement de l'Amirauté, l'implication d'officiers comme Fitzroy en fait une terre de connaissance pour les marins français. Le contact semble immédiat entre des gens de mer comme Moulac et Fitzroy, sous le signe d'une commune appartenance à la communauté des navigants. En revanche, Le Verrier semble bien éloigné des réalités maritimes, et la méfiance des marins vis-à-vis de son projet de prévision des tempêtes en retardera durablement la mise en œuvre. L'Observatoire, nous le verrons, finira par relever seul le défi [122].

---

119. Chapitre VI.
120. Ainsi, dans les années 1850, le trafic maritime franco-américain passe en grande partie par Liverpool. E. Taillemite, « Marine impériale », *in* : J. Tulard (dir.), *Dictionnaire du Second Empire*, Paris, Fayard, 1995, p. 776-782 [et sur ce point, p. 780].
121. M. Battesti, *La Marine de Napoléon III. Une politique navale*, Thèse, université de Savoie, 1997.
122. Chapitre V.

Chapitre III

LA MÉTÉOROLOGIE AU QUOTIDIEN
Les observateurs et leurs réseaux

Dans la première moitié du XIXe siècle, la pratique météorologique amateur est très marginale. Cette situation contraste avec celle qui prévaut dans les deux dernières décennies du XVIIIe siècle. L'observation du temps avait alors connu un succès sans précédent au sein des élites sociales et intellectuelles, au nom de l'idéal scientifique des Lumières.

Mais dans les années 1850 et 1860, l'observation météorologique redevient à la mode. Elle suscite un engouement spectaculaire au sein d'une classe moyenne composée de médecins, d'employés, de membres des professions libérales et de rentiers modestes. L'observation du temps est une pratique scientifique accessible : elle nécessite peu de connaissances théoriques et pratiques préalables, et on peut aisément disposer d'une instrumentation de bonne qualité. Tout au long du XIXe siècle, les constructeurs d'instruments scientifiques et les opticiens proposent une gamme étendue de dispositifs d'observation. Dans les années 1840, on obtient pour environ 300 francs un ensemble complet d'instruments comprenant un baromètre Fortin, un thermomètre à mercure monté sur plaque, un hygromètre de bonne qualité et un pluviomètre [1]. C'est le prix d'un daguerréotype petit modèle ou d'une lunette astronomique simple. Cet investissement permet de disposer d'une instrumentation comparable à celle utilisée dans les observatoires et les expéditions scientifiques. Pour une cinquantaine de francs, on peut obtenir au même moment un baromètre, un thermomètre et un pluviomètre bas de gamme.

L'essor de l'observation météorologique amateur se traduit, dans les années 1850, par la création d'une société savante, la *Société météorologique de France* (ou SMF). La SMF reste jusqu'à nos jours la seule société française dont l'intitulé ou les statuts aient porté sur des questions météorologiques [2]. Sa création fait suite à une enquête statistique lancée au début des années 1840.

1. Nous nous basons ici sur les catalogues des constructeurs parisiens Pixii (1845), Deleuil (1848 et 1865), Chevallier (1842, 1845 et 1860) et Lerebours et Secretan (1850), conservés au sein du fonds « Brieux » du centre de documentation du musée des arts et métiers. Les prix semblent même décroître avec l'engouement que suscite la météorologie car dans les années 1860, cet ensemble est désormais accessible à moins de 250 francs.
2. On se base ici sur les sources suivantes : *Annuaire des sociétés savantes de la France et de l'étranger*, Paris, ministère de l'Instruction publique, 1846-1880 ; J. DENIKER, *Bibliographie des travaux*

L'enquête météorologique de la Statistique générale de la France

En février 1841, le Bureau de la statistique du Royaume, placé sous l'autorité du ministre de l'Agriculture et du Commerce, diligente une enquête. Elle vise à collecter l'ensemble des observations météorologiques disponibles, pour contribuer à la partie « territoire » de la statistique générale de la France. Une circulaire est expédiée aux préfets. « On ignore », souligne-t-elle, « les températures moyennes et extrêmes de la plupart de nos villes, la quantité de pluie qui arrose le territoire, les variations barométriques qu'on éprouve et d'autres données qui sont acquises depuis longtemps en Italie, en Angleterre et en Allemagne ». Pourtant ces notions, poursuit le rédacteur de la circulaire, intéressent « la statistique générale, l'agriculture, l'hygiène publique, l'alimentation des canaux de navigation et d'irrigation, les travaux de dessèchement et une multitude d'autres. Elles fourniraient un éclaircissement utile pour une foule de questions, telles que celles des intempéries et des mortalités extraordinaires, qui restent maintenant sans aucune solution possible ». Les préfets sont chargés de rechercher toutes les observations — anciennes ou contemporaines — disponibles pour leur département.

Ils sont embarrassés par cette demande et tardent souvent à répondre, ce qui suscite des relances du bureau[3]. Lorsqu'ils prennent la plume, c'est souvent pour affirmer qu'aucune donnée n'est disponible concernant leur département. Les observations produites dans le cadre des réseaux des sociétés de médecine et d'agriculture semblent ignorées[4]. En février 1843, le préfet des Basses Alpes déclare n'avoir trouvé aucune observation ancienne pour son département, mais avoir organisé une « commission de dépouillement général » des archives, chargée de répondre aux exigences du bureau. En novembre 1844, toujours bredouille, il complète en affirmant qu'il n'existe « aucun physicien ni aucun établissement d'Instruction publique qui se livre à ces observations » au moment où il écrit ces lignes[5].

---

scientifiques (sciences mathématiques, physiques et naturelles) publiés par les Sociétés savantes de France, Paris, Imprimerie nationale et E. Leroux, 4 t. : 1895, 1897, 1916 et 1922; *Index generalis, annuaire général des universités, grandes écoles, Académies, archives, bibliothèques, instituts scientifiques, jardins botaniques et zoologiques, musées, observatoires, sociétés savantes*, Paris, Gauthier-Villars, 2 t. : 1922-1923 et 1927-1928; P. Léris, E. Tassy, *Les ressources du travail intellectuel en France*, Paris, Gauthier-Villars, 1921. Il existe bien avant 1914 une *Société d'hydrologie et de climatologie de Bordeaux*, et une *Société d'hydrologie médicale de Paris* (qui publie des *Annales d'hydrologie et de climatologie médicale*), mais ce sont des groupements professionnels de médecins thermalistes. La liste des 356 sociétés scientifiques françaises fondées avant 1914, donnée par P. Matagne, vient appuyer par ailleurs notre constat [P. Matagne, *Aux origines de l'écologie : les naturalistes en France de 1800 à 1914*, Paris, CTHS, 1999, p. 273-284].

3. AN F^{20*} 297/3 – « Pyrénées (Basses) ».
4. C'est d'ailleurs plus généralement le cas tout au long du XIXe siècle.
5. AN F^{20*} 297/1 – « Alpes (Basses) ».

Dans certains cas, la réponse du préfet porte trace d'une présélection des observations : « Ce que l'on pourrait fournir — écrit ainsi le préfet de l'Ariège — ne fournirait aucune donnée exacte ni comparable, et dès lors il n'y a pas lieu de recueillir pour le passé d'indications utiles. » Par défaut, il relaie la proposition du directeur de l'école normale de Foix, qui accepterait de se livrer à des observations à titre bénévole. Mais il faudrait financer ses instruments, ce à quoi le Bureau de statistique se refuse[6]. Les observateurs ne peuvent alors espérer qu'une gratification symbolique, avec l'inscription de leur nom dans les pages de la statistique générale[7]. Ils doivent acquérir les instruments à leurs frais, et assurer de fastidieux calculs de moyennes.

Le préfet du Calvados transmet le cahier d'observation d'un certain Pottier, professeur d'hydrographie à Honfleur. En guise de réponse, le ministre demande qu'il veuille bien procéder à des « récapitulations, par mois et par années, avec une réduction, sous forme numérique, du nombre de jours de pluie, de vents... ainsi que l'indication, chiffrée, du nombre, par mois, des aires de vent ». Alors seulement, écrit le ministre, Pottier pourra gagner « une place honorable dans la statistique du royaume[8] ».

Le bureau cherche à obtenir des données brutes, exemptes de toute idée, hypothèse, ou finalité pratique déterminée. Le médecin rennais Adolphe Toulmouche répond qu'il travaille à un mémoire sur la météorologie et l'hygiène publique à Saint-Malo, et qu'il est prêt à communiquer au ministère les observations dont il dispose. Et le bureau de le prévenir, en écartant par avance toute synthèse à dominante médicale : « Il ne saurait être question, dans un travail qui concerne la France entière, que de météorologie pure, c'est-à-dire d'observations thermométriques et barométriques avec l'indication de la quantité de pluie tombée et l'état du ciel. » Brion, professeur de mathématiques et de physique au collège communal d'Abbeville, connaît une mésaventure analogue. Il lui est demandé d'éliminer toute indication de lunaison dans ses tableaux d'observation. En effet, le bureau précise : « L'objet particulier qu'il voulait atteindre, ne [peut] entrer dans un travail général, comme celui de la statistique du royaume. » Cet « objet particulier » était de corréler la marche des instruments météorologiques aux phases lunaires[9]. Le même type de sélection a été repéré par Vincent Pelosse dans un travail sur la réception de l'enquête en Charente-Inférieure[10]. Les données produites par

---

6. AN F^{20*} 297/1 – « Ariège ».
7. Ceci est à double tranchant : l'observateur a le mérite, mais aussi la responsabilité nominative des observations qu'il livre.
8. AN F^{20*} 297/1 – « Calvados ».
9. AN F^{20*} 297/1 – « Somme ».
10. V. Pelosse, « Observations météorologiques et sociétés savantes de province, ou la désignation du bon objet scientifique », *Études rurales*, 118-119, avril-septembre 1990, p. 69-82.

Louis-Benjamin Fleuriau de Bellevue pour ses études sur l'assainissement du marais poitevin sont écartées par le bureau, car perçues comme « contaminées » par les objectifs pratiques qui les ont suscitées.

Finalement l'enquête ne débouche pas sur une publication, car le bureau juge qu'il n'a pas assez de données fiables. Il n'a retenu à ce titre qu'un petit nombre de séries dues à des observateurs impliqués au sein du réseau Quetelet [11].

L'annuaire météorologique de la France

En février 1841, le préfet de Seine-et-Oise reçoit la circulaire du bureau [12]. Il se tourne alors vers la *Société des sciences naturelles* du département, fondée en 1831. Mais elle ne dispose pas de données météorologiques. Un membre de la *Société*, Madden, professeur de physique au collège de Versailles, accepte alors d'entreprendre une série d'observations pour répondre à la demande préfectorale. À partir d'avril 1841, il se rend une fois par jour dans les grandes écuries du Château, pour y observer un baromètre et un thermomètre. Le préfet transmet ses observations au ministère de l'Agriculture et du Commerce en décembre 1844.

Madden collabore avec Julien Hæghens, un architecte-vérificateur versaillais, qui observe et rédige les synthèses envoyées au Bureau de statistique [13]. Hæghens se substitue progressivement à Madden. À partir de septembre 1846, il organise un service trihoraire d'observation qu'il assure avec deux autres membres de la *Société des sciences naturelles*, le docteur Adolphe Bérigny et l'agent voyer en chef Lacroix [14]. Profitant de la présence de Charles Martins, venu à Versailles pour y donner des conférences sur la météorologie, Hæghens et Bérigny lui exposent leur projet d'une publication, destinée aux particuliers qui se livrent à l'observation du temps. Martins est séduit par le projet, et il y associe Auguste Bravais.

En mars 1847, Hæghens et Bérigny font parvenir un appel à tous les professeurs de sciences des lycées et des facultés. Ils y exposent leur projet d'un *Annuaire météorologique*, destiné à être « la bibliothèque et le répertoire des observations originales faites en France, dans les pays circonvoisins, et [...] l'inventarium des faits recueillis sur tous les points du globe [15] ». Cet *Annuaire*

11. On y retrouve Abria, le doyen de la faculté des sciences de Bordeaux, D'Hombres-Firmas, « propriétaire » près d'Alais et Valz, le directeur de l'Observatoire de Marseille.
12. AN F^{20*} 297/4, dossier « Seine-et-Oise ».
13. Sur la fondation de la SMF : A. Bérigny, « Historique de la météorologie dans le département de Seine-et-Oise », *Annuaire de la SMF*, 1878, p. 112-116, et J. Sanson, « Versailles, berceau de la météorologie française », *La météorologie*, janvier-mars 1947, p. 151-154.
14. Ils disposent d'un psychromètre, d'un baromètre Fortin, d'un pluviomètre, d'un thermomètre et d'un anémoscope (qui permet de déterminer la vitesse des nuages par visée).
15. Un exemplaire de l'appel est joint à la lettre de Martins à Quetelet, du 24 mars 1847. Bruxelles M1735.

pourrait permettre de publier les observations des amateurs, de diffuser leurs résultats et ainsi de les faire connaître. L'organisation conçue par Hæghens et Bérigny a un volet coopératif : si l'*Annuaire* parvient à l'équilibre financier, ceux qui y ont publié pourront obtenir pour le seul prix du papier et du tirage des exemplaires imprimés de leurs observations. Bravais et Martins soutiennent l'entreprise en faisant jouer leurs relations. Le 24 mars 1847, le naturaliste s'adresse à Adolphe Quetelet, en lui demandant un article pour le premier numéro de l'*Annuaire*[16]. Le 11 avril 1847, Bravais réitère la demande. Quetelet acceptera finalement d'y faire paraître un texte sur l'observation des « phénomènes périodiques » de la végétation[17].

Le 30 mars 1847, quelques jours après avoir lancé leur appel, Hæghens et Bérigny exposent leurs travaux devant la *Société des sciences naturelles de Seine-et-Oise*[18]. Ils détaillent leur conception de la science météorologique. Endossant un discours radical, ils commencent par écarter la théorisation, considérée comme un obstacle. C'est « le penchant à combiner les observations pour forger des théories dans le seul but de découvrir les lois générales qui président aux variations de l'atmosphère » qui aurait inhibé tout progrès en matière de météorologie[19]. Ce « penchant » n'aurait en effet engendré que « des théories éphémères », démenties par les faits. La dénonciation de l'élaboration théorique est liée au problème de la prédiction du temps. Selon Hæghens et Bérigny, le travail de théorisation aurait trop tenu, en météorologie, à la poursuite de cet objectif sans cesse contrarié.

Leur action a une toute autre finalité. Selon eux, l'objectif essentiel est de constituer une statistique météorologique de la France, utilisable dans des contextes agronomiques et médicaux. Dans cette perspective, ils prescrivent une observation suivie des instruments météorologiques, exempte de toute orientation théorique.

Charles Martins développe le même type de discours dans l'introduction du premier numéro de l'*Annuaire météorologique de la France*, qui paraît en janvier 1848[20]. Il considère que le travail du météorologiste ne révèle son utilité qu'au bout de nombreuses années de sacrifice :

> « Si la météorologie n'était qu'une science de pure curiosité, elle ne trouverait pas tant d'adeptes fidèles et persévérants. La plupart seraient bientôt rebutés par l'ennui de ces longues séries d'observations qui condamnent le météorologiste à un assujettissement perpétuel, véritable servage où l'hom-

16. Lettre de Martins à Quetelet, du 24 mars 1847. Bruxelles M1735.
17. Lettre de Bravais à Quetelet, du 11 avril 1847. Bruxelles M496.
18. Hæghens, Bérigny, Lacroix, « Notice sur les travaux météorologiques de la société », *Mémoires de la Société des sciences naturelles de Seine-et-Oise*, t. 12, 1847, p. 67-82.
19. *Ibid.*, p. 70.
20. Ch. Martins, « Introduction », *Annuaire météorologique de la France pour 1849*, Paris, Gaume Frères, 1848, p. i-xxiv.

me renonce à sa liberté pour obtenir un résultat au bout de plusieurs années de peine. Ce résultat, il faut en outre l'acheter au prix de fastidieux calculs, entrepris le plus souvent pour arriver à un seul chiffre ou à une proposition qui tient en quelques lignes[21]. »

Mais la météorologie n'est pas une « science de pure curiosité », et c'est ce que Martins s'emploie à démontrer à travers quinze pages d'applications (futures) des statistiques météorologiques à la botanique, l'agriculture, la sylviculture, la gestion de l'eau, la géologie, les travaux publics, l'hygiène et la médecine...

Les promoteurs de l'*Annuaire* se font ainsi les chantres d'une pratique d'observation *ascétique*, qu'ils veulent descriptive, sans trace de présupposé théorique, de visée pratique immédiate ou de volonté généralisatrice. En prônant ce repli sur l'observation, ils cherchent à écarter la référence à la prédiction du temps, moralement problématique. Ce discours vient également justifier, par avance, une pratique d'observation qui ne se double pas d'une production théorique. Un avocat ou un architecte aurait toute légitimité pour observer ses instruments météorologiques alors même qu'il n'est pas qualifié pour disserter sur la dynamique atmosphérique ou sur l'influence de la Lune sur le temps. Son ignorance devient ici une ressource, en lui permettant d'échapper au « penchant à combiner les observations pour forger des théories[22] ». Dans l'enquête de 1841, les observations idéales, du point de vue du statisticien centralisateur, étaient celles qui ne s'inscrivaient dans aucune direction de recherche déterminée. Ici, ce sont les observateurs eux-mêmes qui manifestent cette exigence, et qui organisent ainsi leur propre ascèse.

Les discours des météorologistes amateurs exaltent l'héroïsme de cette pratique ascétique. C'est par exemple le cas lors des obsèques de Hæghens, mort en novembre 1853. Le constructeur d'instruments François Walferdin prononce son éloge funèbre, et évoque le petit observatoire de la *Société des sciences naturelles de Seine-et-Oise* :

> « La position au nord, comme on le sait, est la plus favorable aux observations météorologiques, mais elle est aussi la plus meurtrière; elle ne pardonnera pas au savant infatigable [...]. Hæghens n'hésite pas : c'est au nord, dans les mansardes désignées sous le nom des Grandes-Écuries, qu'il établit [son] observatoire [...]. Parmi ses confrères devenus ses amis, qui ne se rappelle, avec un sentiment d'attendrissement mêlé d'admiration, de l'avoir vu s'y reprendre à trois ou quatre fois, puis s'arrêter haletant, avant d'arriver au haut de la petite échelle de quelques marches seulement, qui devait le conduire sur les toits où il recueillait scrupuleusement les observations qu'il ne lui était pas possible de faire de son cabinet? [...] qu'on songe bien

21. *Ibid.*, p. vi.
22. Hæghens, Bérigny, Lacroix, « Notice sur les travaux météorologiques de la société », *Mémoires de la Société des sciences naturelles de Seine-et-Oise*, t. 12, 1847, p. 70.

à ce que commande de travail consciencieusement incessant, à ce qu'impose de soins, de privations de chaque jour la mise à exécution régulière et continue de ces deux mots : *observations trihoraires,* observations dont les résultats iraient peut-être s'enregistrer froidement dans nos tableaux météorologiques, si le souvenir des sacrifices qu'elles ont nécessités, jour et nuit, ne venait en ce moment nous frapper plus douloureusement que jamais. C'est surtout quand de pareils travaux sont achetés au prix d'une vie dont chaque observation de nuit a accéléré le terme ; c'est en présence des restes inanimés de Hæghens, mort avant le temps, victime de son ardeur, de son amour pour la science, que nous pouvons nous écrier : non, non, il ne faut pas désespérer d'une génération qui, sans autre but que celui d'être utile, donne encore aujourd'hui l'exemple d'aussi nobles dévouements[23]. »

La pratique routinière du météorologiste, qui évoque pour d'autres commentateurs l'ennui et le ridicule[24], prend dans la bouche de ses promoteurs la dimension d'un sacrifice pour les générations à venir.

La création de la *Société météorologique de France*

L'Annuaire promu par Hæghens, Bérigny et Martins paraît de 1848 à 1851. Mais au printemps 1851, la parution du 5e volume semble compromise pour des raisons financières. Hæghens et Bérigny, qui ont déjà investi de fortes sommes d'argent, ne peuvent plus faire face. Le 31 mai 1851, Hæghens fait état de cette situation à Quetelet, et il l'entretient du projet d'une association météorologique, qui pourrait à la fois sauver la publication et prolonger son action[25]. Il estime à 8 000 francs l'apport nécessaire au renflouement de l'*Annuaire* et à la création de l'association. Le projet en reste là pendant plus d'un an, avant d'être relancé à l'initiative d'un météorologiste amateur, Émilien Renou.

Au printemps 1852, Renou cherche à faire publier les observations météorologiques qu'il a réalisées à Vendôme[26]. Il y est propriétaire d'un vaste domaine agricole, dont il tire ses revenus. Polytechnicien, ancien élève de l'école des Mines, il a également été l'un des géologues de la commission scientifique de l'Algérie. En 1847, il s'est retiré dans la propriété familiale et est devenu, à partir de ce moment, un apôtre de l'observation météorologique ascétique.

23. « Actes de la Société – séance du 8 novembre 1853 », *Annuaire de la SMF*, 1853, p. 196.
24. Voir ci-dessous la discussion concernant Champfleury.
25. Lettre de Hæghens à Quetelet, du 31 mai 1851. Bruxelles M1233.
26. Sur Renou, on a consulté : dossier « Renou (Émilien) » à l'Académie des sciences, et les imprimés suivants : E. Renou, *Notice sur les travaux scientifiques de E. Renou*, Versailles, Beau Jeune, 1866 ; E. Nouel, « Émilien Renou », *Bulletin de la Société archéologique, scientifique et littéraire du Vendômois*, 3e trimestre 1902, p. 157-174 ; E. Peltereau, « Complément à la notice sur la vie et les travaux de M. Émilien Renou », *Bulletin de la Société archéologique, scientifique et littéraire du Vendômois*, 4e trimestre 1902, p. 25-30 ; L. Teisserenc de Bort, *Notice biographique sur M. Émilien-Jean Renou*, Tours, Paul Bousrez, 1902 [lue en mai 1902 à la SMF].

Selon l'un de ses biographes, la vocation de Renou se décide le 12 mars 1847, lorsqu'il observe une température exceptionnelle de -18° C dans sa propriété. Il communique aussitôt cette observation à l'Académie[27]. À partir de juillet 1848, il entreprend une série d'observations d'heure en heure, de 4 heures du matin à 10 heures du soir. Il la mène jusqu'à fin 1851. Par la suite, Renou poursuit ses recherches à Vendôme, avant de créer en 1872 l'Observatoire météorologique du parc Saint-Maur. Il le dirigera jusqu'à sa mort, en 1902. Si Hæghens est censé être mort pour l'observation météorologique, Renou, lui, y aurait consacré toute sa vie. « Son programme était bien simple — écrit Ernest Nouel, son ami et biographe vendômois — observer tout et toujours. [...] L'intervalle de ses observations était consacré à les résumer ou à résumer celles des autres[28]. » « Esprit absolu » animé de la « passion de la précision[29] », Renou publie plus de 200 notes météorologiques. Elles rendent compte de ses observations et de ses très nombreuses recherches concernant la construction, le maniement et le placement des instruments. Une grande partie de son temps est également consacrée au prosélytisme météorologique : « Tous ses amis y sont passés — écrit Nouel — et ont été condamnés par lui aux travaux forcés à perpétuité[30]. » Renou apparaît ainsi comme un apôtre radical de l'observation météorologique ascétique, comme un observateur psychorigide, revendiquant le désintéressement et les visées purement descriptives de sa pratique scientifique (avec la référence récurrente à Tycho Brahé, rendant possible les travaux futurs de Kepler et de Newton).

Au printemps 1852, Renou est informé des difficultés financières de l'*Annuaire*, après avoir sollicité Hæghens pour la publication de ses observations. Il propose alors au géologue Charles Sainte-Claire Deville, l'un de ses anciens camarades de l'école des Mines, de participer à la création de l'association scientifique projetée par Hæghens[31]. L'implication de Sainte-Claire Deville relance le projet. En juillet 1852, Hæghens, Bérigny, Bravais, Sainte-Claire Deville et l'astronome et explorateur Antoine d'Abbadie signent un appel à la création d'une *Société météorologique de France*[32]. L'appel, rendu public le 17 août 1852, vise à créer un « centre commun où viendraient se coordonner tous les faits bien observés, et qui servirait en même temps de

27. E. Renou, « Note sur une température anormale qui s'est produite au centre de la France au mois de mars 1847 », CR, t. 24, 1847, p. 978.
28. E. Nouel, « Émilien Renou », *loc. cit.*, p. 157.
29. *Ibid.*, p. 172.
30. *Ibid.*, p. 170.
31. Charles Sainte-Claire Deville, qui est le frère aîné du chimiste Henri Sainte-Claire Deville, est à ce moment suppléant d'Élie de Beaumont au Collège de France.
32. Charles Martins ne participe pas directement à tout ceci, car il est à Montpellier, où il vient d'être nommé professeur d'histoire naturelle médicale à la faculté de médecine, et directeur du Jardin des plantes.

liens à tous les savants qui se livrent aux patientes recherches de la météorologie[33] ». En quelques jours, il permet de recueillir 120 adhésions ou promesses d'adhésion[34]. Le projet a la même tonalité que celui porté par l'*Annuaire*, avec une insistance sur l'accumulation de données normalisées et le refus de la théorie. La société est formée à la suite d'une réunion constitutive qui se tient à Paris le 14 décembre 1852. L'une des premières décisions de la société est de faire paraître une revue annuelle, qui prend la suite de l'*Annuaire météorologique de la France*[35].

La création de l'*Annuaire* s'est accomplie assez largement en dehors du monde savant. Celle de la société agrège un grand nombre d'acteurs issus de la science institutionnelle. L'analyse des 148 adhérents fondateurs révèle la présence de 19 membres de l'Institut[36]. À une exception près, tous appartiennent à l'Académie des sciences. À la SMF, ces académiciens sont les chefs de file de plusieurs groupes savants, qui rassemblent notamment des membres du bureau des longitudes et de l'Observatoire de Paris, des médecins spécialisés dans l'hygiène et le thermalisme, des agronomes (dont 5 anciens professeurs de l'Institut National Agronomique, supprimé en septembre 1852) et des naturalistes (dont 6 professeurs du Muséum et 3 titulaires de chaires de faculté). On note également la présence de nombreux membres des services techniques d'État : Mines, et surtout Ponts et Chaussées. Ceux-ci occupent des positions savantes (comme par exemple celle de professeur de l'école des Mines), mais pas seulement (plusieurs sociétaires sont des ingénieurs ordinaires).

L'observation météorologique : une mode caricaturée

La création de l'*Annuaire* puis de la SMF fournit un signe fort du développement de l'observation météorologique amateur en France. Ce phénomène n'a pas échappé à Jules-François-Félix Husson, dit Champfleury, l'un des chefs de file de l'école littéraire réaliste[37]. En juillet-août 1854, il fait paraître dans le journal *La Presse* un roman en 21 livraisons, *Les Bourgeois de Molinchart*. Il y livre une satire aiguë du météorologiste amateur, cette pratique étant identifiée comme l'un des grands engouements du moment.

Le roman est un portrait au vitriol de la petite bourgeoisie de province. Champfleury s'est inspiré du cas de Laon — sa ville natale — pour

33. *Annuaire de la SMF*, 1853, p. 5-7.

34. Lettre de Hæghens à Quetelet, du 28 juillet 1852. Bruxelles M1233.

35. L'*Annuaire de la SMF* paraît pour la première fois fin 1853. Ses frais de parution constituent la majeure partie des dépenses effectuées par la société, jusque dans les années 1880 au moins. La lecture des comptes annuels indique que la parution de l'*Annuaire* coûte 3 à 4 000 francs par an à la société, sur 5 à 7 000 francs de dépense totale. Le reste passe en frais divers : lettres, timbres, service d'un garçon de bureau… (les comptes sont publiés chaque année dans l'*Annuaire*).

36. *Annuaire de la SMF*, 1853, p. 9-12.

37. Y.-M. Lucot, *Husson dit Champfleury*, Trœsnes, Dumerchez, 1990.

décrire un monde de notaires, de traine-sabres, de grenouilles de bénitier… et de météorologistes[38]. Son héros est un avoué, dont Champfleury décrit les pathétiques stratégies de distinction : nommé Creton, mais fils de cocher, il signe « Creton Du Coche » (c'est ce que Champfleury décrit comme sa « faiblesse nobiliaire »). Rentier, il tient à entretenir une officine d'avoué car, écrit Champfleury, « Il tenait à diverses prérogatives, telles que celles de la noblesse, de la maîtrise, de porter un portefeuille sous le bras et de dire "Je reviens du palais", avec une telle accentuation qu'on eût pu croire qu'il avait été embrassé le pape[39]. » Il est en fait désœuvré, mais il va trouver à s'occuper avec la pratique de l'observation météorologique.

Tout commence lorsqu'il est abordé par Larochelle, commis-voyageur en baromètres, thermomètres et hygromètres. Pour 500 francs, le représentant lui vend des instruments et l'adhésion à une société météorologique fantôme[40]. La stratégie commerciale de Larochelle est révélatrice du statut que Champfleury attribue à la pratique météorologique amateur. En effet, le commis-voyageur parvient à ses fins en offrant à ses interlocuteurs une décoration, décoration qui n'est autre qu'*un petit thermomètre, à porter en boutonnière.* « L'ordre du thermomètre — écrit Champfleury — donnait une nouvelle physionomie à l'avoué, qui marchait plus droit que de coutume, la tête plus en arrière, et qui respirait plus librement et avec plus de délices[41]. » Pour Creton, cette décoration est le signe extérieur d'un esprit savant, utile et intéressé aux affaires publiques. Champfleury le tient pour une généralité : « Les bourgeois ont toujours aimé à devenir savants sans grande fatigue, et à s'occuper des intérêts de la société, soit moraux, soit matériels[42]. » L'observation météorologique cristallise aussi l'espoir d'une hypothétique carrière au sein du monde savant. L'intrigue tombe dans le vaudeville lorsque le Comte de Vorges, qui courtise sa femme, invite Creton dans son château en lui faisant miroiter à la fois des « comparaisons entre le climat de la vallée et celui de la montagne » et une présentation de ses observations devant l'Académie de Reims. Peut-être même, suggère-t-il, que Creton pourra y être admis. L'argument résonne fortement chez l'avoué, déjà honoré par sa décoration : « Si dès le début la société météorologique lui avait conféré une récompense déjà glorieuse, que lui réserveraient par la suite ses travaux, qu'il couchait consciencieusement chaque soir dans un journal[43] ? »

---

38. Introduction de Yves-Marie Lucot à : CHAMPFLEURY, *Les bourgeois de Molinchart*, Cœuvres et Valsery, Éditions Ressouvenances, 1994.
39. CHAMPFLEURY, *Les bourgeois de Molinchart*, Paris, M. Lévy, 1859, p. 18.
40. C'est, d'après ce que l'on a vu, environ deux fois le prix d'un ensemble d'instruments scientifiques haut de gamme.
41. CHAMPFLEURY, *Les bourgeois de Molinchart*, *op. cit.*, p. 87.
42. *Ibid.*, p. 23.
43. *Ibid.*, p. 24.

La pratique d'observation petite-bourgeoise se trouve ainsi écartelée entre deux représentations : héroïque et désintéressée pour ses promoteurs, elle est grotesque ou maniaque pour ses caricaturistes. Son essor correspond à celle de la « petite bourgeoisie parcimonieuse » décrite par J.-P. Rioux : la pratique météorologie ascétique capture alors les valeurs de pondération, de prudence et de méticulosité caractéristiques de ce groupe social, cible privilégiée de caricaturistes comme Champfleury[44].

L'amateur et les institutions

Simon Schaffer a montré comment, pour les astronomes des deux derniers tiers du XIXe siècle, l'observation idéale est une pratique impliquant des opérateurs déqualifiés, surveillés, privés de leur capacité d'initiative et d'une implication directe dans l'exploitation des données. Cette conception, élargie aux tâches de computation et intégrée à la discipline globale régissant les établissements astronomiques, dessine les contours de ce qu'il a appelé l'« observatoire-usine[45] ». Schaffer souligne également, et cela a été moins remarqué, que ce type de pratique d'observation se développe au même moment au sein de la communauté des astronomes amateurs. Ceux-ci tendent à s'imposer une discipline accrue et valorisent, pour certains d'en eux, une suspension du jugement qui doit en faire des enregistreurs zélés et passifs des configurations célestes[46].

Le même mouvement est sensible dans le champ des pratiques météorologiques. À partir de 1855, l'Observatoire de Paris organise un réseau météo-télégraphique qui fait des observateurs de simples relais dans le processus de production et de transmission des données. Au même moment, l'essor de la pratique météorologique amateur s'inscrit dans le cadre d'une culture du sacrifice, de l'ascèse, de la suspension du jugement. Les deux entreprises sont contraintes, à des degrés divers, par l'hypothèque morale concernant la prévision du temps. L'Observatoire de Paris met en scène l'objectivité et la scientificité de ses pratiques de suivi et d'avertissement des tempêtes — dont la mise en œuvre effective est pour l'heure différée. Les amateurs, eux, doivent se démarquer des « faiseurs de systèmes » et du tout-venant avide de prévisions météorologiques. Ils cherchent, dans le même temps, à répondre aux exigences du statisticien centralisateur et de la communauté savante parisienne. En ce qui concerne Le Verrier, c'est peine perdue. Celui-ci considère en effet que les amateurs ne peuvent être à même de répondre aux exigences disciplinaires de

---

44. J.-P. Rioux, *La révolution industrielle. 1780-1880*, Paris, Seuil, coll. « Points Histoire », 1989, p. 205-214.
45. S. Schaffer, « Astronomers Mark Time: Discipline and the Personal Equation », *Science in Context*, 2(1), 1988, p. 115-145.
46. A. Chapman, *The Victorian Amateur Astronomer: Independent Astronomical Research in Britain 1820-1920*, Chichester, John Wiley & Sons, 1999.

son modèle d'observation, notamment en ce qui concerne la continuité et la régularité de la pratique dans le temps[47].

Dans les années 1860, Le Verrier les contourne complètement en mettant sur pied un second réseau national d'observation — après celui des postes télégraphiques. Ce réseau, destiné à alimenter une description météorologique générale de la France, est implanté au sein des écoles normales d'instituteurs[48]. Le Verrier veut en faire une vitrine de l'observation scientifique « disciplinée », dont il est au même moment le promoteur dans le champ de l'astronomie. Ce réseau aura une longue durée de vie. En 1878, le service météorologique de l'Observatoire de Paris est séparé pour constituer le Bureau Central Météorologique (BCM), une institution qui apparaît comme l'ancêtre de l'actuel Météo-France. Les écoles normales continuent à observer le temps comme elles le faisaient pour le compte de l'Observatoire et elles alimentent le BCM en données jusqu'à la première guerre mondiale. Dans certains cas, la pratique perdurera : à la fin des années 1950, les élèves de certaines écoles observent encore le temps tous les jours, avant de faire parvenir leurs relevés à la direction de la météorologie nationale.

Les écoles normales et la météorologie

Les premières observations réalisées dans les écoles normales datent des débuts du Second Empire[49]. En 1855, Le Verrier obtient que le ministre Fortoul adresse une circulaire aux recteurs d'académie. Elle les incite à promouvoir l'observation météorologique au sein des facultés des sciences[50]. Le ministre leur suggère de procéder à des achats d'instruments, qui seraient reçus et comparés à l'Observatoire de Paris. Les facultés des sciences de Nancy et de Poitiers sont bientôt équipées[51]. Mais l'initiative ne prend pas, et l'action de l'Observatoire de Paris se focalise bientôt sur l'utilisation du télégraphe en météorologie.

Le recteur qui fait équiper la faculté de Nancy est l'astronome Hervé Faye, qui a travaillé un temps à l'Observatoire de Paris, sous la direction de Le Verrier[52]. Faye décide de prolonger l'initiative de ce dernier en diffusant l'observation météorologique au sein des établissements sur lesquels il

47. « Les observateurs particuliers ne pouvaient présenter les garanties de durée et de permanence des stations administratives » [U.-J.-J. Le Verrier, « Note sur un système régulier d'observations météorologiques, établi en France [...] », CR, t. 42, 1856, p. 1040].

48. Marie-France Noël-Waldteufel a attiré notre attention sur cet aspect, avec son article : M.-F. Noël-Waldteufel, « La mise en place des réseaux d'observation météorologique dans les écoles normales d'instituteurs », *La météorologie*, numéro spécial d'avril 1995, p. 11-15.

49. La correspondance relative à ce réseau local d'observation est conservée sous AN F^{17} 13575.

50. « Intervention de l'Observatoire de Paris pour le choix et la comparaison des instruments astronomiques et météorologiques des facultés des sciences », *Bulletin administratif de l'Instruction publique*, t. 6, 1re série, 1855, p. 59-60 [circulaire du 12 mars 1855].

51. Registre de vérification des instruments météorologiques de l'Observatoire de Paris. OP F^2 28.

52. J.-F. Condette, *Les recteurs d'académie en France de 1808 à 1940*, Paris, INRP, t. II « dictionnaire biographique », p. 175-176.

a autorité. Au cours de l'année 1855, il organise une concertation en vue de l'établissement et de l'emploi d'instruments météorologiques dans les écoles normales de Nancy, Metz, Mirecourt et Épinal. En juillet 1855, il soumet au ministre de l'Instruction publique la liste des instruments que l'on projette d'utiliser dans les écoles, ainsi qu'une instruction d'utilisation rédigée par un professeur de la faculté des sciences de Nancy. Le Verrier, auquel le ministre a transmis ces documents, en a approuvé le contenu, et il soutient de loin l'initiative. Les élèves des quatre écoles réalisent des observations quotidiennes à partir de la rentrée 1856.

Une dizaine d'années plus tard, c'est le directeur de l'école normale de Vesoul qui s'adresse au ministre, à propos de météorologie. Dans une lettre de janvier 1864, il l'interroge sur l'opportunité d'organiser un service d'observation dans son école, à l'imitation de ce qui se fait dans l'académie de Metz. La Verrier saisit la balle au bond. Le 3 février 1864, il propose au ministre de l'Instruction publique Victor Duruy d'organiser un service d'observation météorologique dans toutes les écoles normales de l'Empire[53]. Puis il revient à la charge quelques mois plus tard, avec une proposition plus détaillée[54]. Duruy, favorable à cette initiative, charge alors les préfets et les recteurs de mettre en place un service d'observation dans l'école de leur département[55]. Il les invite également à soumettre aux votes des conseils généraux les crédits extraordinaires nécessaires à l'achat des instruments.

Une circulaire explicative, des instructions et des relevés d'observation vierges sont adressés dans la foulée aux directeurs des écoles[56]. Les crédits sont votés par les conseils généraux, et les établissements sont rapidement en mesure de procéder à l'achat des instruments. En juillet 1865, Le Verrier peut affirmer que « l'immense majorité des écoles normales possède les instruments nécessaires », et que « presque tous ont été vérifiés à l'Observatoire de Paris[57] ». Trois cent dix instruments ont été comparés, et le service d'observation fonctionne déjà dans 60 écoles sur 79[58].

---

53. Lettres de Le Verrier à Duruy, du 3 février 1864. AN F[17] 3728.
54. Lettre de Le Verrier à Duruy, du 29 juillet 1864. AN F[17] 3728.
55. « Circulaire à MM. les préfets sur la participation des écoles normales aux observations météorologiques et sur l'acquisition des instruments nécessaires », *Bulletin administratif de l'Instruction publique*, t. 2, 2e série, 1864, p. 199-200 [circulaire du 13 août 1864] ; « Circulaire aux recteurs sur la participation des écoles normales primaires aux observations météorologiques », *Bulletin administratif de l'Instruction publique*, t. 2, 2e série, 1864, p. 240-241 [circulaire du 3 septembre 1864].
56. *Instructions pour les observations météorologiques des écoles normales*, 2e épreuve, 3 novembre 1864. AN F[17] 3728. Nous désignerons à présent ce document comme les *Instructions*.
57. U.-J.-J. Le Verrier, « Organisation de quelques entreprises météorologiques », CR, t. 60, 1865, p. 136-144 [citation, p. 142].
58. À la rentrée de septembre 1866, c'est 70 écoles qui font parvenir des relevés à l'Observatoire de Paris. Ces informations proviennent des rapports de Georges Rayet sur les stations météorologiques françaises, parus dans les *Atlas météorologiques* de 1866, 1867 et 1868.

L'observation météorologique et le quotidien de l'école normale

Les écoles normales du Second Empire sont des lieux de claustration et de discipline[59]. On entre à l'école normale vers l'âge de seize ans, pour une durée de trois ans. Le régime est celui de l'internat. En dehors des congés d'été, de Pâques et du Nouvel an, les sorties sont très restreintes, avec uniquement des promenades surveillées le jeudi et le dimanche. Dans ce monde clos vivent en moyenne 45 « élèves-maîtres » encadrés d'un directeur, de deux ou trois professeurs externes et du même nombre de maîtres-adjoints[60]. Les écoles normales sont donc des établissements de petite taille, qui regroupent une soixantaine de personnes (élèves, personnel enseignant, intendance, aumônier). La vie des élèves est étroitement encadrée. Ils sont surveillés par des maîtres-adjoints ou des élèves de troisième année. Du lever, vers cinq heures du matin, au coucher, vers dix heures, études, leçons, repas et récréations se succèdent en un ordre bien réglé. La journée est aussi rythmée par les contraintes de l'intendance : corvée d'eau, de bois de chauffage, surveillance des plus jeunes.

Le service d'observation météorologique est assuré par les élèves de dernière année, sous le contrôle des professeurs et des maîtres-adjoints. Les élèves observent les instruments météorologiques toutes les trois heures, de six heures du matin à neuf heures du soir. Ces horaires sont calqués sur ceux qui sont adoptés depuis 1855 à l'Observatoire de Paris. Il est difficile de rendre compte de ce qu'a pu représenter le service météorologique pour les élèves des écoles normales. Mais, pour des adolescents déjà soumis à de nombreuses contraintes, la charge d'observation, toujours assurée par le même petit groupe, devait représenter une charge assez lourde. L'observation de six heures écourtait ainsi l'heure du réveil, consacrée aux travaux de literie, au petit-déjeuner et à la toilette. Celle de midi empiétait sur le déjeuner et sur la récréation de la mi-journée.

Quant aux autres observations, elles devaient nécessiter des dispenses temporaires d'assiduité, pour les leçons et l'étude, ce qui devait contribuer à rendre la tâche moins rébarbative. Par ailleurs, des mesures compensatoires étaient parfois octroyées aux élèves chargés de l'observation. Ils pouvaient être dispensés des travaux d'intérêt général (corvées d'eau ou de bois), ce qui pouvait être perçu comme un avantage. Dans un témoignage beaucoup plus tardif (concernant les années 1950), un ancien élève de l'école normale de Privas

59. G. Laprévote, *Les écoles normales primaires en France 1879-1979 : splendeur et misère de la formation des maîtres*, Lyon, Presses Universitaires de Lyon, 1984; H. Lethierry (dir.), *Feu les écoles normales (et les IUFM?)*, Paris, L'Harmattan, 1994; G. Nicolas, *Instituteurs entre politique et religion. La première génération de normaliens en Bretagne au XIXe siècle*, Rennes, Apogée éditions, 1993.

60. Ces derniers enseignent à l'école.

a décrit l'ambivalence des sentiments des élèves devant une tâche donnée en guise de punition (en cas de redoublement), mais qui est en même temps valorisante par son caractère « scientifique » et par le fait qu'elle soit destinée à un organisme prestigieux (en l'occurrence, la direction de la météorologie nationale)[61].

La continuité des observations était assurée, pendant les vacances, par des élèves qui acceptaient de rester à l'école en échange du gîte et du couvert[62]. Ainsi, l'observation météorologique a pu être, pour les élèves plus modestes, le moyen de conserver tout au long de l'année les avantages matériels que leur fournissait l'internat. La tâche pouvait également échoir aux élèves qui, faisant l'objet de mesures disciplinaires, étaient consignés pendant les congés.

Les pratiques d'observation : précision et comparabilité

Les observations réalisées dans les écoles normales ont été pensées comme des mesures de précision. Les instruments choisis par Le Verrier comprennent un baromètre à mercure de type Fortin, un thermomètre à mercure gradué sur tige, un thermomètre à maxima et un à minima, un hygromètre, un pluviomètre, un anémomètre et une girouette, pour un coût total d'environ 300 francs.

Ces instruments sont parmi les plus performants du moment. Les thermomètres sont « gradués sur tige », c'est-à-dire que les graduations, au lieu d'être indiquées sur une tablette de bois jointe au corps de l'instrument, sont gravées à même le tube de verre (ce qui évite les décalages d'échelle). Pour la mesure de l'humidité, l'exigence de précision se manifeste par le choix d'un hygromètre dit psychrométrique. Ce type d'instrument permet des mesures de précision, contrairement aux hygromètres communs, dit « à cheveux », dont le principe est basé sur l'élongation — difficilement contrôlable — d'une touffe de poils sous l'action de l'humidité. Le baromètre, lui, est du modèle de Fortin, dont on a vu qu'il est à ce moment le *nec plus ultra* en matière de dispositifs de mesure des pressions.

Ce baromètre est placé à l'intérieur, dans les classes de sciences ou dans la bibliothèque. Dans les années 1880, il intègre souvent les cabinets de physique des écoles. Ces cabinets ne se développant de manière significative qu'à partir de ce moment-là, le baromètre de Fortin a dû être, pendant plus de quinze ans, l'instrument scientifique le plus sophistiqué dont ont disposé les établissements. Il devait être installé, précisent les *Instructions*, « près du jour, dans une chambre sans feu et à l'abri des rayons du Soleil ». Cette précaution

---

61. Témoignage disponible sur le site : http://norminstit.over-blog.com

62. E. N. N. Mascart, « Rapport sur le service des observations météorologiques dans les écoles normales primaires », *Revue pédagogique*, nouvelle série, t. 18, janvier-juin 1891, p. 170-176.

devait permettre de limiter l'usage de la bougie, source de chaleur parasite, et de réduire les autres causes d'échauffement[63]. Au départ, les autres instruments (thermomètre simple, thermomètres à extrema, psychromètre) sont placés sous un abri rudimentaire, en avant d'une fenêtre. Mais dans les années 1870, l'utilisation d'abris météorologiques se généralise au sein des écoles normales. Les instruments sont alors protégés sous un abri de bois ouvert, placé au milieu du jardin de l'école, à distance des bâtiments et des murs d'enceinte.

Illustration 7. – « L'élève Ronfort aux observations météorologiques », photographie de la toute fin du XIXᵉ siècle. L'observateur pose, un relevé à la main, près de l'abri météorologique installé dans le jardin de l'école normale de Commercy.

Les instruments ont été soigneusement choisis et étalonnés par l'Observatoire de Paris. Une majorité d'écoles a acheté ses instruments auprès de la maison Secrétan, par l'intermédiaire de Le Verrier[64]. À leur sortie de l'atelier, les baromètres ont été transportés à l'Observatoire, où ils ont été étalonnés avant d'être expédiés en province[65]. La centralisation des achats a ainsi été, pour Le Verrier, le moyen de réaliser une standardisation significative des instruments : tous ont été construits par la même entreprise, et pour les deux tiers d'entre eux, quasi-consécutivement[66].

Par la suite, l'Observatoire continuera d'exercer un certain contrôle sur l'instrumentation des écoles, notamment en refusant d'étalonner certains dispositifs, considérés comme impropres à un usage scientifique. C'est surtout le cas avec les systèmes thermométriques, fragiles, qui devaient souvent être remplacés. Il arrivait que les thermomètres achetés soient non identifiables — car non gravés du nom du constructeur et d'un numéro de série. Ceci motivait des refus d'étalonnage de la part de l'Observatoire. Ils pouvaient également être jugés insuffisamment précis. Théophile Moureaux, le responsable de l'instrumentation météorologique à l'Observatoire, y insiste en 1877 : « Les thermomètres achetés à la hâte chez un opticien pour éviter une lacune d'observation sont de peu de valeur car ils ne sont pas construits en vue de recherches scientifiques[67]. »

---

63. La dilatation des matériaux sous l'effet de la chaleur nécessite la prise en compte de la température du baromètre dans le cadre de la mesure, et cette grandeur n'a de sens que si l'instrument est homogène en température.
64. Registre de vérification des instruments météorologiques de l'Observatoire de Paris. OP F^2 28.
65. D'autres écoles normales se sont procurées leur baromètre par leurs propres moyens : l'école normale de Bourges a ainsi chargé l'opticien de la ville de le faire fabriquer en atelier.
66. On en trouve trente entre les numéros de série 103 à 137, gravés par Secrétan. Registre de vérification des instruments météorologiques de l'Observatoire de Paris. OP F^2 28.
67. Th. MOUREAUX, « Rapport au directeur de l'Observatoire sur la vérification des instruments des stations météorologiques françaises », *Atlas météorologique de l'Observatoire de Paris*, 1876, section D3.

En dehors des étalonnages effectués systématiquement après l'achat des instruments, Moureaux mène également, dans les années 1870, des tournées d'inspection *in situ*. Il visitera ainsi 37 écoles normales pendant l'année scolaire 1875-1876, emportant avec lui des étalons secondaires (deux baromètres Fortin-Secrétan, quatre thermomètres). Les étalonnages prennent ici une dimension pédagogique. Ils doivent former les professeurs et les élèves-maîtres, en leur donnant à voir la juste observation. « Les observateurs habituels — écrit Moureaux — ont assisté à la comparaison, et ont fait eux-mêmes plusieurs lectures : on a pu ainsi établir l'uniformité dans la méthode d'observation[68]. »

Discipline et surveillance des pratiques d'observation

Pour l'Observatoire de Paris, les écoles normales sont le lieu idéal où implanter un service d'observation météorologique. Le régime de l'internat, une surveillance quasi-permanente et une organisation stricte des temps de vie et d'étude permettent d'assurer la discipline de l'observation, et donc de contribuer à la précision, la régularité et la comparabilité des mesures. L'Observatoire cherche à s'assurer, à distance, d'un respect absolu des procédures d'observation décrites dans les *Instructions*. La surveillance des élèves-maîtres par les maîtres-adjoints ou les professeurs prend alors une importance particulière, et la nécessité d'une telle surveillance est fréquemment réaffirmée. « Lorsque les élèves sont livrés à eux-mêmes [...] les documents transmis ne présentent pas des garanties suffisantes », écrit Moureaux en 1876[69].

Les observations étaient consignées dans des relevés, transmis chaque mois à l'Observatoire. Chaque observateur (ou groupe d'observateurs) assurait les six observations du jour, et en assumait la responsabilité en signant le relevé. Le directeur de l'école était censé contrôler les documents et détecter les lacunes ou les erreurs éventuelles. Les négligences devaient être notées, et faire l'objet de blâmes ou de punitions. De la surveillance des manipulations à la vérification des relevés, c'est ainsi toutes les étapes de l'observation du temps qui faisaient — ou auraient dû faire — l'objet d'un contrôle attentif.

À partir de 1867, l'Observatoire de Paris publie chaque année les données issues des écoles normales, sous la forme d'un *Atlas météorologique*[70]. Cette publication est lapidaire, puisqu'elle ne livre que des valeurs moyennes annuelles, soit quelques pages d'observations, à partir du millier de relevés produit chaque année par les écoles. La fonction de cette publication est moins de diffuser des données d'intérêt scientifique que de servir d'outil de promotion et de gestion du réseau. Du point de vue des règles administratives, l'Observatoire n'a pas de légitimité à prescrire et à contrôler les observations réalisées dans les écoles. Ce qui n'empêche pas Le Verrier de s'adresser direc-

68. *Id.*
69. *Id.*
70. *Atlas météorologique de l'Observatoire [impérial] [de Paris]*, Paris, C. Chauvin, 1867-1879.

tement aux directeurs. Toutefois, ce mode d'action a ses limites, et c'est l'*Atlas météorologique* qui constitue le vecteur de contrôle principal sur l'activité du réseau. Le Verrier porte en permanence, à cette fin, des appréciations sur le travail des écoles et de leurs directeurs.

Il n'hésite pas à y dénoncer les écoles considérées comme négligentes : « Les stations d'Auch, Auxerre, Cæn, Toulouse, ont fait pendant cette année un service insuffisant », écrit-il ainsi en 1868 [71]. Un état de service précise également, pour chaque école, le nom du directeur, le nombre de mois continus d'observation et des remarques sur la qualité du service. La donnée du nombre de mois d'observation permet au lecteur un classement facile des écoles. Celles qui n'en réalisent pas reçoivent un « zéro ». Or l'Observatoire adresse chaque année l'*Atlas* aux préfets, aux conseils généraux, au ministre de l'Instruction publique. Ils prennent ainsi connaissance de l'avis porté sur le service d'observation des écoles. En cas d'appréciation défavorable, le directeur de l'école normale apparaît comme négligent aux yeux de l'administration de l'Instruction publique et des instances départementales, dont il dépend étroitement.

Déqualification et interchangeabilité des personnels, surveillance, absence d'autonomie des pratiques : les observations météorologiques réalisées dans les écoles normales apparaissent comme une extension du modèle d'observation astronomique promu par Le Verrier à l'Observatoire de Paris. Au sein des écoles normales, le contrôle s'exerce selon une gamme étendue de procédures, portant sur les instruments et sur les observateurs. L'élève-maître apparaît comme un exemple absolu en terme de désinvestissement et d'interchangeabilité, puisque les élèves se succèdent à la tâche au cours de l'année, et qu'ils changent d'une année sur l'autre.

Ce type de pratique scientifique est en phase avec l'idéologie éducative pro-observation et anti-abstraction dont Le Verrier est le champion. Après le 2 décembre, l'astronome siège au Conseil supérieur de l'Instruction publique. Il fréquente et conseille quotidiennement le ministre Fortoul sur les questions concernant l'enseignement des sciences [72]. En 1852, il est — avec le chimiste Jean-Baptiste Dumas — le maître d'œuvre des nouveaux programmes scientifiques adoptés dans le cadre de la réforme dite de la « bifurcation [73] ». En mobilisant les élèves-maîtres, Le Verrier ne se contente pas d'accroître les moyens d'étude de l'Observatoire de Paris. Il participe à la diffusion de l'observation météorologique en tant que *pratique éducative*. En effet, comme il l'écrit, le

71. U.-J.-J. Le Verrier, « Introduction », *Atlas météorologique de l'Observatoire impérial*, 1868.

72. *Journal d'Hippolyte Fortoul, ministre de l'Instruction publique et des cultes, 1811-1856*, Genève, Droz, 2 t., 1979-1989. Il rend compte très nettement de la proximité entre les deux hommes.

73. Celle-ci crée dans les lycées, à partir de la troisième, une voie scientifique à part entière, menant à un baccalauréat.

réseau des écoles normales offre « l'avantage d'exercer à l'observation exacte les maîtres futurs de la jeunesse des campagnes[74] ». Comme la discipline globale de l'école normale, l'observation météorologique est censée inculquer aux élèves-maîtres des valeurs et des normes de comportement (discipline, modestie, exactitude) dont ils doivent être plus tard les relais auprès de leurs élèves des classes primaires. Par la suite, l'observation météorologique sera effectivement utilisée comme un outil pédagogique dans les classes. L'Observatoire de Paris favorise ces pratiques en menant une politique de don d'instruments, avec une cinquantaine de baromètres distribués chaque année à des écoles[75].

En revanche, Le Verrier choisit de contourner complètement la communauté des « amateurs » rassemblée autour de la SMF. Lors des premiers essais de centralisation par le télégraphe, l'astronome fait appel à eux pour réaliser des observations et les transmettre, dans la foulée, à l'Observatoire de Paris[76]. Mais par la suite, il choisit de faire réaliser les mesures par des agents des télégraphes. Puis, dans les années 1860, il organise le réseau des écoles normales sans tenter d'utiliser le vivier que représentent les « amateurs » provinciaux. Il considère que ceux-ci ne présentent pas autant de garanties que les agents de l'État, qu'il juge plus fiables et surtout plus facilement contrôlables.

❦

L'observateur idéal du Second Empire est aux antipodes de celui de la fin du XVIIIe siècle. Pour ce dernier, l'enregistrement et l'étude du temps participait de la valorisation de l'attention portée à soi. Selon le topôs néo-hippocratique, les chroniques météorologiques étaient conjointement des chroniques de la santé et de l'état d'esprit de l'observateur. La présence d'un miroir, intégré au corps même des dispositifs barométriques, matérialisait d'ailleurs fréquemment ce glissement[77]. L'observateur amateur décrit par Champfleury, lui aussi, s'accorde beaucoup d'attention, en s'arrêtant « au moins deux fois par quart de lieue pour regarder sa décoration[78] ». Mais c'est pour mieux mettre en scène, aux yeux de ses contemporains, l'héroïsme de son asservissement volontaire au service de la science.

74. U.-J.-J. Le Verrier, « Organisation de quelques entreprises météorologiques », *loc. cit.*, p. 142.
75. Lettre de Le Verrier à Duruy, du 5 juin 1869. AN F17 3728. Ces instruments sont inscrits au mobilier scolaire, ce qui doit assurer leur conservation. Au cours des années 1860 et 1870, des instituteurs font parvenir des demandes spontanées d'instruments à l'Observatoire, signe de l'intérêt qu'ils accordent à cette pratique pédagogique (on trouve plusieurs lettres de ce type en AN F17 3728).
76. C'est l'objet de son intervention du 19 février 1855, à l'Académie des sciences [chap. II].
77. J. Golinski, « Barometers of Change... », *loc. cit.*, p. 79.
78. Champfleury, *Les bourgeois de Molinchart*, *op. cit.*, p. 87.

Chapitre IV

SOUS LE SIGNE DE LA LUNE
La prévision du temps, entre science, médias et politique

Le 16 juin 1862, un petit ouvrage retient l'attention des journalistes qui assistent à la séance de l'Académie des sciences. Son titre : *De la prédiction du temps*[1]. L'auteur y a ajouté un sous-titre qui résume clairement son propos : *On peut prédire le temps comme on prédit le lever et le coucher des astres, dix ans, vingt ans à l'avance.* Si la brochure se distingue de la masse des mémoires, lettres et notes reçues chaque semaine à l'Académie, c'est en raison de la personnalité de son auteur, Philippe-Antoine Mathieu, dit Mathieu de la Drôme. En effet, celui-ci est connu pour son implication politique sous la Deuxième République.

Philippe-Antoine Mathieu est né le 7 juin 1808 à Grand Serre, dans la Drôme[2]. Fils d'agriculteur, il étudie au petit séminaire de Valence. Puis il s'installe à Lyon et fonde un cours privé, où il donne des conférences littéraires et scientifiques. En 1830, il prend part aux événements de juillet, aux côtés des révolutionnaires. En 1846, il quitte Lyon pour Romans où il crée un nouvel établissement, l'Athénée des belles lettres. Dans les années 1840, il s'engage dans l'action politique, participe à des banquets réformistes, s'exprime en faveur d'un abaissement du cens électoral. Le suffrage universel (masculin), conçu comme le moyen d'émancipation des couches populaires, est le grand *credo* de Mathieu. Mais son activisme inquiète les autorités : l'Athénée, où il donne des cours d'économie politique, est interdite. Ses positions se radicalisent : d'un réformisme modéré, qui voyait dans la monarchie de Juillet la perspective d'une émancipation politique et sociale, il évolue vers des convictions républicaines et socialisantes. En 1847, il fonde une revue mensuelle, *La voix d'un solitaire*[3]. Elle fait partie, avec *Le courrier de la Côtes d'Or* de Pierre Joigneaux ou *Le patriote des Alpes* de Saint-Romme, de ces publications locales, de diffusion restreinte, qui constituent le gros de la production éditoriale républicaine sous la monarchie de Juillet. Mathieu accueille avec enthousiasme la révolution de 1848. Chef de file des républicains de

1. Mathieu de la Drôme, *De la Prédiction du temps*, Paris, Mallet-Bachelier, 1862.
2. *Triple almanach Mathieu de la Drôme pour 1864*, Paris, Plon, 1863, et *Dictionnaire biographique de la Drôme*, Grenoble, Librairie dauphinoise, 1901.
3. Bien nommé, puisque sa diffusion semble de fait très réduite. Selon M. Agulhon, la revue compte 475 abonnés. Elle paraît d'avril 1847 à février 1848. M. Agulhon, *1848 ou l'apprentissage de la République (1848-1852)*, Paris, Le Seuil, coll. « Points Histoire », 1979, p. 32.

la Drôme, il est élu à la Constituante le 23 avril, et y gagne son surnom. Il siège à l'extrême gauche, avec la Montagne, et se fait connaître en défendant — vainement — l'inscription du « droit au travail » dans le préambule de la Constitution. Réélu à l'Assemblée aux élections de mai 1849, il s'oppose à la politique du prince-président. Il est expulsé vers la Belgique au moment du coup d'État mais il peut regagner la France dès l'été 1852, après quelques mois d'exil.

En lui interdisant de se placer sur le terrain politique, l'avènement de l'Empire le force à déplacer son action dans le champ scientifique. Il se consacre alors à l'étude de la météorologie, dans le but d'améliorer les conditions de vie des couches populaires. Mathieu est convaincu de l'action de la Lune sur le temps. Selon lui, la sagesse populaire, maintes fois éprouvée, témoigne de cette influence. Il cherche alors, à partir de ce présupposé, à établir des lois générales de prédiction météorologique. Il écrit qu'une fois ce problème résolu, « l'agriculture verra en un jour doubler ses produits. Ce jour là, le problème de l'extinction de la misère sera résolu. Il y aura du pain pour tous[4] ». Et il poursuit : « Ce qui fut mon rêve politique deviendra une vérité scientifique. » C'est ce à quoi Mathieu de la Drôme pense être arrivé en 1862, lorsqu'il publie son ouvrage et le fait parvenir à l'Académie.

Mathieu de la Drôme et la science du temps

Cette parution est l'aboutissement des recherches que l'ancien représentant du Peuple mène depuis le milieu des années 1850. Le 13 juin 1856, il s'est adressé une première fois à l'Académie des sciences, pour lui soumettre un pli cacheté[5]. Ce type d'envoi fait partie des procédures académiques habituelles. Les plis cachetés peuvent être ouverts ultérieurement, sur demande de leur auteur, pour attester de l'antériorité d'une découverte[6]. On sait aujourd'hui que ce pli contenait une première version des théories météorologiques de Mathieu de la Drôme. Il y déclare avoir mis en évidence des corrélations entre l'état de l'atmosphère et les phases lunaires. Plus précisément, il soutient que certaines coïncidences entre les phases d'une part, et l'apogée ou le périgée lunaire d'autre part, sont autant de circonstances favorables ou défavorables à l'arrivée des pluies. Ses conclusions se basent sur des données accumulées dans le cadre d'une pratique quotidienne de l'observation météorologique. Mathieu de la Drôme se déclare confiant dans la possibilité d'en déduire, à brève échéance, des règles de prédiction du temps :

> « On arriverait à une grande précision dans les pronostics — écrit-il — en dressant, au moyen des journaux météorologiques des divers observatoires,

4. *Le Temps*, 28 janvier 1863.
5. Pli cacheté n° 1577, pochette de séance de l'Académie des sciences du 16 juin 1856.
6. Sinon, ils sont ouverts et expertisés cent ans après leur dépôt.

des tables dans lesquelles seraient classées, suivant ces données, toutes les combinaisons de phases, d'apsides, de distances et d'époques solaires dont ces journaux offrent des exemples[7]. »

C'est ce que l'ancien député a commencé à faire en travaillant sur les observations pluviométriques produites à l'Observatoire de Genève, de 1796 à 1856. Il a pu y avoir accès car elles avaient été publiées, chaque mois, dans la revue suisse *La Bibliothèque Universelle*. Le 19 février 1857, il écrit au secrétaire perpétuel de l'Académie des sciences pour livrer de nouvelles conclusions, qui prolongent celles contenues dans son pli cacheté[8]. Mais Mathieu va plus loin et énonce, dans sa lettre, des prédictions pluviométriques pour la région de Genève, de fin mars à début août 1857. Avant de livrer sa théorie à l'examen des savants, il cherche ainsi à « émettre sans plus de retard quelques pronostics dont la réalisation prochaine fut de nature à fixer par avance l'Académie sur le mérite de la découverte qui lui sera ultérieurement soumise ». Mais sa stratégie tourne court. La réception de sa lettre est annoncée aux *Comptes rendus*, mais sans mention des prédictions[9]. L'Académie ne s'exprime pas sur cette question. Le mois d'avril venu, personne à Paris ne s'inquiète des chutes de pluie sur Genève et de leur conformité avec les annonces de Mathieu de la Drôme.

Il faut attendre près de cinq ans avant qu'il ne revienne à la charge, avec son ouvrage *De la prédiction du temps*. Ses conceptions ont connu des modifications sensibles par rapport à celles qu'il défendait dans les années 1850. Il a perfectionné son système, en prenant désormais en compte l'heure de l'arrivée de la Lune dans le ciel. Ceci permet d'intégrer à ses lois la dépendance vis-à-vis de la longitude[10]. De plus, il considère à présent que non seulement l'état mais aussi l'enchaînement des configurations lunaires sont à prendre en compte, et cet aspect joue un rôle important dans sa nouvelle théorie[11].

Mathieu expose, dans *De la prédiction du temps*, le détails des corrélations qu'il a établies entre les phases lunaires et les pluies. Ses raisonnements sont de nature *statistique*. Voici par exemple l'une des lois qu'il propose : lorsque la nouvelle Lune arrive entre 5 h. du matin et 8 h. 30 du matin, et lorsque le dernier quartier précédent arrivait entre 11 h. du soir et 3 h. 40 du

7. Pli cacheté n° 1577, pochette de séance de l'Académie des sciences du 16 juin 1856.

8. Pochette de séance de l'Académie des sciences du 23 février 1857.

9. CR, t. 44, 1857, p. 398-399.

10. Ce n'était pas le cas précédemment : or, comme il l'écrit en 1862, « le jour où il pleut à Paris, il peut faire très beau aux antipodes, et même beaucoup plus près de chez nous. Et pourtant, lorsque la Lune devient nouvelle ou pleine à Paris, le même phénomène a lieu pour les antipodes. », Mathieu de la Drôme, *De la Prédiction du temps*, *op. cit.*, p. 15.

11. Plus tard, il nommera « consécutivité horaire » les séquences de phases lunaires commençant à des heures déterminées, et menant à la pluie. Mathieu de la Drôme, « Exposé succinct de ma théorie des météores », *in* : *Triple almanach Mathieu de la Drôme pour 1864*, Paris, Plon, 1863, p. 32-45.

matin, alors le jour sera très pluvieux; il sera modérément pluvieux si le dernier quartier arrive entre 11 h. du matin et midi 30; sinon il sera peu pluvieux[12]. Mathieu considère alors tous les cas où ces enchaînements lunaires se sont présentés dans la ville suisse, de 1796 à 1856 : en l'occurrence 4, 2 et 4 fois. Il calcule alors la pluviométrie journalière moyenne pour chacun de ces trois groupes de jours et, en les comparant, il justifie la loi qu'il énonce.

En faisant hommage de son mémoire, Mathieu de la Drôme a un but déclaré : faire connaître sa théorie, arrivée à maturité grâce à son travail sur les observations genevoises. Mais la *Prédiction du temps* s'adresse en particulier au ministre de l'Instruction publique. Le livre débute par une lettre ouverte d'une dizaine de pages, à son intention. Mathieu lui demande de soumettre ses théories à l'examen du corps scientifique. Il appelle également à poursuivre le travail sur les données météorologiques et demande, pour cela, leur mise à disposition du public :

> « Ordonnez, monsieur le ministre, l'impression et la publication des journaux météorologiques de tous les observatoires de France; faites sortir de leurs cartons poudreux ces monceaux de chiffres qui y dorment depuis si longtemps, et ces chiffres, que l'on croyait muets, parleront, et la lumière jaillira des ténèbres, et la science nouvelle, dont je pose les premières assises, s'étendra, se développera parallèlement aux autres branches des connaissances humaines[13]. »

Pour Mathieu, le regroupement et la publication des données permettrait de constituer un *corpus* utile aux savants, mais aussi à tous ceux qui désireront exercer leur raisonnement en s'attaquant aux problèmes météorologiques. Cette requête s'inscrit ainsi dans le cadre d'une démarche visant à l'organisation d'une activité scientifique décentralisée, et ouverte à tous.

Avec sa lettre ouverte, Mathieu de la Drôme vise à s'attirer la sollicitude du ministre qui, espère-t-il, fera expertiser ses travaux. En 1857, il avait tenté d'attirer l'attention de l'Académie en joignant à ses envois des prédictions pour la région de Genève. Mais sa stratégie a échoué. En 1862, il décide cette fois de publier ses résultats, pour leur donner plus de retentissement. Ce faisant, il renonce à l'expertise académique car, selon le règlement de cette institution, les travaux *imprimés* ne peuvent être renvoyés devant une commission d'examen.

C'est sur le terrain médiatique qu'il trouvera l'écho qu'il recherche. La revue de vulgarisation *Le Cosmos* accorde une large place à ses travaux, dans sa livraison du 20 juin. Le passé politique de l'auteur paraît jouer un grand rôle dans l'intérêt du chroniqueur (anonyme). Mais le journaliste

---

12. Ses définitions de « pluvieux », « très pluvieux » etc. sont définies par rapport à ce qu'il a calculé comme étant la pluviométrie moyenne à Genève.

13. Mathieu de la Drôme, *De la Prédiction du temps*, *op. cit.*, p. 10.

rend compte de l'ouvrage avec sévérité [14]. Certes, nous dit-il, Mathieu est un homme honorable, « qui n'induit ses lecteurs en erreur que parce qu'il s'est involontairement trompé lui-même ». Mais ses conceptions sont intenables. Pour le rédacteur du *Cosmos*, Mathieu se condamne à l'échec en attribuant aux phases de la Lune une influence sur le temps, alors qu'elles ne sont que des phénomènes relatifs et vagues. Et comment accepter l'idée que tous les lieux d'un même méridien, desquels on voit la même phase lunaire, puissent connaître les mêmes précipitations, de la France à l'« Afrique où il ne pleut jamais » ? Encore le chroniqueur du *Cosmos* discute-t-il, même sommairement, les théories de Mathieu. Dans *La Presse* du 29 juin, le vulgarisateur-vedette Louis Figuier déclare, lui, qu'il n'a pas lu la brochure de Mathieu, avant de déclarer — en usant d'euphémisme — qu'il considère « bien hardies » toutes les prétentions à prédire le temps. Quant à l'Académie, elle affecte une totale indifférence. Elle se contente de signaler que Mathieu pourra, quand il le souhaite, reprendre le pli cacheté qu'il a déposé en 1856 [15].

L'Académie, la presse, l'opinion publique

Devant les critiques des uns et l'indifférence des autres, Mathieu de la Drôme réagit rapidement. Le 28 juin, dans une lettre adressée à l'Académie, il déclare, face aux sceptiques, « prendre le ciel pour juge [16] ». Refusant de discuter les raisons qui lui ont été opposées, c'est alors, comme l'écrit le journaliste Victor Meunier, à « une sorte d'expérience publique » qu'il convie ses contradicteurs [17]. Cette « expérience » se base sur l'énoncé de prédictions sur les chutes de pluie devant survenir à Genève en juillet et en août. Mathieu reprend ainsi sa stratégie de février 1857, mais c'est cette fois sur l'opinion publique qu'il compte pour contrôler ses prédictions. Les *Comptes rendus* ne mentionnent même pas la lettre de Mathieu, mais elle est reproduite dans *Le Cosmos* [18] et dans *L'Opinion nationale* [19].

Meunier, qui en est le chroniqueur scientifique, se montre favorable aux travaux de Mathieu. Il critique la position de Louis Figuier, et déclare s'en remettre à l'épreuve à courte échéance que constituent les prédictions genevoises. Les réactions contrastées des deux journalistes scientifiques reflètent bien, dans ce cas précis, leurs positionnements politiques et leur conception de la place de la science dans la société. Avant 1851, Victor Meunier appartient comme Mathieu aux mouvances de l'extrême-gauche républicaine, mais lui

---

14. *Le Cosmos*, 20 juin 1862.
15. CR, t. 54, 1862, p. 1236.
16. Pochette de séance de l'Académie des sciences du 7 juillet 1862.
17. *L'Opinion nationale*, 6 juillet 1862.
18. *Le Cosmos*, 11 juillet 1862.
19. *L'Opinion nationale*, 6 juillet 1862.

est fouriériste et collabore à *La Phalange* et à *La Démocratie pacifique*[20]. Sous le Second Empire, il tient la chronique scientifique de plusieurs journaux d'inspiration libérale (*La Presse, L'Opinion nationale, Le Siècle*...). Il y développe un discours nettement anti-académique. Il fait le constat d'un déclin radical de cette institution et en appelle à « mettre la science française qui est une oligarchie centralisée en république démocratique et fédérative[21] ». Il défend une réforme profonde de l'activité scientifique, où elle deviendrait une pratique quotidienne, ouverte à tous et s'organisant localement sur le mode de la l'association. Il propose de faire de l'Académie le parlement des représentants locaux des observatoires, des cabinets expérimentaux, des associations de naturalistes qu'il veut organiser sur tout le territoire. En lien avec cette volonté réformatrice, Meunier considère qu'une mission fondamentale du journaliste scientifique est de faire connaître au grand public les inventeurs et les savants méconnus, dans le but de leur attirer des subventions publiques et de défendre leurs prérogatives intellectuelles. Il paraît ainsi susceptible d'une double affinité pour les travaux de Mathieu, par sa proximité idéologique et en raison de cette conception du journaliste comme révélateur des initiatives scientifiques individuelles. Louis Figuier, quant à lui, est à la fois un conservateur bon teint et un vulgarisateur dont les choix restent classiques et conformes aux hiérarchies académiques[22].

Comme le souligne Meunier, Mathieu de la Drôme organise ses prédictions de l'été 1862 comme une expérience publique. Le député s'adresse au journaliste pour lui expliquer sa démarche dans une lettre *à destination du public*, qui est publiée dans *L'Opinion Nationale* en même temps que les prédictions elles-mêmes[23]. Puis Mathieu attend la fin du mois d'août pour en dresser le bilan, dans une lettre à l'Académie[24]. Selon lui, sur cinq prédictions, trois auraient été parfaitement vérifiées, alors que les deux autres — il le reconnaît — ont accusé des inexactitudes. Dès le 20 juillet, dans sa chronique, Meunier avait de son côté conclu à un échec de Mathieu. En effet, le 6 juillet, il a plu 21 millimètres d'eau à Genève, alors que ce dernier avait fixé à 12 mm la hauteur totale de précipitations du 4 au 10. C'est selon Meunier toute l'expérience qui est compromise, car « toute sa prédiction est dans un chiffre, et ce chiffre n'est pas exact[25] ». Ceci pose le problème des *critères de validation* des

---

20. C. Glaser, « Journalisme et critique scientifique : l'exemple de Victor Meunier », *Romantisme. Revue du XIXe siècle*, 65, 1989, p. 27-36, et B. Bensaude-Vincent, *L'opinion publique et la science*, Paris, Sanofi-Synthélabo, coll. « Les empêcheurs de penser en rond », 2000, p. 91-95.
21. C. Glaser, « Journalisme et critique scientifique... », *loc. cit.*, p. 30.
22. Et ce malgré une rancune rentrée vis-à-vis de l'Académie, qui lui avait donné tort contre Claude Bernard en 1855, dans une controverse concernant la production de sucre par le foie.
23. *L'Opinion nationale*, 6 juillet 1862.
24. Pochette de séance de l'Académie des sciences du 25 août 1862.
25. *L'Opinion nationale*, 20 juillet 1862.

pronostics météorologiques de Mathieu. Sa référence, en effet, est la théorie des marées océaniques. Comme cette dernière, solidement intégrée au *corpus* scientifique depuis les travaux de Laplace, sa théorie météorologique est à la fois basée sur la prise en compte de configurations lunaires définies et sujette, dans le même temps, à des incertitudes importantes en terme de prédiction locale. De ce fait, il ne considère pas l'écart pointé par Meunier comme rédhibitoire, alors même que selon lui « les calculs relatifs à la théorie des marées présentent des écarts semblables[26] ».

Mathieu contre-attaque en envoyant à Meunier une nouvelle série de prédictions, pour la période du 7 octobre au 8 novembre 1862. Le journaliste prend acte de la réussite partielle des prédictions pour la deuxième quinzaine de juillet, et reconnaît à Mathieu le droit de réclamer à nouveau l'attention du public. *L'Opinon nationale* publie ses prédictions. Mais Mathieu de la Drôme affirme aussi qu'il ne désire pas livrer publiquement ses pronostics les plus alarmants, et il les fait parvenir à l'Académie des sciences sous la forme d'un nouveau pli cacheté[27].

La réception de ce pli provoque la première prise de position explicite de l'Académie. Son président, le mathématicien et physicien Jean Duhamel, hésite à accepter le dépôt. Il s'interroge en séance publique sur le fait de savoir s'il n'est pas « immoral de se faire le contrôleur de prédictions relatives à *ce qui ne peut pas être prédit*[28] ». Mais le chimiste Théophile Pelouze fait remarquer que le simple dépôt n'engage pas la responsabilité de l'Académie. Le pli est alors accepté[29]. Le compte rendu officiel de la séance ne mentionne pas ces circonstances, mais une nouvelle fois, la presse de vulgarisation rend compte de l'événement. Mathieu de la Drôme, dont les talents de polémiste sont de plus en plus manifestes, adresse alors un nouveau pli et une lettre de protestation.

> « Je sais — écrit-il — qu'une délibération assurément fort sage de l'Académie repousse les communications relatives à la quadrature du cercle et au mouvement perpétuel. Mais votre savante compagnie voudrait-elle frapper de la même exclusion les travaux concernant la prescience météorologique[30] ? »

Lorsqu'il prend connaissance de cette réponse dans la séance suivante, Duhamel réagit cette fois plus radicalement. Il déclare qu'il n'acceptera pas ce

26. Lorsque Mathieu s'emploiera, à partir de 1864, à identifier le mode d'action de la Lune sur le temps, il argumentera en faveur de l'existence de *marées atmosphériques* analogues à celles subies par les masses océaniques, et il leur attribuera les corrélations qu'il a découvert entre les phases lunaires et les pluies. *Annuaire Mathieu de la Drôme pour 1865*, Paris, Plon, 1864, p. 52.
27. Ce pli est joint à sa lettre de la fin août 1862.
28. *Le Cosmos*, 5 septembre 1862.
29. Pli cacheté n° 2074, pochette de séance de l'Académie des sciences du 17 novembre 1862 (date d'ouverture du pli).
30. Pochette de séance de l'Académie des sciences du 8 septembre 1862.

troisième pli de Mathieu, à moins que l'un des membres de l'Académie ne le demande expressément. Aucun d'entre eux ne se manifeste, et le pli est rejeté. Il précise également que ce n'est pas la prédiction météorologique qu'il aurait qualifié d'immorale, mais le rôle de contrôleur qu'aurait à y jouer l'Académie. Surtout, il met en doute la moralité de Mathieu de la Drôme, en l'accusant de vouloir détourner à son avantage le système des plis cachetés[31]. Sans doute conscient du risque d'une polémique concernant ce refus, il l'exhorte dans le même temps à faire connaître publiquement ses prédictions. Alors, conclut-il, on ne lui refusera pas « le contrôle sur lequel il aura compté[32] ». Le Verrier intervient, tout de suite après, pour déclarer qu'il faut ignorer les travaux de Mathieu.

Cette première phase de l'affaire apparaît comme une crise de la fonction régulatrice assumée par l'Académie des sciences. Cette régulation est associée à l'une des missions historiques de l'institution savante. L'Académie est chargée d'évaluer les recherches qui lui sont adressées, sous le double aspect de leur caractère scientifique et de leur utilité pratique. Avant un examen approfondi, elle statue tout d'abord sur la scientificité de ces travaux. Un certain nombre de recherches, comme celles concernant le mouvement perpétuel ou la quadrature du cercle, ont fait l'objet d'exclusions *a priori* de la part de l'Académie[33]. Ces exclusions étaient d'ailleurs évoquées par Mathieu dans sa lettre en réponse à Duhamel. Mais le processus de sélection est généralement silencieux. L'Académie passe simplement sous silence, dans ses *Comptes rendus*, les envois considérés, après une brève évaluation, comme « hors science ».

Mais depuis le début des années 1830, les séances sont ouvertes aux journalistes, qui peuvent également consulter la correspondance reçue par l'Académie. Ceci ouvre la voie à des polémiques publiques à propos des travaux rejetés. Dans les années 1860, la presse scientifique connaît un essor sans précédent, ce qui accentue encore les possibilités de médiatisation. On compte quatorze périodiques de vulgarisation en 1862, contre seulement trois en 1852[34]. Les chroniques scientifiques hebdomadaires se généralisent dans les quotidiens politiques. Une communauté du journalisme scientifique

31. En effet celui-ci (« dans le cas — dit Duhamel — où il ne serait pas complètement de bonne foi ») pourrait faire ouvrir les plis vérifiés *a posteriori*, et ne pas les faire ouvrir dans le cas inverse.
32. *Le Cosmos*, 21 septembre 1862.
33. Ce qui n'empêche pas, d'ailleurs, que des travaux portant sur ces thèmes continuent à affluer à l'Académie. M. Crosland, *Science under control*, Cambridge, Cambridge University Press, 1992, en particulier p. 331-368.
34. Toute périodicité confondue. Ce comptage a été réalisé à partir des listes de publications établies par F. Colin et S. Sheets-Pyenson : F. Colin, [liste en annexe], *in* : B. Béguet, *La science pour tous – 1850-1914*, Paris, CNAM, 1990, p. 94-95 et S. Sheets-Pyenson, « Popular science periodicals in Paris and London: the emergence of a low scientific culture, 1820-1875 », *Annals of science*, 42, 1985, p. 549-572.

émerge simultanément, avec à la fois une croissance numérique et la formation d'une identité professionnelle définissant le métier. Avec l'ouverture des séances académiques, l'essor de la presse de vulgarisation et la constitution d'une identité professionnelle qui autorise une posture critique du vulgarisateur, la « sélection par le silence » est remise en cause. Dans le cas présent, la médiatisation des théories et des prédictions de Mathieu de la Drôme force l'Académie à se départir de l'indifférence qu'elle affiche depuis 1856.

La science académique et la « science populaire »

Le refus du pli cacheté provoque une nouvelle intensification de la controverse. L'attitude de l'Académie est dénoncée par certains commentateurs. Peu après, Mathieu rend publiques les prédictions que renfermait son pli. Et bientôt, il triomphe : le moment venu, comme l'écrit *Le Cosmos*, ses annonces « semblent s'être littéralement accomplies ». Comme annoncé, de grandes inondations ont touché le sud de la France et l'Italie du nord fin octobre-début novembre 1862. L'Académie tente alors de contre-attaquer en faisant ouvrir le pli accepté *in extremis* par Dumahel, et que Mathieu, entre-temps, avait déclaré obsolète. Mais la manœuvre est contre-productive, car elle révèle qu'il annonçait déjà les sinistres. Le journal *La Presse*, qui rend compte de la séance, décrit la mine embarrassée du président de l'Académie et souligne que la question a été tacitement écartée de l'ordre du jour[35]. Les *Comptes rendus* n'indiquent même pas l'ouverture du pli.

Illustration 8. – « Un coup de vent non prédit par Mathieu de la Drôme », dessin d'Honoré Daumier faisant partie de la série « Croquis d'Hiver », publié dans *Le Journal amusant* du 3 décembre 1864.

Après ce succès, la presse se montre plus favorable aux théories de Mathieu. Le 15 novembre 1862, le chroniqueur (anonyme) de *L'Illustration* soutient ainsi sa démarche, au nom d'une position pragmatique. Selon lui, toutes les propositions « sérieuses » concernant la prédiction météorologique devraient être examinées, qu'elles viennent ou non du monde savant. Le refus de l'Académie est donné comme de pur parti pris : « Pourquoi — écrit le chroniqueur — l'Académie, au lieu de repousser par une fin de non-recevoir les résultats proclamés, ne les soumet-elle pas à l'analyse et, si la voie tracée est absurde, ne le démontre-t-elle pas ? Serait-ce que nul n'aura de science qu'elle et ses amis[36] ? »

La controverse, dont l'écho s'était limité jusque là aux périodiques de vulgarisation et aux rubriques scientifiques des quotidiens, s'étend à présent

35. *La Presse*, 29 novembre 1862.
36. *L'Illustration*, 15 novembre 1862.

aux colonnes des « revues hebdomadaires » et des « faits divers[37] ». Dans le même temps, elle se politise. Le 8 février 1863, Edmond Texier consacre un long article à cette question dans le journal d'inspiration républicaine *Le Siècle*[38]. L'Académie des sciences est mise en cause. Selon Texier, si les académiciens ont été rudes pour un homme « instruit » et « bien intentionné » comme Mathieu de la Drôme, ils peuvent en d'autres occasions avoir « le sourire aux lèvres, et l'échine plus flexible qu'une jeune branche ». C'est la soumission, réelle ou supposée, de l'Académie des sciences au pouvoir impérial qui est visée. Urbain Le Verrier, plus particulièrement, est en ligne de mire. D'une part, il apparaît comme l'un des principaux soutiens de Napoléon III au sein du monde savant. D'autre part, l'Observatoire de Paris, qu'il dirige, est l'établissement scientifique de référence en matière de météorologie. Par ailleurs, l'astronome était directement intervenu à l'occasion du refus du pli de Mathieu. Il avait pris la parole après Duhamel, pour approuver ce refus et condamner ceux qui « comptant sur la crédulité publique, croient se faire valoir en annonçant à l'avance que l'été sera plutôt chaud que froid, plutôt sec qu'humide, tandis qu'ils ont pour eux d'aussi grande chance de succès que s'ils pariaient d'amener cinq avec deux dés contre un rival qui parierait de n'en amener que deux[39] ». Il mettait également en cause, à mi-mots, le rôle joué par les journalistes scientifiques. Selon lui, il revient à la presse de se montrer « très sévère » vis-à-vis de travaux comme ceux de Mathieu de la Drôme[40].

Dans son article, Texier oppose deux conceptions de la science, personnifiées par Mathieu de la Drôme et Le Verrier. Les travaux de mécanique céleste de l'astronome sont décrits comme l'archétype de la science académique, qui chercherait à promouvoir l'abstraction de façon à se constituer comme « un mythe impénétrable au regard de la foule », accessible seulement à une « petite chapelle » de savants. En refusant au peuple la possibilité de comprendre les vérités de la Nature, cette science académique ne ferait qu'exprimer une volonté plus générale, celle de le priver de ces « vérités [qui] se proclament à la face du Soleil pour le bien de tous » — des vérités, suggère Texier, spécifiquement *politiques*. Le maniement des outils mathématiques apparaît ici comme un geste d'exclusion, la majeure partie de la population se trouvant bannie de ce type d'activité scientifique comme elle se trouve bannie des processus de décision publique.

Si ce discours anti-abstraction concerne la science académique dans son ensemble, il n'est pas indifférent qu'il se cristallise autour de la figure Le Verrier. L'astronome personnifie pour ses détracteurs une science ésotérique

37. Le terme de « faits divers » désignant ici l'ensemble des évènements non politiques.
38. Passé très près de l'interdiction au moment du coup d'État, il est toléré par le pouvoir qui y voit un « exutoire ».
39. *Le Cosmos*, 12 septembre 1862.
40. *Id.*, 12 septembre 1862.

et déconnectée des réalités. Cette image publique de Le Verrier est résumée par une caricature publiée à la fin des années 1840. On l'y voit en habits de mage ou d'astrologue (longue robe, grand chapeau pointu), « ne retrouvant pas sa planète », « coller à sa place dans le firmament un calcul qui prouve son existence ».

Illustration 9. – Le Verrier et sa découverte de Neptune : l'astronome est caricaturé sous les traits d'un mage ou d'un astrologue.

Cette image reprend le *topos* du savant perdu dans ses abstractions, oublieux de la réalité jusqu'à tenter de suppléer au manque de planète en la remplaçant par ses calculs. Elle renvoie également à une double assimilation calculs/hermétisme/ésotérisme, et astronomie/astrologie. L'habit de mage, mais aussi certains signes mêlés aux calculs collés dans le ciel (Lune, Soleil, Terre) inscrivent cette double association dans le dessin.

Texier, dans le même temps, met les initiatives de Mathieu en perspective en les décrivant comme une tentative d'élaborer une science *par* et *pour* le peuple. De fait, la démarche de ce dernier s'inscrit nettement dans le cadre du mouvement qui en appelle, sous le Second Empire, à la constitution d'une « science populaire » alternative dans ses formes d'organisation, ses pratiques et/ou ses orientations théoriques. Cette revendication est fréquemment associée à une certaine forme de radicalité politique. Elle est portée par des acteurs qui, comme Victor Meunier, exercent des activités de critique scientifique, ou par d'autres qui, comme François-Vincent Raspail, proposent d'emblée des productions intellectuelles alternatives[41]. Elle profite de l'essor du journalisme et de l'édition parascientifique, qui lui offre des espaces d'expression publique. Elle s'inscrit également dans une histoire de plus long terme, celle de la contestation de la science « officielle », telle qu'elle est incarnée en France par l'Académie des sciences. Les années 1780-1790 et 1850-1860 apparaissent comme des phases d'intensification de cette contestation, avec à la fin du XVIIIe siècle l'affrontement des jacobins Jean-Paul Marat, Louis David et Jacques-Pierre Brissot de Warville contre ce que Marat nomme en 1791 le « charlatanisme académique[42] ».

Pour les partisans de Mathieu, sa météorologie condense les caractéristiques de ce que devrait être une « science populaire ». Elle se propose d'être directement utile aux populations et d'en améliorer le sort. Elle se pose

41. C. Langlois, J. Poirier (dir.), *Raspail et la vulgarisation médicale*, Paris, Vrin, 1988, et sur une comparaison Raspail/Pasteur : B. Bensaude-Vincent, « Homo medicus, homo academicus », *Alliage*, 9, automne 1991, p. 21-28. Pour une approche plus générale du « cas » Raspail, on peut consulter : J.-P. Bédéï, P. Bédéï, *François-Vincent Raspail : Savant et Républicain rebelle*, Paris, Alvik éditions, 2005.

42. Sur la contestation des années 1780-1790 : J. Bernard, J.-F. Lemaire, J.-P. Poirier, *Marat, homme de science ?*, Paris, Synthélabo, 1993.

comme une systématisation des connaissances populaires concernant la Lune et le temps, et manifeste ainsi sa filiation avec les savoirs les plus humbles[43]. Elle insiste, enfin, sur la pratique et l'usage des observations. Or, cette notion est un ingrédient important des discours de la « science populaire », en ce que ceux-ci opposent observation et libre examen, d'une part, abstraction et dogmatisme, de l'autre. Cette insistance sur l'observation se retrouve ainsi constamment sous la plume de François-Vincent Raspail. Les approches de ce tenant radical de la « science populaire » s'appuie sur une méthodologie observationnelle qu'il pense transposable à tous les domaines du savoir. Raspail propose en 1833 un *Nouveau système de Chimie organique fondé sur de nouvelles méthodes d'observation*, puis en 1837 un *Nouveau système de Physiologie végétale et botanique*, fondé sur les mêmes méthodes. Il a tenté auparavant de promouvoir son projet en fondant et en dirigeant pendant deux années (1829-1830) des *Annales des sciences d'observation*. Ce *credo* de l'observation scientifique s'exprime d'ailleurs, chez Raspail, par une implication effective dans la pratique météorologique. Les Archives Départementales du Val-de-Marne conservent la série de petits cahiers d'observation qu'il a rempli chaque jour, sans interruption, de décembre 1849 à août 1870[44]. Il observe le ciel, le vent, les nuages, mais aussi le baromètre et le thermomètre lorsqu'il en dispose (ce n'est pas le cas au début : il a commencé ses observations lors de son emprisonnement à la forteresse de Doullens, à la suite de sa participation aux émeutes de mai 1848).

Avec sa météorologie, Mathieu paraît prêt à contribuer au développement d'une activité scientifique collective, ouverte et décentralisée, ce qui constitue une autre composante de la revendication en faveur d'une « science populaire ». Son implication dans le champ scientifique, alors qu'il n'est pas un savant professionnel, en est un premier aspect. Par ailleurs, Mathieu sollicite le public en lançant, début 1863, un appel aux observateurs. Le 26 janvier, *Le Siècle* publie une de ses lettres, où fort de ses succès de novembre, il énonce de nouvelles prédictions pour la période d'avril à décembre. Il s'adresse également aux observateurs amateurs français ou étrangers, aux responsables des observatoires européens et aux directions des sociétés savantes, en leur demandant communication de leurs registres d'observation météorologique[45]. Pour

43. Mathieu de la Drôme ne fait toutefois jamais référence à des dictons ou des proverbes précis.

44. AD du Val-de-Marne, 69J/37 à 42. Les cahiers 55, 56 et 57 de Raspail contiennent par ailleurs des coupures de presse consacrées à l'affaire Mathieu de la Drôme, rageusement griffonnées par Raspail, qui voit étrangement en Mathieu un agent de la « sainte organisation occulte » des jésuites [cahier 55, 5 juillet 1862].

45. Il sollicite individuellement certains savants : il écrit par exemple à Quetelet le 12 février 1863, pour lui demander des observations pluviométriques relevées à l'Observatoire de Bruxelles. Bruxelles M1753.

Mathieu, ceux-ci ont au moins deux bonnes raisons de répondre à l'appel. D'abord, si sa théorie se révèle fiable : « Une occasion leur est offerte d'attacher leur nom à une science naissante[46]. » De plus, en envoyant leurs registres, ils contribuent à ce que les prédictions puissent s'étendre à leur localité particulière, ce qui laisse espérer un bénéfice immédiat pour leurs concitoyens et pour eux-mêmes. En octobre 1863, Mathieu de la Drôme écrit avoir obtenu 28 registres d'observation à la suite à cet appel[47].

Un affrontement par voie de presse : Le Verrier et Mathieu de la Drôme

Le comportement de l'Académie et le succès des prédictions de l'automne 1862 ont donné un retentissement considérable à la controverse. Les lettres de Mathieu sont reproduites dans les grands journaux parisiens. Ses prédictions sont commentées. Il recrute des observateurs[48]. C'est aussi que le thème paraît vendeur. *Le Moniteur universel*, le journal semi-officiel du régime, est à peu près le seul, au printemps 1863, à n'avoir accordé aucune place aux prédictions de Mathieu de la Drôme[49]. Cette attitude paraît logique, les autorités n'ayant aucun intérêt à entretenir la polémique.

Pourtant, le 5 avril 1863, le quotidien lui consacre un article. Le lecteur a du être assez surpris en découvrant que celui-ci est signé... Urbain Le Verrier. Après avoir approuvé le silence de l'Académie, le directeur de l'Observatoire y consacre à présent un travail complet. À la lecture, il apparaît que ce texte est en fait un rapport, rédigé par Le Verrier sur demande expresse du ministre d'État Walewski. Selon Le Verrier, en plus de sa lettre ouverte au ministre de l'Instruction publique, Mathieu se serait en effet adressé à l'Empereur, en lui demandant de faire examiner ses théories par des représentants de la communauté scientifique. C'est cette demande, relayée par le ministre d'État, qui aurait suscité le rapport. Sa publication a deux objectifs. D'abord, Le Verrier veut priver Mathieu de la Drôme de son statut de martyr de la science « officielle », qui a largement contribué à populariser ses vues. Mais l'intervention est aussi conçue pour désamorcer la charge politique de l'affaire. Une fois révélé qu'il a cherché la protection de Napoléon III, il sera plus difficile de faire de Mathieu le symbole de l'arbitraire impérial.

Le rapport de Le Verrier développe une argumentation en trois points. Tout d'abord, reprenant la discussion des données pluviométriques de l'Observatoire de Genève, il s'emploie à réfuter certaines des lois statistiques avancées

46. *Le Temps*, 28 janvier 1863.
47. *Le Cosmos*, 16 octobre 1863.
48. Ses prédictions pour la période d'avril à décembre 1863 sont publiées dans *Le Siècle*, *Le Temps*, *Le Constitutionnel*, *La Gazette de France*, *Le Journal des Débats*...
49. Celui-ci est particulièrement sous contrôle dans les années 1860-1867.

par Mathieu. Il procède en montrant notamment que ses calculs sont dépendants d'évènements exceptionnels. Ceux-ci déséquilibrent artificiellement les bilans pluviométriques, jusqu'à faire pencher la balance en faveur de telle ou telle corrélation entre les phases lunaires et les chutes de pluies. Puis Le Verrier quitte le terrain de l'analyse statistique, en déclarant vouloir juger la théorie de Mathieu non seulement du point de vue des chiffres, mais aussi du point de vue de la raison. Il écarte alors, au nom d'un principe de proportion des causes aux effets, l'idée d'une influence de l'heure de lever de la Lune sur le temps. Une heure correspondant à un déplacement de la Lune d'un demi degré, comment cela pourrait-il avoir une influence sur les conditions météorologiques ? Pour lui, cette « météorologie homéopathique » doit être condamnée, au nom du simple bon sens.

Enfin, Le Verrier s'attaque à ce qui fait l'essentiel de la stratégie de justification mise en œuvre par Mathieu : les prédictions publiques. Il leur dénie le statut de tests de validité scientifique, en arguant que le succès de prédictions isolées peut tenir du hasard. Et il poursuit :

> « Nous ne refusons [...] pas la discussion des faits accomplis, mais nous la voulons éclairée et vraie : et c'est par ce motif que nous demandons à ceux qui veulent prédire le temps de nous faire connaître les bases et les principes sur lesquels ils s'appuient : non pas, qu'on le remarque bien, pour se prononcer d'un point de vue théorique, mais afin de tenir compte de toutes les observations antérieures et de nous décider non-seulement sur les faits à venir, ce qui prendrait de longues années, mais encore sur les faits accomplis, ce qui peut se faire tout de suite[50]. »

Un examen authentique des faits ne tiendrait pas, ainsi, à la mise à l'épreuve de prédictions, mais à l'analyse de la concordance entre les lois d'anticipation et les données à partir desquelles elles ont été induites. Pour Le Verrier, cette proposition est irréfutable : « Comment pourraient-ils [les auteurs de prédictions] soutenir que les observations sur lesquelles ils prétendraient avoir découvert certaines lois ne seraient pas tenues de satisfaire à ces lois ? » Cette conception de l'examen des faits a alors deux corollaires importants : d'abord, une méthode de prédiction ne peut être validée sans que ses principes et ses fondements observationnels ne soient explicités, afin de permettre des tests rétrospectifs. Mais cette conception est aussi une façon de nier toute légitimité à la prédiction organisée comme une expérience *publique*. La fiabilité d'une méthode de prédiction ne s'évaluerait pas en plein champ ou en mer, mais en consultant les lourds registres météorologiques des observatoires. Telle est la réponse de Le Verrier à ceux qui l'accusent de privilégier la cohérence théorique sur l'aspect pratique, le dogmatisme sur le libre examen des faits : le seul vrai examen des faits consisterait à comparer

50. *Le Moniteur*, 5 avril 1863.

des règles de prédiction à des colonnes de chiffres. Or selon lui : « Les règles de M. Mathieu ne supportent pas un pareil examen. »

Le 11 avril, Mathieu de la Drôme répond à Le Verrier dans une lettre insérée au *Moniteur*[51]. Il ne revient pas sur la discussion concernant les calculs statistiques. Sa réponse concerne surtout l'existence d'une influence de la Lune sur le temps. Au qualificatif de « météorologie homéopathique » utilisé par le directeur de l'Observatoire, il répond en accusant Le Verrier de se livrer à une « astronomie anarchique ». En effet, il se refuse à admettre l'influence des heures de lever de la Lune, une influence pourtant attestée dans le cas des marées. Puis Mathieu met le directeur de l'Observatoire au défi : pourrait-il citer une inondation qui, en Europe, dans les derniers mois de l'année, n'ait pas suivi immédiatement un premier quartier de Lune arrivé entre dix heures du soir et trois heures du matin ? « L'opinion de M. Le Verrier ne me suffit pas — écrit-il — je préfère les faits. » Ce à quoi Le Verrier réplique dès le surlendemain, en citant trois grandes crues du Rhône, ne s'étant pas, selon lui, produites dans ces conditions[52]. L'échange tourne alors court. Le 16 avril, *Le Moniteur* exprime tous ses regrets. Il a bien reçu une nouvelle réponse de Mathieu, mais l'« abondance des matières » rend impossible son insertion. Il faut dire que le poème d'un sergent à pied de l'armée du Mexique, inséré immédiatement après cette annonce, occupe une place considérable sur la page.

Organisées comme des expériences publiques par voie de presse, les prédictions météorologiques de Mathieu en appellent à une sanction de l'opinion publique sur laquelle la communauté scientifique n'a pas de maîtrise. Ces initiatives apparaissent hautement problématiques par rapport aux modes contrôlés de validation des faits et des énoncés scientifiques dont l'histoire des sciences s'est attachée à décrire le cheminement, depuis l'audience choisie de Robert Boyle à la *Royal society*[53]. Avec des succès comme sa prédiction des crues d'octobre-novembre 1862, Mathieu mobilise à son avantage une partie de l'opinion et contribue à discréditer publiquement l'Académie. Mais il semble également pousser au bout la logique de la « science populaire ». Celle-ci en appelle, comme on l'a dit, à une diffusion de l'activité scientifique dans toutes les couches de la société, à son organisation sur un mode associatif et/ou « parlementaire », et à une remise en cause de l'oligarchie savante. Reste le problème fondamental de la validation des énoncés, qui semble presque toujours devoir échapper à l'arbitrage collectif ou participatif.

Mathieu répond à ce défi en organisant un mode « démocratique » de production de la vérité scientifique qui passe par les médias, avec des expérien-

51. *Le Moniteur,* 11 avril 1863.
52. *Le Moniteur*, 13 avril 1863.
53. S. Shapin, S. Schaffer, *Le Léviathan et la pompe à air. Hobbes et Boyle entre science et politique*, Paris, La Découverte, 1993.

ces publiques transposées dans le champ éditorial journalistique[54]. Il épouse la modernité en utilisant à cette fin les nouveaux espaces d'expression ouverts par le développement de la presse quotidienne. Les prédictions publiques de Mathieu viennent alors contrarier les prétentions académiques à un encadrement des discours et des pratiques savants. Le Verrier ne s'y trompe pas. Il concentre ses attaques sur elles, en niant leur validité et en insistant sur les tests rétrospectifs. Il cherche ainsi à écarter l'opposition qui pourrait être faite entre son approche « théorique » et les succès « pratiques » de Mathieu. Il veut imposer l'idée selon laquelle le vrai et le faux ne peuvent être tranchés, en la matière, que par des travaux d'analyse statistique dont l'institution scientifique contrôle étroitement les modes de validation.

Morale, argent, politique : les coulisses de l'affaire

Avec les articles du *Moniteur*, c'est aussi une autre face de l'affaire qui se fait jour. Le Verrier affirme que Mathieu a cherché l'appui de Napoléon III. Forcé de s'expliquer, Mathieu donne sa propre version des faits. Il évoque l'intervention d'une connaissance, « accréditée par d'anciennes fonctions au château des Tuileries[55] ». Cette mystérieuse connaissance l'aurait engagé à demander une audience impériale, en vue d'obtenir la communication des observations météorologiques nécessaires à son travail. Mathieu affirme avoir refusé de se prêter à cette démarche. Il se serait contenté de dicter une note à la personne en question. Celle-ci aurait alors cherché à intercéder auprès de l'Empereur.

Les observations sollicitées par Mathieu sont celles de l'Observatoire de Paris. Au cours de l'année 1862, il a cherché à obtenir copie des relevés pluviométriques conservés au sein de l'établissement. Mais Le Verrier a ignoré ou refusé cette demande. Toute une partie de l'affaire s'est alors jouée en coulisses. On peut en reconstituer le déroulement grâce à un dossier conservé dans les archives du ministère de l'Instruction publique[56]. Tout d'abord, alors que l'Académie refusait de se prononcer sur les théories de Mathieu, il apparaît qu'elles faisaient l'objet, en sous-main, d'un examen scientifique. En juin 1862, en plus de le soumettre à l'Académie, Mathieu a fait parvenir sa *Prédiction du temps* au ministre de l'Instruction publique. Le ministre Rouland a alors fait appel à la section des sciences du Comité des travaux historiques et des sociétés savantes. Le comité a désigné Émilien Renou, de la *Société météorologique de France*, et Victor-Alexandre Puiseux, professeur d'astronomie à

54. Transposée, car on n'a pas ici d'expérience publique réelle : Mathieu émet des prédictions dans la presse parisienne, lui ou ses commentateurs citent des observations réalisées à Genève, mais ni eux ni leurs lecteurs n'éprouvent *in situ* la réalisation des prédictions.
55. *Le Moniteur*, 11 avril 1863.
56. AN F[17] 13575. Marie-France Noël-Waldteufel a donné un premier traitement de cette phase de l'affaire : M.-F. Noël-Waldteufel, « La météorologie entre science et savoir. L'affaire Mathieu de la Drôme », *Études Rurales*, 118-119, avril-septembre 1990, p. 59-68.

la faculté des sciences de Paris, pour rédiger un rapport à ce sujet. Ce rapport était semble-t-il fort critique vis à vis des théories de Mathieu de la Drôme[57]. Selon Le Verrier, Renou et Puiseux concluaient en affirmant : « Les vues de M. Mathieu [sont] contraires à toute forme de raison[58]. »

Grâce aux archives de l'Instruction publique, on peut par ailleurs identifier la mystérieuse connaissance de Mathieu. Il s'agit de l'éditeur Henri Plon, qui appartient au cercle des proches de Napoléon III. Sa requête, début septembre 1862, allait porter ses fruits : l'Empereur demande de vive voix à Le Verrier d'examiner la valeur des théories de Mathieu, « non seulement du point de vue de la raison, mais du point de vue des faits[59] ». À la suite de cette demande et d'une instruction formelle du ministre d'État, Le Verrier est contraint de rédiger un nouveau rapport sur les travaux de Mathieu. C'est ce rapport qui constitue la substance de son article du *Moniteur*.

Après sa passe d'armes publique avec Le Verrier, Mathieu de la Drôme poursuit dans sa stratégie — payante — de sollicitation des autorités politiques. Il écrit à Rouland, pour lui demander communication des relevés pluviométriques de l'Observatoire de Paris. Le 24 avril 1863, le ministre, visiblement embarrassé, s'adresse à Le Verrier en lui transmettant cette requête. Le Verrier commence par ignorer cette sollicitation mais il finit par répondre après une relance de Rouland.

Cette réponse révèle un nouvel aspect du problème, et éclaire les relations qui existent entre Mathieu et Plon. Pour Le Verrier, la ténacité de Mathieu a une explication simple : « Il s'agit non de science, mais d'argent[60]. » Plon, qui lui a écrit le 27 juin pour lui demander communication des registres de l'Observatoire, lui a en effet appris qu'il était en contrat avec Mathieu pour la publication d'un *almanach*.

L'almanach Mathieu de la Drôme

Dans les années 1860, la maison Plon édite une gamme complète d'almanachs : l'almanach « pour rire », celui « des dames et des demoiselles », celui « du charivari »... En revanche, elle ne publie pas d'almanachs astrométéorologiques. Elle leur préfère des publications plus moralement conformes et qui s'en distinguent parfois avec ironie, comme dans le cas de l'« almanach prophétique, pittoresque et utile », qui a inauguré en France le genre des prophéties *caricaturales* annuelles[61].

---

57. Il est perdu, mais on en a des échos dans les correspondances conservées en AN F[17] 13575.
58. Lettre de Le Verrier au ministre de l'Instruction publique, 7 juillet 1863. AN F[17] 13575.
59. *Id.*
60. *Id.*
61. J. GRAND-CARTERET, *Les almanachs français*, Genève, Slatkine reprints, 1968 [1re éd. 1896], entrée « prophétique (almanach) ».

Il est difficile de préciser si Henri Plon avait un intérêt intellectuel pour les théories de Mathieu. Ce qui est évident, en revanche, c'est qu'il a parfaitement compris l'intérêt *commercial* qu'il y a, en 1863, à publier un almanach signé Mathieu de la Drôme. Un an de controverse publique a créé toutes les conditions d'un succès éditorial, et Henri Plon déploie une activité intense pour obtenir les observations que demande Mathieu. Son fils Eugène s'en explique avec Victor Duruy, qui entre-temps a succédé à Rouland au ministère de l'Instruction publique : Mathieu a signé un contrat à vie avec la maison Plon, mais il affirme ne pas être en mesure de rédiger son almanach sans avoir accès aux relevés météorologiques de l'Observatoire de Paris[62].

Le temps presse. L'ouvrage doit être prêt pour la fin de l'année. Sinon le lancement sera retardé d'un an et l'intérêt du public risque, d'ici là, de s'être amoindri. Henri et Eugène Plon ont donc un intérêt direct à ce que Mathieu obtienne rapidement ce qu'il demande. Pour convaincre les autorités, ils vont jouer d'un argument résolument politique. Ils se présentent comme un moyen, pour le pouvoir, de s'assurer un contrôle indirect sur les publications de Mathieu. Une note au ministre de l'Instruction publique rend compte de ce positionnement :

> « M. Plon, pensant qu'il y aurait un danger à ce que les *publications populaires* de M. Mathieu (de la Drôme) puissent devenir une arme entre les mains des amis politiques de ce dernier, a songé à les éditer [...] Il pare ainsi le danger qu'il redoutait, et il met entre les mains des amis du pouvoir une publication qui sera forcément très répandue[63]. »

Pourtant, depuis le milieu des années 1850, Mathieu de la Drôme semble avoir tourné la page de l'action politique *stricto sensu*. Il s'est opéré chez lui cette sorte de réinvestissement du politique vers le scientifique dont le monde de la vulgarisation offre de nombreux exemples sous le Second Empire. Le même type de glissement se retrouve, par exemple, chez Victor Meunier le fouriériste ou chez le chroniqueur scientifique Wilfrid de Fonvielle — que ses convictions républicaines forcèrent à l'exil en 1851. Toutefois, il est probable que les connaissances de Mathieu se recrutaient encore parmi des anciens de l'aile gauche du parti républicain. De plus, depuis le début de l'année 1863, la presse s'est emparée de l'affaire, en en donnant un traitement assez nettement politique. On l'a vu avec l'article de Texier dans *Le Siècle*.

L'argument de Henri et Eugène Plon a ainsi pu porter. Le risque de voir Mathieu rompre son contrat pour publier un almanach plus directement politique paraît assez faible. Mais si cela avait été le cas, il aurait été délicat de recourir à une interdiction pure et simple, étant donné l'écho qu'a déjà connu

62. Lettre d'Eugène Plon à Duruy, du 15 juillet 1863. AN F^{17} 13575.

63. « Note pour son excellence monsieur le ministre de l'Instruction publique », s.d (probablement de juillet-août 1863). AN F^{17} 13575. Souligné dans le texte original.

l'affaire. Les autorités cherchent à calmer le jeu. Ils vont donner à Mathieu ce qu'il demande. Le 8 août, Duruy informe Henri Plon qu'il autorise Mathieu de la Drôme à faire prendre copie des registres de l'Observatoire. Le même jour, il transmet la décision à Le Verrier. Il faudra deux mois, une protestation de Plon auprès du ministre et une demande expresse de celui-ci pour que Le Verrier finisse par recevoir l'éditeur à l'Observatoire, le 13 octobre 1863. Il lui remet alors une copie des registres d'observation.

L'almanach va pouvoir paraître dans les temps. Dès le mois d'octobre, Mathieu de la Drôme en prépare le lancement en adressant à l'Académie et à divers journaux une nouvelle série de prédictions pour le mois de décembre[64]. L'ouvrage paraît en novembre. Il se décline en trois versions, toutes en petit format in-16°. Le *Double almanach Mathieu de la Drôme*, de couverture rouge saumon, est la version la plus courte et la moins chère (30 centimes). Le *Triple almanach Mathieu de la Drôme*, de couverture verte, est vendu 50 centimes. Enfin, l'*Annuaire Mathieu de la Drôme* est une version de luxe, de couverture beige clair, et il est vendu un franc. L'ouvrage, dans ses trois versions, fournit un calendrier portant les noms des saints, les heures de lever et de coucher du Soleil et de la Lune, les grandes marées. Il livre évidemment les prédictions météorologiques de Mathieu, pour l'année à venir. On y trouve par ailleurs une section composée d'articles de vulgarisation scientifique. Cette section est plus ou moins étendue selon les versions. Les articles sont signés de journalistes en vue comme l'abbé Moigno, Jacques Babinet, ou Victor Borie. On note également la participation de Louis Figuier, pourtant fort sévère avec Mathieu au début de l'affaire. Avec ces articles, les almanachs Mathieu de la Drôme tirent vers le genre des revues scientifiques de l'année, alors très en vogue[65].

Illustration 10. – Portrait de Mathieu de la Drôme, et extrait de l'introduction à son *Almanach* pour 1891.

Le succès des almanachs Mathieu de la Drôme est massif[66]. Charles Nisard, particulièrement bien placé pour rendre compte des évènements, puisqu'il est depuis 1852 le secrétaire adjoint de la commission de colpor-

64. Lettre datée du 10 octobre, insérée dans *Le Cosmos* du 16 octobre 1863, *La Presse scientifique des deux mondes* du 1er novembre 1863 et *Le Temps* du 17 octobre 1863.
65. Ces revues sont construites comme un florilège d'articles rédigés pendant l'année écoulée (à la manière de *L'Année scientifique* de Louis figuier — modèle du genre — ou des *Causeries scientifiques* d'Henri de Parville). Il peut également s'agir d'ouvrages collectifs, liés à des revues, comme dans le cas de l'*Annuaire du Cosmos.*
66. Les registres du dépôt légal et de la commission de colportage ne permettent pas d'évaluer les tirages des almanachs Mathieu de la Drôme. Tout au plus les débris des archives de la commission de colportage pour 1869 [AN F18 555, dossier 5] indiquent un tirage de 20 105 exemplaires pour le mois de novembre 1867, pour le seul département de la Seine.

tage du ministère de l'Intérieur, l'écrit en 1864 : « vers le milieu de décembre 1863, plus de cent mille de ses almanachs [ceux de Mathieu de la Drôme] pour 1864, simples, doubles et triples, avaient, dit-on, été vendus[67] ». Ce que confirme Jean Denizet, chroniqueur du *Charivari,* en décembre 1863. Non seulement Plon aurait vendu 100 000 almanachs et serait en rupture de stock, mais de plus : « Le nom de Mathieu est dans toutes les bouches et on ne jure que par lui[68]. » D'autres indications confirment et prolongent ce constat d'un succès commercial. D'une part, les almanachs Mathieu vont connaître une longévité exceptionnelle. Ils paraîtront sans discontinuer pendant plus de soixante-quinze ans, de 1863 à 1939 ! Car la mort de Mathieu de la Drôme, le 16 mars 1865, n'interrompt pas la publication. Son gendre, Louis Neyret, reprend dès l'édition de 1866 la fonction de pronostiqueur. Un avertissement, reproduit chaque année au début de l'almanach, garantit la légitimité de l'héritier[69]. D'autre part, les almanachs Mathieu de la Drôme vont fonder une *lignée* d'almanachs. C'est un phénomène habituel dans ce champ éditorial. Les almanachs qui connaissaient un succès commercial suscitaient rapidement des plagiats, jouant souvent sur une proximité de titre avec l'original. On connaît au moins deux publications, le *Simple Almanach Mathieu de la Nièvre* et l'*Almanach perpétuel de Mathieu de la Haute-Garonne*, qui s'engouffrent dans la brèche dans les années 1860[70].

Les almanachs Mathieu de la Drôme devaient toucher un spectre étendu de lecteurs, par le biais de leurs différentes versions. Dans *La Presse scientifique des deux Mondes*, Georges Barral écrit que les publications de Mathieu prennent « trois formes qui embrassent la société tout entière : sous forme aristocratique, l'*Annuaire Mathieu (de la Drôme)* [...] sous forme bourgeoise, le *Triple almanach Mathieu (de la Drôme)* [...] sous forme populaire, le *Double almanach Mathieu (de la Drôme)*[71] ». Les trois versions, en effet, s'adressent à des publics différents. *Le Triple almanach*, sous-titré « indispensable à tous, rédigé par des sommités scientifiques et littéraires », paraît s'adresser à un public d'employés, de commerçants et de petits bourgeois. L'*Annuaire*, à un franc, visait plus haut et jouait la distinction : il est toujours « rédigé par des sommités scientifiques », mais il n'est plus « indispensable à tous ». De plus, la

---

67. Ch. Nisard, *Histoire des livres populaires et de la littérature de colportage, depuis l'origine de l'imprimerie jusqu'à l'établissement de la commission d'examen des livres de colportage*, Paris, Librairie d'Amyot, 1864, p. 33-34.
68. *Le Charivari*, 15 décembre 1863.
69. Après le gendre, ce sera au tour d'Ernest Dupuy, le petit-fils de Mathieu de la Drôme, de reprendre la direction de la publication.
70. *Simple Almanach Mathieu de la Nièvre*, Paris, Lacroix et Cie, 1866-1877 (celui-ci est dû au poète Gustave Mathieu (1808-1877)), et Mathieu de la Haute-Garonne, *Almanach perpétuel faisant appel aux savants et s'adressant à toutes les classes*, Paris, Ch. Noblet, et Toulouse, Armaing, 1869.
71. *La Presse scientifique des deux Mondes*, 16 novembre 1863.

dénomination d'almanach a disparu, sans doute pour éviter de rappeler une littérature populaire à bas prix. Le *Double almanach Mathieu*, enfin, semble destiné à concurrencer les *Nostradamus* et les *Liégeois* sur leur terrain, en se présentant comme « indispensable aux cultivateurs et aux marins ». Comment analyser le succès de ces différentes versions ? En ce qui concerne les classes moyennes et supérieures, l'*Annuaire* et le *Triple almanach* semblent donner à la frange de la population la plus formée aux normes de la science le moyen de renouer avec le plaisir — jusqu'ici discrédité — de la lecture des prédictions météorologiques. Le discours rationaliste de Mathieu et les signatures de vulgarisateurs célèbres contribuent ici à moraliser cette pratique.

Ce succès éditorial témoigne symétriquement d'une nette diffusion du discours rationaliste au sein des couches populaires. Xavier Fernet, dans sa chronique de *L'Illustration,* exprime bien le lien entre le rationalisme de Mathieu et ses succès éditoriaux :

> « Autre temps, autre almanach. Comparez un peu le Double ou Triple liégeois avec le Double ou le Triple Mathieu (de la Drôme) ; l'un rempli de prédictions outrecuidantes et absolues, d'anecdotes et de bons mots usés comme de vieux sols, de crimes célèbres, d'horoscopes absurdes, de vignettes primitives, imprimés sur gros papiers, mal cousu, lourd, épais, rustique [...] sur lequel un vieux sorcier à bonnet pointu, à longue robe, à longue barbe, lorgne les astres avec un télescope : tels nos arrières grands-pères l'ont vu, tel nous le voyons encore. L'autre se moquant de l'astrologie, ne courtisant que l'astronomie et les mathématiques, pronostiquant avec toutes sortes de précautions, et très-réservé dans ses affirmations ; abondant en sages conseils, en recettes utiles ; avec cela soigneusement broché, édité sur papier fin, et richement vêtu d'une belle et gaie robe rouge, et ornée d'une figure de savant, maigre, fine, scrupuleusement rasée, à l'air sérieux et même un peu austère. Ces deux almanachs, c'est pour moi tout le passé et tout le présent. L'un, je l'ai dit, est peut-être tout près de tuer l'autre[72]. »

Cette soif de respectabilité morale et scientifique n'a pas échappé aux plagiaires. L'*Almanach* de Mathieu de la Haute-Garonne, qui vise un lectorat populaire, se prévaut ainsi du « Secret de la prescience du temps dévoilé et mis à la connaissance de tous », et cela, en « faisant appel aux savants ». L'hermétisme et la référence à l'astrologie ne font plus (autant) recette. Les almanachs astrométéorologiques semblent perdre du terrain, dans les années 1860 et 1870, face à des publications qui lient leurs prédictions du temps à des revendications de scientificité[73]. N'en déplaise à l'Académie, le

72. L'*Illustration*, 12 décembre 1864.

73. C'est également le cas d'un autre almanach se réclamant d'une « météorologie populaire » rationnelle, celui publié à partir de 1865 par François-Vincent Raspail : F.-V. Raspail, *Prédiction du temps. Almanach et calendrier météorologique*, Paris, Éditions des ouvrages de M. Raspail, 1865-1877.

succès des almanachs Mathieu de la Drôme apparaît ainsi comme un symptôme de la prégnance nouvelle des discours et des normes morales de la science sur l'ensemble du corps social, dans cette seconde moitié du XIXe siècle.

Le monarque, le savant et l'opinion publique

Maurice Crosland, dans un article consacré au journalisme scientifique du Second Empire, a proposé un rapprochement stimulant à propos des rapports entre création, critique et autorité académique dans le champ des sciences et des arts[74]. L'Académie des sciences juge de la validité scientifique des travaux et décide des soutiens matériels ou symboliques à accorder aux savants et aux inventeurs. L'Académie des Beaux-Arts, quant à elle, contribue à définir un « artistiquement correct » — le « grand genre » du tableau d'histoire — par sa mainmise sur l'école des Beaux-Arts, le prix de Rome et l'organisation du Salon de Paris. Ceux qui aspirent à vivre de leur peinture sont dépendants de cette institution qui dispose d'un contrôle sur les cotes et l'exposition des œuvres.

Crosland met en parallèle les initiatives des journalistes scientifiques des années 1860, qui revendiquent leur statut de « critiques de science » et l'autonomie de leurs choix, avec la démarche des refusés du Salon parisien de 1863 (Manet, Cézanne, Pissarro…). Ce petit groupe d'artistes dénonce la toute-puissance du jugement académique au nom de la liberté de goût et de création. La comparaison nous semble fertile, même s'il existe des différences notables entre ces deux formes de contestation et les mutations qui affectent, dans leur sillage, les champs de la création scientifique et de la création artistique.

Ces dissemblances concernent notamment la place de l'État. La peinture française des années 1860 donne l'exemple de la recomposition d'un champ créatif qui passe par un essor du marché, et par une dénonciation et un déclin (relatif) de l'influence de l'État sur la production et les carrières artistiques. C'est beaucoup moins vrai en matière de science. Contrairement au cas de l'Angleterre, le débat public est polarisé, en France, autour de l'idée selon laquelle l'activité scientifique *doit* se trouver engagée dans l'action publique. Sa promotion, sa valorisation et sa diffusion doivent être assurées par le biais de mécanismes collectifs, de nature politico-administrative. Les revendications portées par la nébuleuse de la « science populaire » en appellent au renouvellement des formes de coordination collective de l'activité scientifique, pas à sa mise en autonomie par le recours au marché. Si le mode de fonctionnement de l'Académie des sciences est contesté publiquement, l'implication même de l'État dans le champ de l'activité scientifique ne l'est que de façon marginale.

74. M. Crosland, « Popular science and the arts: challenges to cultural authority in France under the Second Empire », *British Journal for the History of Science*, 34, 2001, p. 306-307.

Si Meunier réclame une réforme radicale de l'Académie, c'est pour en faire un parlement des représentants scientifiques locaux. En popularisant telle ou telle innovation dans *L'Opinion nationale*, lui-même vise à attirer l'attention des autorités, même si — comme on l'a vu avec l'affaire Mathieu de la Drôme — ce n'est pas toujours sans intentions provocatrices.

Il est intéressant malgré tout d'utiliser le parallèle Crosland, à propos de l'affaire Mathieu de la Drôme. Tout d'abord, il est frappant de noter le contraste qui a existé entre le positionnement académique et le comportement adopté par les instances gouvernementales. L'Académie, on l'a vu, a ignoré puis violemment rejeté les théories et les prédictions météorologiques de Mathieu. Son président Duhamel a mis en cause sa moralité personnelle, et Le Verrier l'a accusé de n'être qu'un charlatan intéressé par l'argent. En revanche, la lettre au ministre de l'Instruction publique qui ouvrait la *Prédiction du temps* a porté ses fruits, puisque dès juin 1862 celui-ci a fait discrètement examiner les théories de Mathieu. Plus tard, l'Empereur demande personnellement à Le Verrier de se livrer au même type d'examen. Le ministre finit par ordonner au directeur de l'Observatoire de livrer ses observations pluviométriques.

Comme on l'a vu, l'influence de Plon — bien placé aux Tuileries — et son argument quant à la « neutralisation » politique de Mathieu a sans doute joué son rôle. Mais l'épisode révèle plus généralement le positionnement du régime vis-à-vis des instances académiques de régulation des activités scientifiques, intellectuelles et artistiques des années 1860. En 1863, le jury contrôlé par l'Académie des Beaux-Arts rejette un grand nombre d'œuvres, jugées subversives, dont le « Déjeuner sur l'herbe » de Manet. L'affaire, relayée par la presse, fait grand bruit. Le 22 avril, Napoléon III se rend lui-même au palais de l'industrie, pour examiner les toiles. À cette occasion, il demande au jury d'assouplir sa position, ce à quoi il se refuse absolument. Deux jours plus tard, Napoléon III tranche : par décret, il décide que toutes les œuvres seront exposées, afin d'être soumises à l'examen du public. Le jury officiel doit organiser lui-même l'accrochage dans un salon parallèle, dit des « refusés ». Ce qu'il fera en cherchant à adopter la plus mauvaise disposition possible pour les toiles.

Dans cet épisode, strictement contemporain de l'affaire Mathieu de la Drôme, le pouvoir privilégie de la même façon une certaine forme de libre examen de l'opinion publique. Les deux affaires partagent le même rôle fonctionnel joué par la presse dans la constitution d'une polémique publique, et la même option du pouvoir (et du souverain) en faveur de l'opinion, contre la prétention académique à définir unilatéralement ce que pourrait être le bon goût et la raison. Cette option peut être considérée comme une façon de privilégier l'apaisement contre la polémique. L'Empire cherche à paraître d'autant plus libéral dans le domaine des arts et des sciences, que son arbitraire peut être contesté en matière de décision politique. Justement, les années 1862-1863 sont celles d'une inflexion de la politique impériale. Napoléon III cherche à se rapprocher de la bourgeoisie libérale. Celle-ci, particulièrement sensible aux polémiques par voie de presse et à la référence à l'arbitraire dans le champ culturel, trouve dans ses décisions un motif de satisfaction.

Par ailleurs, un élément décisif est la représentation que Napoléon III peut se faire de sa propre position. Tout d'abord, il y a ici quelque chose qui évoque le geste du souverain, protecteur des arts et des sciences : non pas seulement comme le mécène d'une institution à laquelle cette fonction de patronage est déléguée, mais aussi comme un acteur individuel, prenant position y compris contre cette institution même. C'est Napoléon III demandant à voir les tableaux refusés, avant d'exiger leur accrochage. Surtout, ces affaires renvoient au type particulier de légitimité politique qui fonde le régime impérial. Elle tiendrait à un contact « direct » entre le peuple français et la personne du souverain. Ce lien contournerait les institutions, pour s'exprimer *via* le suffrage universel masculin, la ferveur populaire, ou à l'occasion de rencontres impromptues entre l'Empereur et les français[75]. Le choix de Napoléon III, désavouant les Académies au profit d'un libre jugement des productions intellectuelles ou artistiques par l'opinion publique, fait ainsi écho au type particulier d'appel au peuple qui caractérise le césarisme bonapartiste.

Le Verrier, qui se rêve en généralissime à l'Observatoire, est aux Tuileries dans une posture de courtisan. Pour l'Empereur, qui lui prodigue un appui exceptionnel, c'est une autre occasion de se poser en protecteur des sciences. À l'occasion de l'affaire Mathieu de la Drôme, Le Verrier éprouve la fragilité de cette influence courtisane, en se trouvant battu sur ce terrain par Henri Plon. Cette fragilité est alimentée par ses prises de position autoritaires, en contradiction avec les nouvelles orientations du régime. L'astronome est désavoué, avec l'injonction qui lui est faite de livrer les observations pluviométriques de l'Observatoire.

La démarche de Mathieu de la Drôme, quant à elle, est porteuse de contradictions propres au parti républicain. Tout en se réclamant d'une « science populaire » issue des profondeurs du corps social, elle est personnalisée à l'extrême. Il est symptomatique que les almanachs qu'il publie, non seulement portent son nom, mais encore s'ouvrent sur une gravure le représentant — celle-là même qui était décrite par Xavier Fernet. L'affrontement entre Le Verrier et Mathieu de la Drôme se fait, dans ce contexte d'une personnalisation extrême des enjeux, autour de l'association avec l'image du mage ou de l'astrologue. On a vu notamment comment ceci s'exprimait à

75. Ces rencontres sont notamment celles que suscitent les déplacements compassionnels, comme celui de Napoléon III aux populations sinistrées des inondations de 1856.

propos des travaux de mécanique céleste de Le Verrier, avec l'association théorie/hermétisme, astronomie/astrologie.

En retour, Le Verrier cherche à amalgamer Mathieu de la Drôme à Mathieu Lænsberg. Il évoque les almanachs publiés chez Plon en les assimilant à des publications astrométéorologiques. Ces conflits touchant aux réputations sont chargés d'un fort substrat politique. L'association qui est faite entre science « officielle » et savoir hermétique vise à dénoncer la nature d'un régime qui cache les vérités politiques fondamentales aux yeux du peuple. Le Verrier, lui, dénonce l'almanach Mathieu de la Drôme sur fond de charge anti-républicaine. En 1846, son prédécesseur à l'Observatoire de Paris, François Arago, avait lui aussi critiqué ceux qui prétendaient prévoir le temps longtemps à l'avance[76]. Mais son attaque contre les prédictions météorologiques avait un tout autre sens. Comme élément d'une lutte anti-obscurantiste, elle participait d'un projet républicain articulant la science, la raison et le progrès social.

---

76. F. Arago, « Sur la prédiction du temps », *Annuaire du Bureau des longitudes*, 1846, p. 574-608.

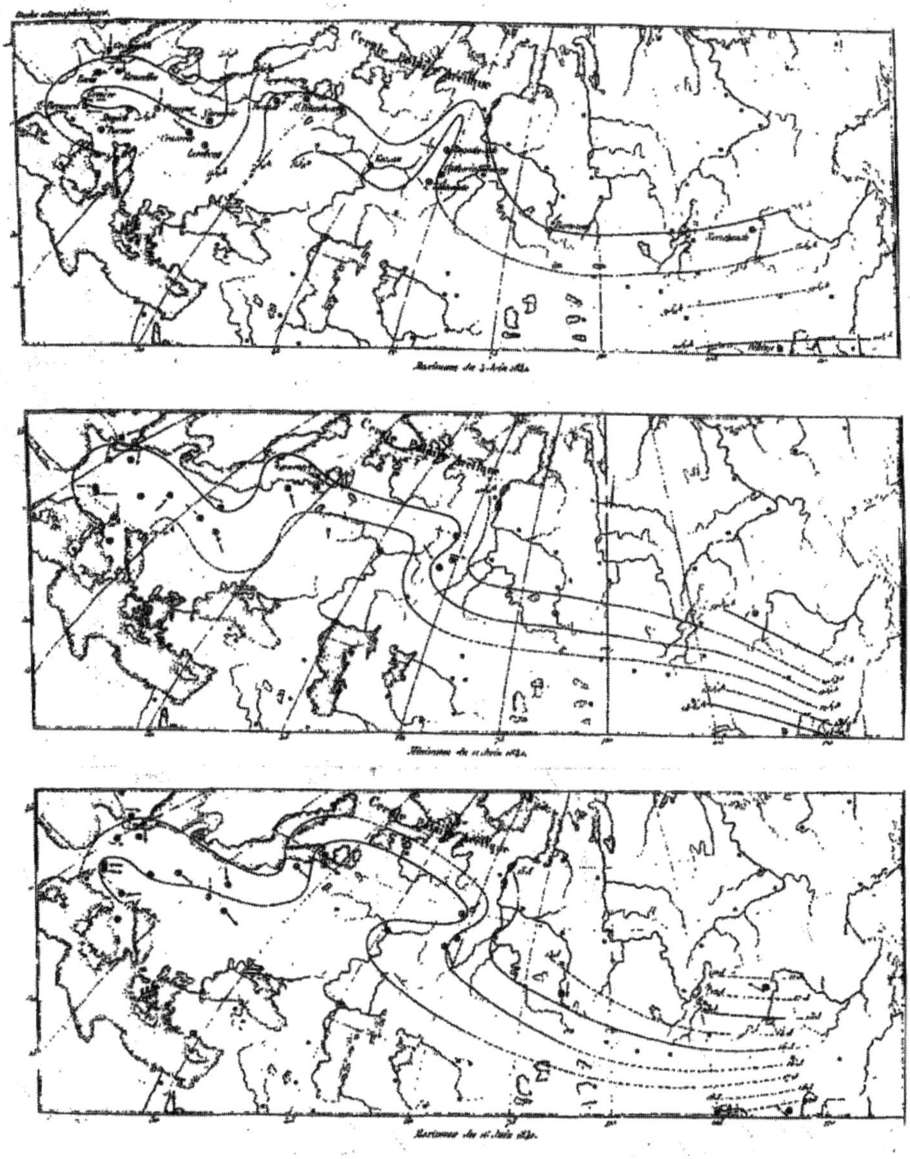

Illustration 1. – Cartes des lignes de pression isochrones sur l'Europe et l'Asie, pour le 4, 11 et 16 juin 1841 (voir p. 27).

Illustration 2. – Urbain Le Verrier sous le Second Empire (voir p. 36).

Illustration 3. – Naufrage du *Henri IV* devant Sébastopol (voir p. 38).

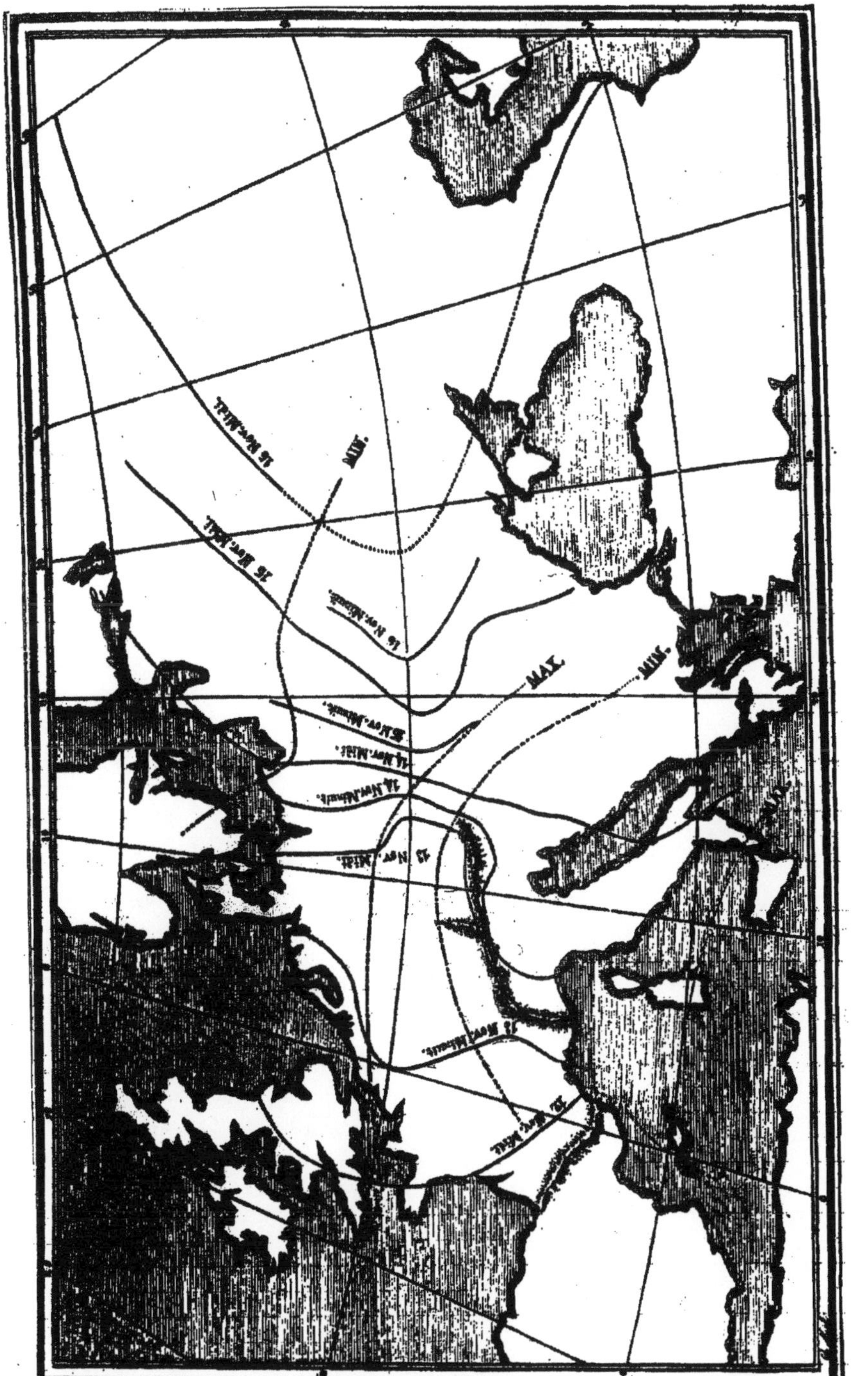

Illustration 4. – Carte des ondes atmosphériques sur l'Europe, du 12 au 16 novembre 1854, présentée par Le Verrier à l'Académie des sciences, dans la séance du 31 décembre 1855 (voir p. 40).

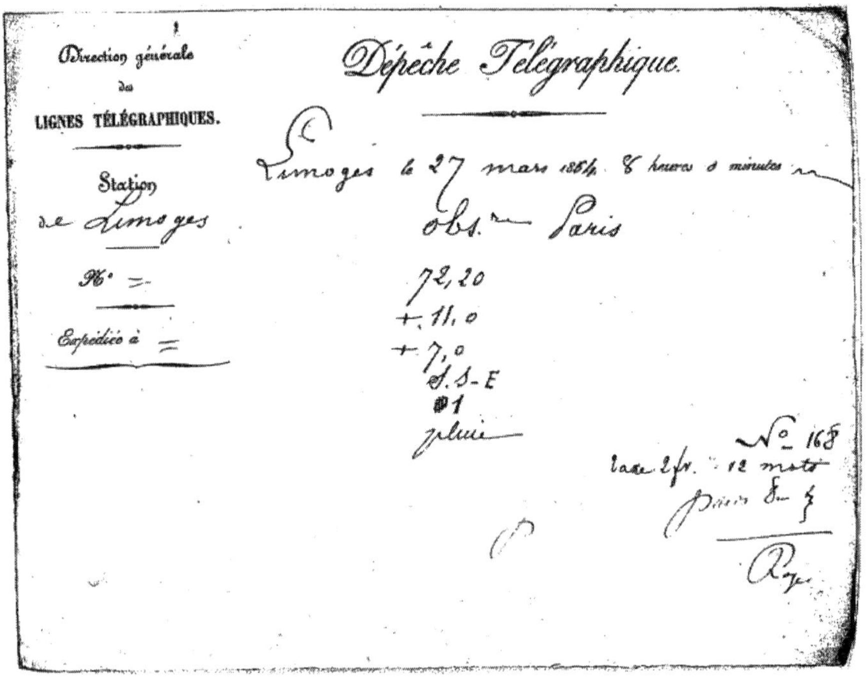
Direction générale des LIGNES TÉLÉGRAPHIQUES.

Station de Limoges

N° =

Expédiée à =

Dépêche Télégraphique.

Limoges le 27 mars 1864 8 heures 0 minutes

obs. Paris

72,20
+ 11,0
+ 7,0
S.S-E
1
pluie

N° 168

taxe 2 fr. 12 mots

Illustration 5. – Dépêche télégraphique d'observation envoyée du poste de Limoges à l'Observatoire de Paris, le 27 mars 1864 au matin. La pression est de 772,20 mm ; le thermomètre intérieur indique +11,0° C ; le thermomètre extérieur indique +7,0° C ; le vent est de S.-S.-E et faible (force 1) ; il y a de pluie (voir p. 43).

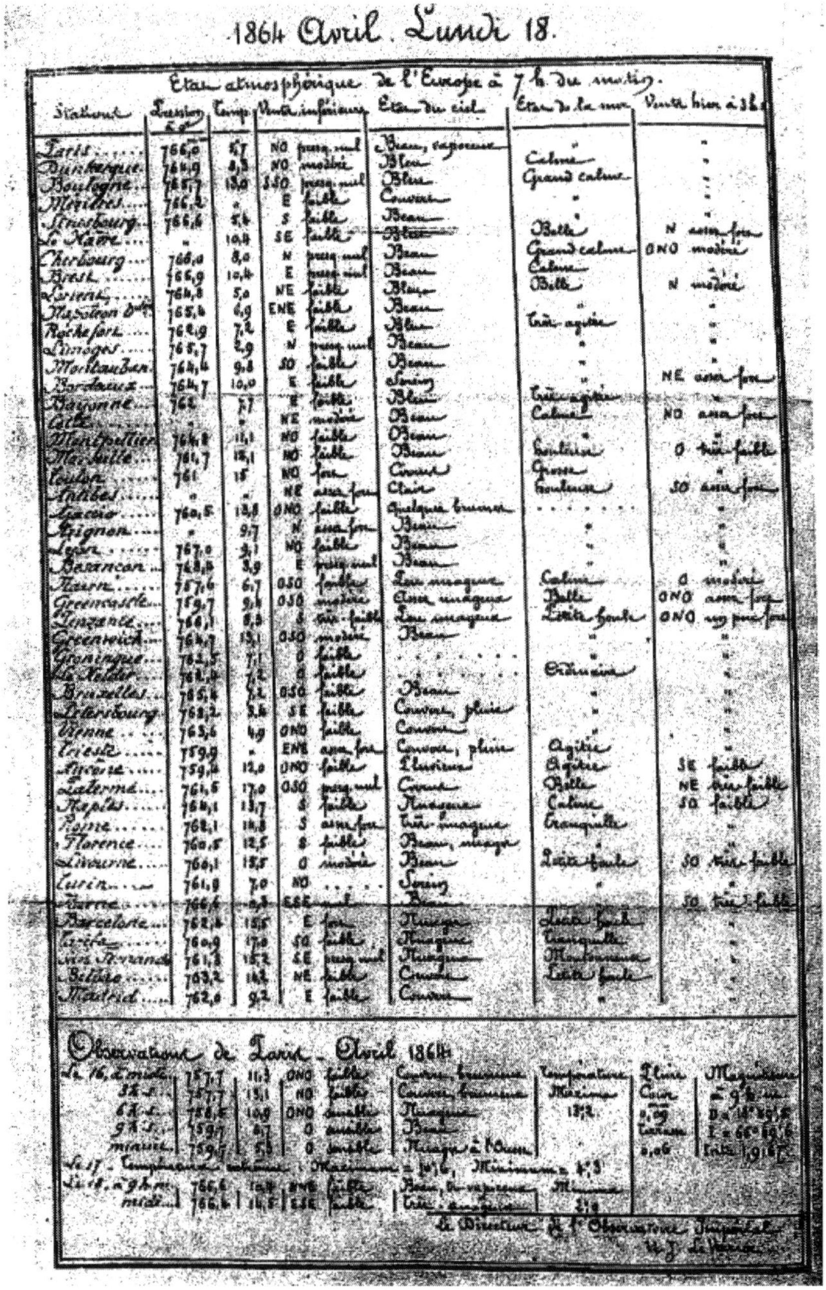

1864 Avril. Lundi 18.

Stations	Pression à 0°	Temp.	Vents inférieurs		État du ciel	État de la mer	Vents hier à 3 h.	
					État atmosphérique de l'Europe à 7 h. du matin.			
Paris	766,0	5,7	NO	presq. nul	Beau, vaporeux	»		»
Dunkerque	764,9	8,3	NO	modéré	Bleu	Calme		»
Boulogne	765,7	13,0	SSO	presq. nul	Bleu	Grand calme		»
Mézières	766,2	»	E	faible	Couvert	»		»
Strasbourg	766,6	5,4	S	faible	Beau	»		»
Le Havre	»	10,4	SE	faible	Bleu	Belle	N	assez fort
Cherbourg	766,0	8,0	N	presq. nul	Beau	Grand calme	ONO	modéré
Brest	766,9	10,4	E	presq. nul	Beau	Calme		»
Lorient	764,8	5,0	NE	faible	Bleu	Belle	N	modéré
Napoléon-Vendée	765,4	6,9	ENE	faible	Beau	»		»
Rochefort	762,9	7,2	E	faible	Bleu	Très agitée		»
Limoges	765,7	2,9	N	presq. nul	Beau	»		»
Montauban	764,4	9,8	SO	faible	Beau	»		»
Bordeaux	764,7	10,0	E	faible	Serein	»	NE	assez fort
Bayonne	762	7,7	E	faible	Bleu	Très agitée		»
Cette	»	»	NE	modéré	Beau	Calme	NO	assez fort
Montpellier	764,8	11,1	NO	faible	Beau	»		»
Marseille	761,7	15,1	NO	faible	Beau	Houleuse	O	très faible
Toulon	761	15	NO	fort	Couvert	Grosse		»
Antibes	»	»	NE	assez fort	Clair	Houleuse	SO	assez fort
Ajaccio	760,5	13,8	ONO	faible	Quelques brumes	. . . . . .		»
Avignon	»	9,7	N	assez fort	Beau	»		»
Lyon	767,0	9,1	NO	faible	Beau	»		»
Besançon	768,8	3,9	E	presq. nul	Beau	»		»
[illegible]	757,6	6,7	OSO	faible	Peu nuageux	Calme	O	modéré
Greencastle	759,7	9,4	OSO	modéré	Assez nuageux	Belle	ONO	assez fort
Penzance	764,1	8,3	S	très faible	Peu nuageux	Petite houle	ONO	un peu fort
Greenwich	764,7	13,1	OSO	modéré	Beau	»		»
Groningue	762,5	7,1	O	faible	. . . . . .	»		»
Le Helder	762,0	7,2	O	faible	. . . . . .	Ordinaire		»
Bruxelles	765,4	7,2	OSO	faible	Beau	»		»
Pétersbourg	762,2	3,6	SE	faible	Couvert, pluie	»		»
Vienne	763,6	4,9	ONO	faible	Couvert	»		»
Trieste	759,9	»	ENE	assez fort	Couvert, pluie	Agitée		»
[illegible]	759,4	12,0	ONO	faible	Pluvieux	Agitée	SE	faible
Palerme	761,6	17,0	OSO	presq. nul	Couvert	Belle	NE	très faible
Naples	764,1	13,7	S	faible	Nuageux	Calme	SO	faible
Rome	762,1	14,8	S	assez fort	Très nuageux	Tranquille		»
Florence	760,5	12,5	S	faible	Beau, nuages	»		»
Livourne	760,1	15,5	O	modéré	Beau	Petite houle	SO	très faible
Turin	761,9	7,0	NO	. . . . .	Serein	»		»
Berne	766,6	2,3	ESE	nul	Beau		SO	très faible
Barcelone	762,4	15,5	E	fort	Nuageux	Petite houle		»
[illegible]	760,9	17,0	SO	faible	Nuageux	Tranquille		»
San Fernando	761,3	15,2	SE	presq. nul	Nuageux	Moutonneuse		»
Bilbao	763,2	14,2	NE	faible	Couvert	Petite houle		»
Madrid	762,0	9,2	E	faible	Couvert	»		»

Observatoire de Paris. – Avril 1864.

Le 16, à 9 h. m.	757,7	11,3	ONO	faible	Couvert, brumeux	Température	Pluie	Magnétisme
3 h. s.	757,7	15,1	NO	faible	Couvert, brumeux	Maxima	Cour	à 9 h. m.
6 h. s.	758,5	10,9	ONO	sensible	Nuageux	13°,2	0,09	D = 18°[illegible]
9 h. s.	759,7	8,7	O	sensible	Beau		Terrasse	I = 65°[illegible]
minuit	759,7	5,8	O	sensible	Nuages à l'Ouest		0,06	Inté. 1,916[illegible]

Le 17. – Température extrême : Maximum = 10°,6, Minimum = 1°,3

Le 18, à 9 h. m.	766,6	10,9	ENE	faible	Beau, très vaporeux	Minima
midi	766,4	14,5	ESE	faible	Très nuageux	2°,9

Le Directeur de l'Observatoire Impérial
U. J. Le Verrier

Illustration 6. – *Bulletin météorologique de l'Observatoire impérial de Paris*, du 18 avril 1864 (voir p. 43).

Illustration 7. – « L'élève Ronfort aux observations météorologiques », photographie de la toute fin du XIXe siècle. L'observateur pose, un relevé à la main, près de l'abri météorologique installé dans le jardin de l'école normale de Commercy (voir p. 78).

Illustration 8. – « Un coup de vent non prédit par Mathieu de la Drôme », dessin d'Honoré Daumier faisant partie de la série « Croquis d'Hiver », publié dans *Le Journal amusant* du 3 décembre 1864 (voir p. 91).

Illustration 9. – Le Verrier et sa découverte de Neptune : l'astronome est caricaturé sous les traits d'un mage ou d'un astrologue (voir p. 93).

LE TRIPLE ALMANACH

MATHIEU (DE LA DRÔME)

Indispensable à tout le monde

RÉDIGÉ PAR LES SOMMITÉS SCIENTIFIQUES ET LITTÉRAIRES

Orné de vignettes par les premiers artistes

INDICATEUR DU TEMPS POUR 1896

PA…

Au Dépôt centra…

PUBLIÉS

LIBRAIRIE E. PLON, NOURR…

Droits de pr…

PRÉDICTIONS POUR L'ANNÉE 1896

« De tous les corps célestes, la lune, qui éclaire sans échauffer, est la plus rapprochée de notre planète. »

APERÇU GÉNÉRAL.

1896 pourra compter pour la France, qui abonde en richesses territoriales, au nombre des années fertiles; or, d'une année fertile découle pour le peuple, qui est, suivant le moraliste et théologien Nicole, « comme la mer, sujet à tous les vents », une amélioration sensible pour sa situation. L'État, en raison de ce, et par l'augmentation de ses revenus, pourra entreprendre les grands travaux d'intérêt général qu'il a en vue et qui accroîtront, par leur réalisation, l'importance de son domaine. Au nombre de ces grands travaux, attendus depuis des années, mentionnons le projet du canal du Rhône à Marseille, qui permettra à l'antique Phocée, qui fut la rivale de Carthage et l'alliée de Rome, et dont on jalouse la prospérité à l'étranger, de conserver sa suprématie commerciale dans le vaste bassin méditerranéen, placé entre l'Europe, l'Afrique et l'Asie, et qui a été le théâtre des plus grands événements.

Illustration 10 – Portrait de Mathieu de la Drôme, et extrait de l'introduction à son *Almanach* pour 1896 (voir p. 101).

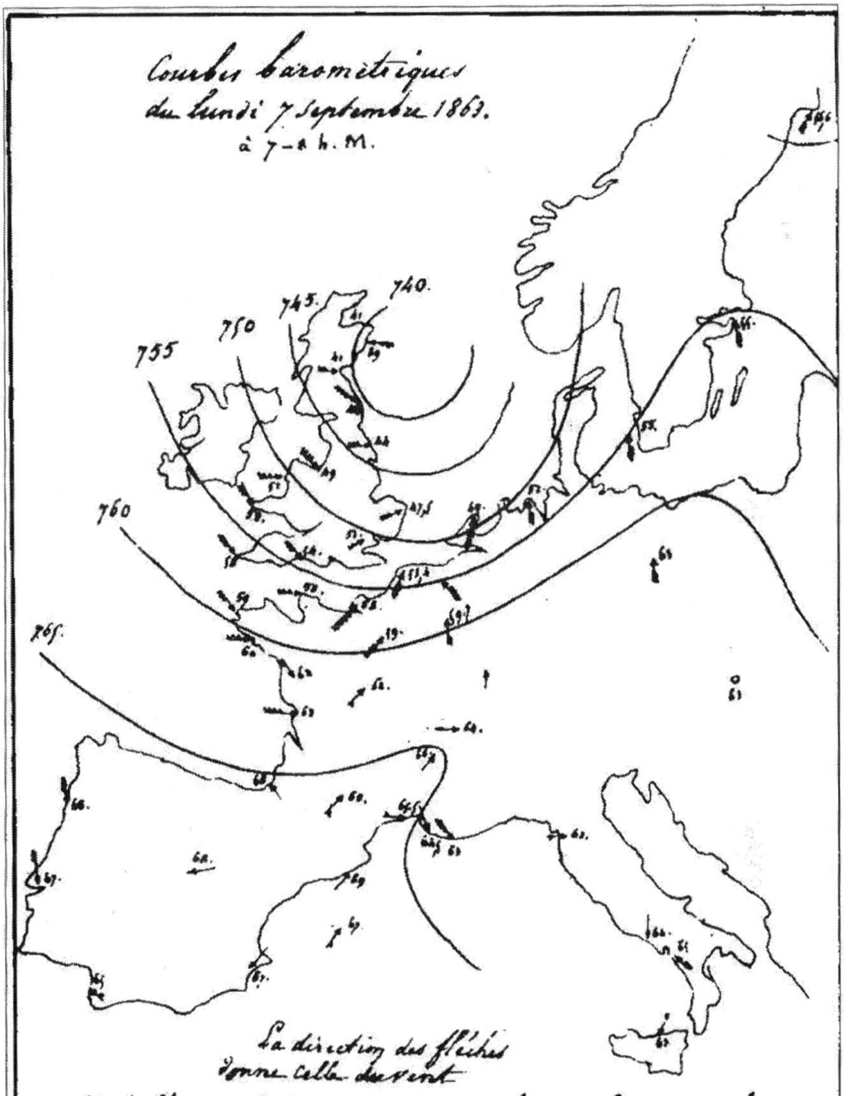

Illustration 11. – Carte des isobares et des vents pour le 7 septembre 1863, au matin (voir p. 115).

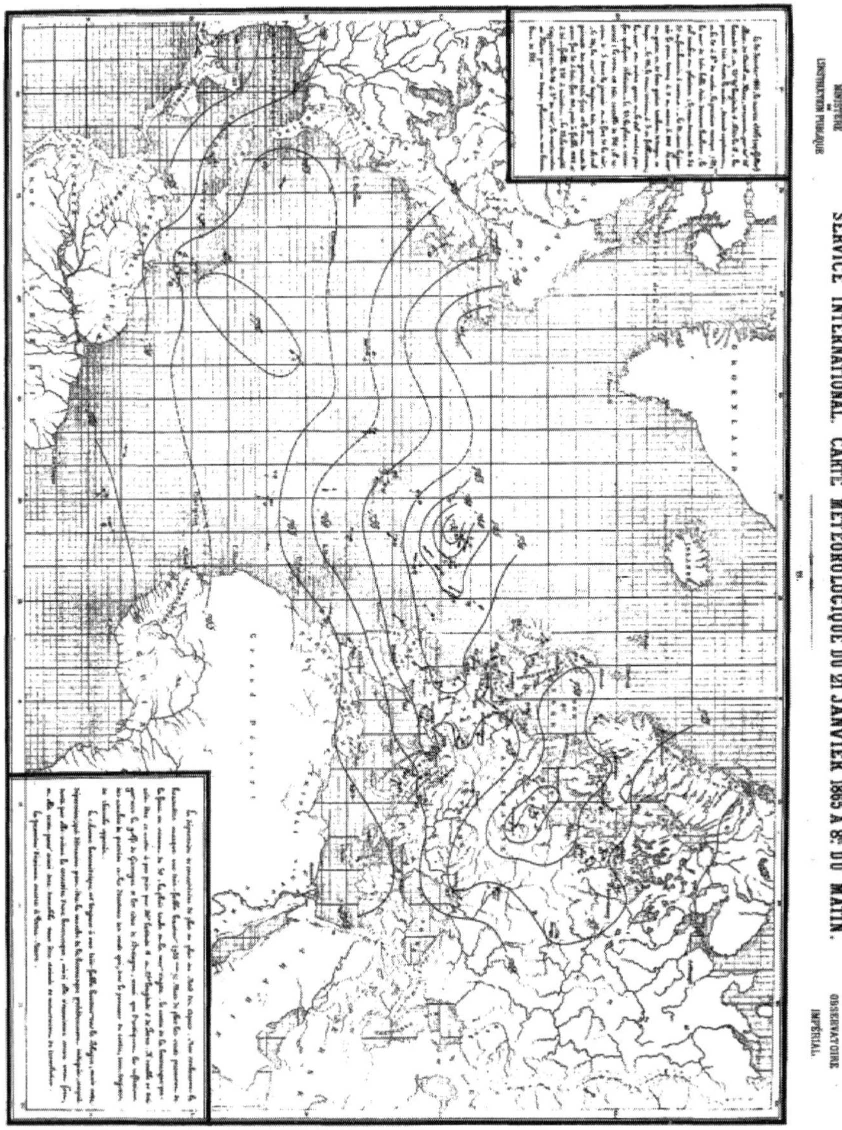

Illustration 12. – Carte des isobares et des vents sur l'Atlantique, le 21 janvier 1865, au matin (voir p. 135).

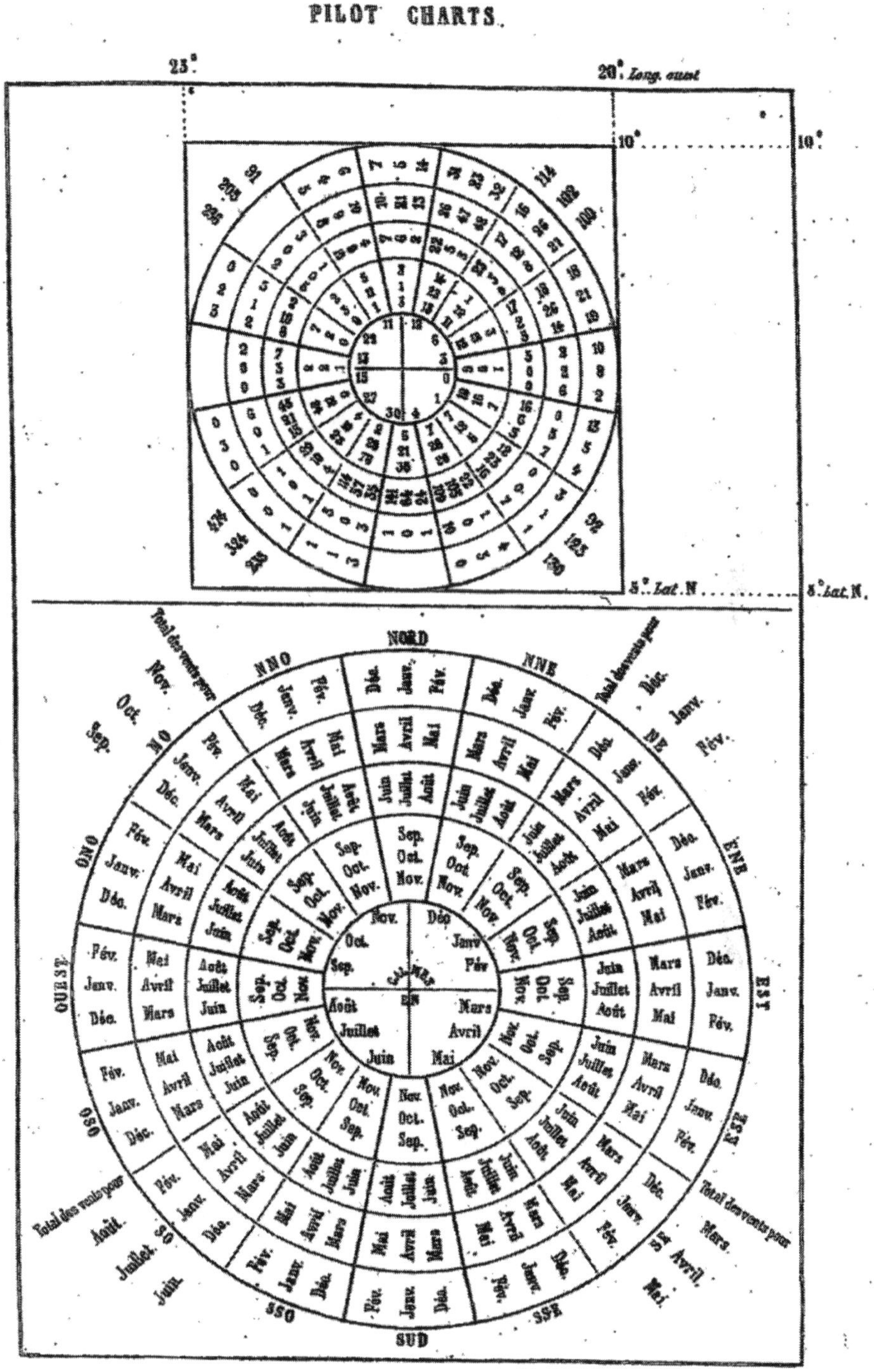

Illustration 13. – Spécimen d'une *wind rose* de Maury (en haut), avec son explication (en bas) (voir p. 150).

SPÉCIMEN DE LA REPRÉSENTATION GRAPHIQUE

ADOPTÉE PAR M. BRAULT

DANS SES CARTES DE LA DIRECTION ET DE L'INTENSITÉ PROBABLES DES VENTS.

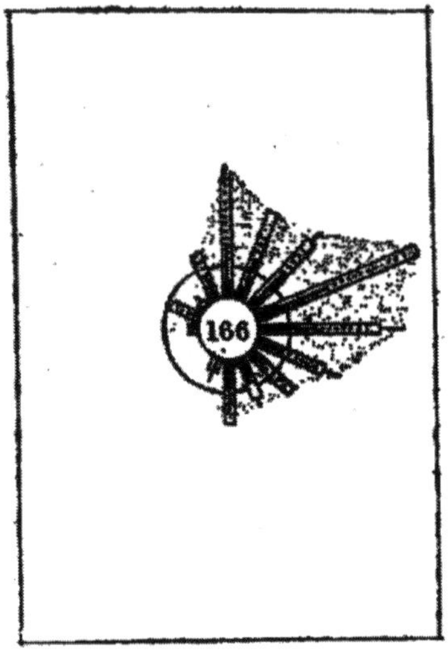

Direction probable.

Les longueurs des flèches sont proportionnelles à la fréquence des vents qu'elles représentent.

Intensité probable.

L'Intensité probable *est donnée d'après les indications suivantes :*

(A) Vent grand frais et Vent frais.

(B) Forte brise et Bonne brise.

(C) Jolie brise.

(D) Petite brise.

(E) Légère brise.

Si la flèche S.-O., par exemple, est composée des tracés (C), (D), (E), *dans les proportions* $\frac{1}{2}$, $\frac{1}{4}$, $\frac{1}{4}$..., *cela signifie que lorsqu'il souffle du vent de S.-O., il y a* $\frac{1}{2}$ *de chance de* Jolie brise, $\frac{1}{4}$ *de chance de* Petite brise, $\frac{1}{4}$ *de chance de* Légère brise.

*On lira ainsi l'*Intensité probable *pour toutes les directions.*

Calmes.

La proportion des Calmes *est donnée par un cercle,* le cercle des Calmes, *extérieur et concentrique au* petit cercle intérieur *qui contient le nombre des* Observations.

Si la distance des circonférences du cercle des Calmes *et du* petit cercle intérieur *est* $\frac{1}{4}$ *de la longueur de la plus grande flèche, cela veut dire que la probabilité des calmes est* $\frac{1}{4}$ ou 25 p. 100.

Autrement dit : On prend le rapport de la distance des deux circonférences à la longueur de la plus grande flèche, et ce rapport donne en tant p. 100 *la probabilité des calmes.*

Illustration 14. – Rose des vents segmentaire de Brault et son explication (voir p. 158).

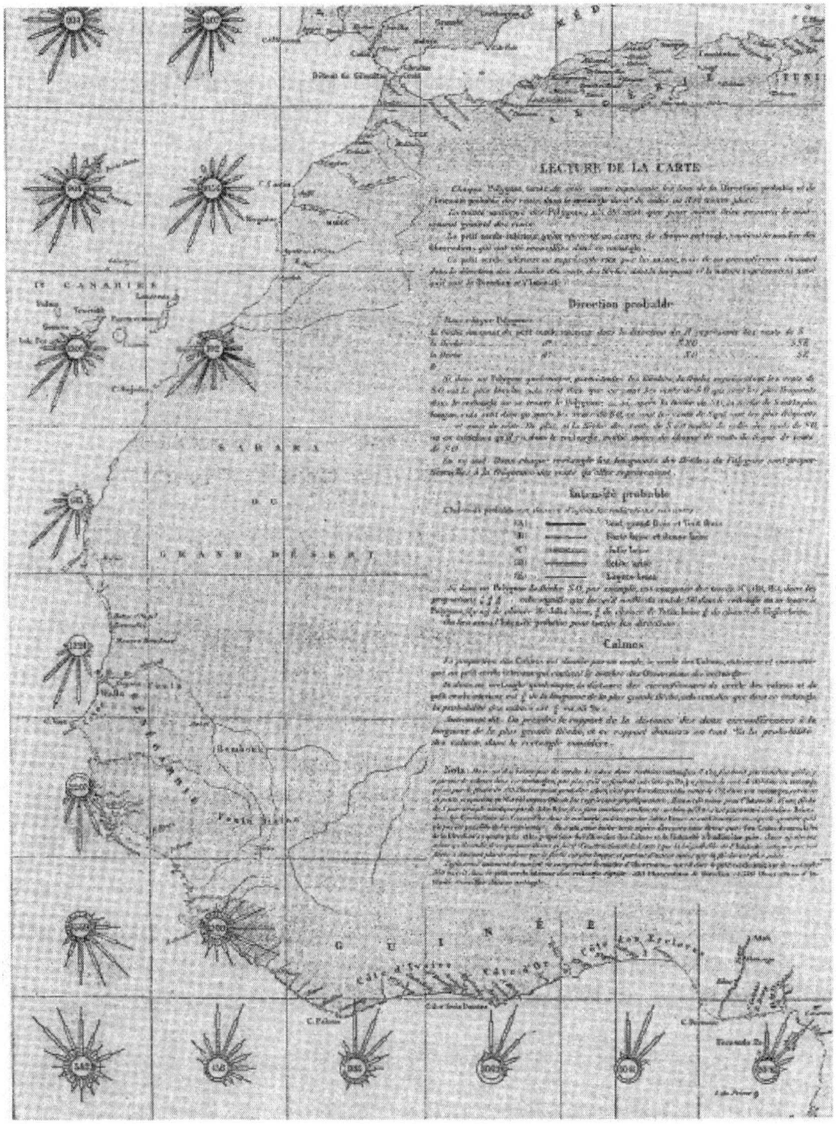

Illustration 15. – Détail de la carte statistique des vents d'été sur l'Atlantique nord, construite sous la direction de Léon Brault. Le cartouche situé sur l'Afrique donne des détails sur la construction et de la lecture de la carte. On distingue quelques-uns des carrés 5° sur 5° et leurs roses segmentaires (voir p. 159).

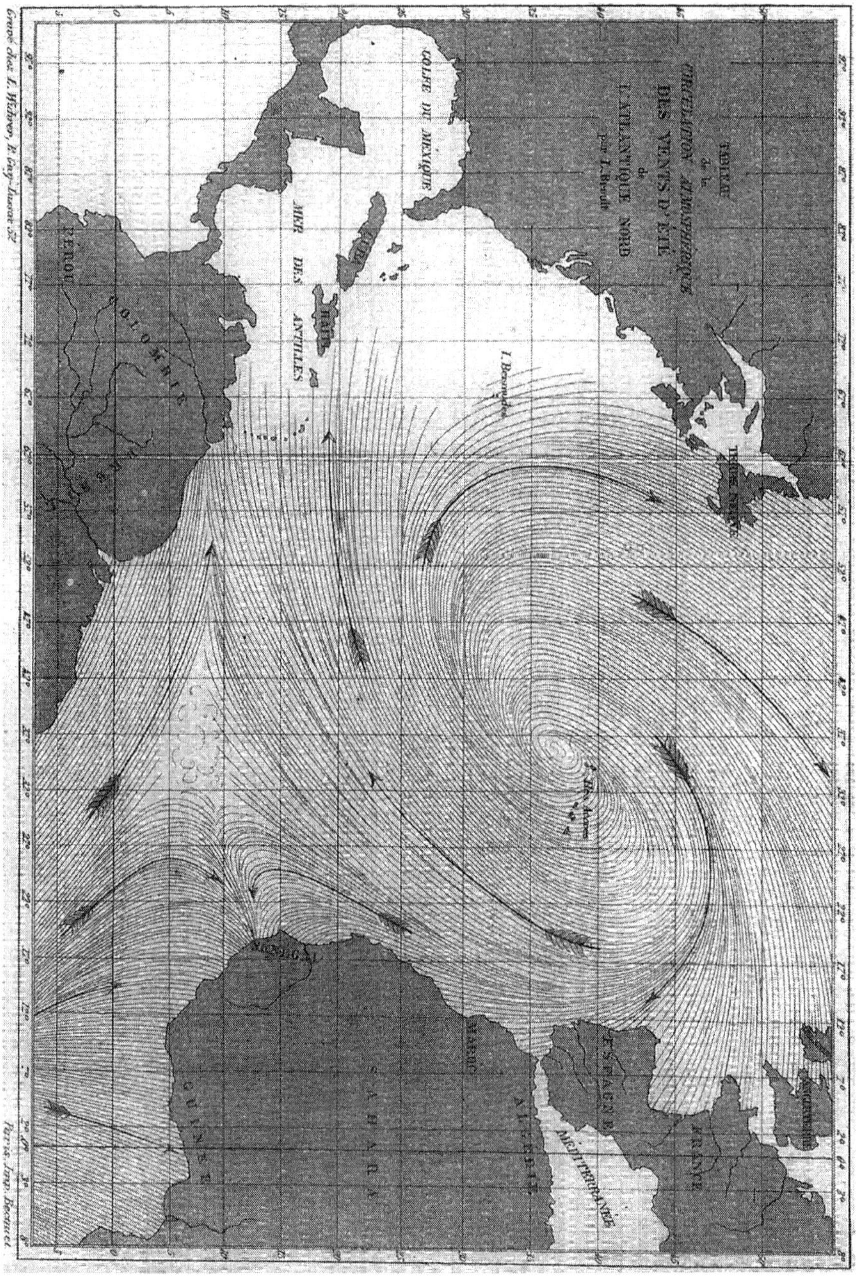

Illustration 16. – Carte de la circulation des vents d'été dans l'Atlantique Nord, tracée par Brault par interpolation de ses roses des vents segmentaires (voir p. 160).

Illustration 17. – Dessin de Cham publié dans *Le Charivari* du 5 août 1867. Ce dessin pose avec humour le problème du statut scientifique des ascensions menées, en marge de l'exposition universelle de 1867, par des journalistes comme Camille Flammarion ou Wilfrid de Fonvielle (dont le ballon *Le Géant* est représenté ici). L'ascension scientifique se doit d'échapper au *regard* du grand public, pour éviter d'être assimilée à une ascension foraine. C'est ce qui est mis en scène ici. Mais dans le même temps, Flammarion et Fonvielle médiatisent leurs entreprises, et ceci crée une tension qui traverse leurs récits de vols (voir p. 172).

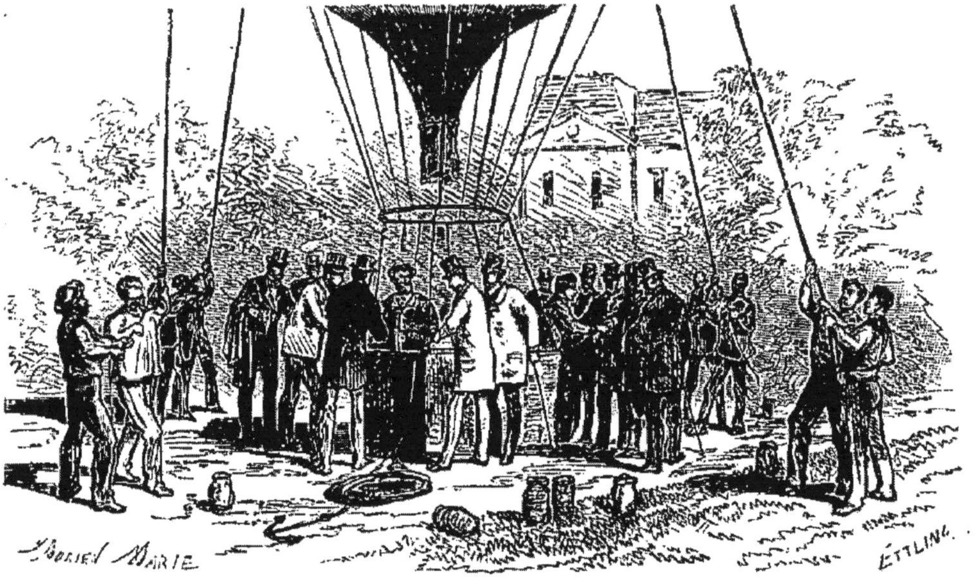

Les adieux.

Illustration 18. – Scène de départ de *L'Impérial.* On distingue Camille Flammarion, dans la nacelle, avec sa barbe et sa chevelure caractéristiques. Godard est moins visible : il serre des mains sur le bord droit du ballon. Cette gravure illustre le chapitre des *Voyages aériens* consacré à la première ascension de Flammarion, qui a eu lieu à l'« Hippodrome », devant un public payant. Or la scène représentée ici correspond au départ de l'ascension du 15 avril 1868, depuis les jardins du Conservatoire national des arts et métiers. Le souci de moraliser l'utilisation du ballon s'exprime ainsi également, chez Flammarion, par le biais de l'iconographie (voir p. 175).

Chapitre V

CARTOGRAPHIER, PRÉVOIR, ALERTER
Aux origines de la météorologie prévisionnelle

Lorsqu'Urbain Le Verrier prend en main les destinées de l'Observatoire de Paris, au début du Second Empire, son intention est d'en faire un temple de l'observation céleste et du calcul analytique. C'est pourtant dans le domaine de la météorologie, cette science empirique et contestée, que ses réalisations seront les plus marquantes. À partir de 1855, il organise un système de surveillance atmosphérique qui couvre l'Europe toute entière. Mais le projet s'enlise par la suite, au fil des conflits qui l'opposent à l'administration de la Marine et à son propre personnel.

Ce n'est qu'en 1863 que l'Observatoire se risque, pour la première fois, à émettre des avis de prévision météorologique. Ces premières tentatives, vite systématisées, surviennent après le lancement de services analogues en Hollande et en Grande-Bretagne. Mais les méthodes de prévision utilisées à l'Observatoire de Paris sont nouvelles et promises à un bel avenir. Ces méthodes, constitutives de la « météorologie synoptique prévisionnelle », resteront en vigueur jusqu'à l'essor des simulations numériques. L'entité conceptuelle qui leur est associée connaîtra quant à elle une postérité scientifique et médiatique certaine, sous le nom de « bourrasque » puis sous celui, aujourd'hui plus familier, de « dépression ».

Hippolyte Marié-Davy et l'Observatoire de Paris

En juillet 1862, Le Verrier recrute un nouveau responsable pour le service météorologique de l'Observatoire. Hippolyte Marié-Davy remplace Quentin Desains, qui a quitté l'établissement en novembre 1861. Marié-Davy est physicien de formation. Major d'entrée à l'École Normale Supérieure, major de l'agrégation de physique, il obtient son doctorat ès sciences physiques en mars 1845, avec une thèse principale sur la théorie des piles[1]. La même année, il est nommé professeur de physique à la faculté des sciences de Montpellier. Pendant près de dix ans, il s'y consacre à l'enseignement et à des recherches expérimentales dans le domaine de l'électricité.

1. H. Marié-Davy, *Notice sur les travaux scientifiques de M. Marié-Davy*, Paris, Gauthier-Villars, 1868.

En 1854, il soumet à l'Académie des sciences un projet de moteur électromagnétique, à propos duquel l'institution émet un rapport favorable. L'Académie alloue 2000 francs au projet. Napoléon III fait ouvrir un crédit exceptionnel pour compléter le financement[2]. Pour Marié-Davy, c'est l'occasion de se rapprocher de Paris, où il entend trouver de nouvelles perspectives de carrière. Il réalise par la suite des essais grandeur nature de son dispositif, mais ne parvient pas à mettre au point un prototype fiable.

Entre-temps, il a abandonné sa chaire provinciale pour un poste de professeur au lycée Bonaparte, à Paris. Il y prépare aux grandes écoles scientifiques. De 1854 à 1862, il partage son temps entre cet enseignement et des travaux sur les piles et la conductivité des matériaux. Il se fait connaître grâce à plusieurs notes publiées dans les *Comptes rendus*. Le Verrier, qui cherche un remplaçant à Desains, le sollicite. Au cours de leurs premiers entretiens, il est convenu que Marié-Davy travaille à l'Observatoire à la mise en œuvre de nouveaux moyens de mesure géomagnétique. Il doit également superviser les travaux météorologiques de l'établissement. Il n'est pas complètement novice en la matière : en 1851, il a soutenu une thèse de médecine consacrée à l'étude du climat de Montpellier[3].

Au cours de ses premiers mois à l'Observatoire, Marié-Davy travaille au choix et à l'installation de nouveaux instruments géomagnétiques. Mais il découvre également le fonctionnement du réseau météo-télégraphique et les observations accumulées quotidiennement dans le *Bulletin*, dont il a la responsabilité. En juin 1864, il écrit à Quetelet :

> « Je suis entré à l'Observatoire avec l'idée de pouvoir suivre mieux qu'aux lycée des recherches que je poursuivais depuis 18 ans sur l'électricité; mais quand j'ai vu la position faite par le concours des météorologistes de l'Europe, je me suis pris de passion pour un service qui peut devenir très beau et très grand [...][4]. »

Au cours de l'hiver et du printemps 1863, Marié-Davy consacre une partie de son temps à la construction de cartes météorologiques utilisant les données du *Bulletin*[5]. Il pense bientôt être capable de prévoir l'arrivée de certaines tempêtes, à partir de tracés cartographiques. Le Verrier se montre d'abord réticent, car il est toujours en négociation avec la Marine. Mais ces tractations n'aboutissant pas, il décide finalement d'appuyer les initiatives de son subordonné.

---

2. La demande d'indemnité exceptionnelle déposée par Marié-Davy auprès du ministère de l'Instruction publique est conservée en AN F[17] 3185.
3. H. Marié-Davy, *Considérations sur le climat de Montpellier*, Montpellier, Ricard, 1851.
4. Lettre de Marié-Davy à Quetelet, du 12 juin 1864. Bruxelles M1720.
5. Ces cartes manuscrites sont perdues.

Les bourrasques à l'Académie des sciences

Le 17 août, Le Verrier présente une note de Marié-Davy à l'Académie[6]. Celle-ci porte sur « l'état de l'atmosphère pendant la première quinzaine d'août ». Il a fait très chaud à Paris pendant cette période. Ou plutôt, le 9 août a été un jour de chaleur exceptionnelle, avec 36 °C mesuré sous abri à l'Observatoire. « Il est à remarquer — écrit Marié-Davy — que les plus fortes chaleurs ont *coïncidé* avec l'apparition de *tourbillons* plus ou moins intenses qui ont abordé l'Europe par ses côtes occidentales, et l'ont traversée de l'ouest à l'est à des latitudes inégales[7]. » Quels sont donc ces objets, ces « tourbillons », dont les mouvements coïncideraient avec les variations du thermomètre placé dans les jardins de l'Observatoire ? Marié-Davy ne cherche pas à les caractériser formellement. Il se contente de les définir comme des masses d'air en rotation autour d'une dépression centrale. Il entend les poser comme des faits d'observation, et il poursuit : « On constate pour le 8 [août] l'existence d'un semblable mouvement de l'air sur l'Écosse et l'Irlande [...]. » Comment ? Grâce aux « cartes météorologiques construites à l'Observatoire » — que pour le moment il ne diffuse pas. Pour Marié-Davy, la chaleur parisienne du 9 août s'explique facilement. Les tourbillons étaient loin de la capitale et des jardins de l'Observatoire : « La France est restée en dehors du mouvement » et « Le vent s'y est montré faible et indécis, ce qui a contribué à rendre la chaleur plus pénible. »

Par la suite, les tourbillons se seraient succédés, en paraissant affectionner les îles britanniques. Le 14 août, l'un d'eux signe son passage en faisant descendre le baromètre du poste télégraphique de Valentia (S.-O. de l'Irlande). Le lendemain, marchant vers le N.-E., il abaisse ceux des postes de Galway (côte ouest de l'Angleterre) et Greencastle (Écosse). Le surlendemain, 16 août, est un dimanche. Les postes télégraphiques britanniques sont fermés : comment connaître le nouvel emplacement du tourbillon ? D'après Marié-Davy, c'est tout de même possible : « La forme des lignes isobarométriques qui traversent le Nord de la France et la Hollande — écrit-il — font présumer que le centre du phénomène est sur l'Écosse. » Le caractère dépressionnaire du tourbillon, déformant les lignes isobares à distance, lui permet ainsi de localiser son centre. Marié-Davy peut donc suivre au jour le jour la marche des tourbillons : soit directement, lorsque leur centre dépressionnaire est à proximité d'une station, soit indirectement, lorsque les déformations des lignes isobares laissent présumer de leur position. Mais ce n'est pas tout. Il peut ainsi en dire plus sur le tourbillon qui se trouve, au moment où il parle, au-dessus de la mer du Nord : « Probablement nous le verrons les jours suivants traverser

6. H. Marié-Davy, « Sur l'état de l'atmosphère pendant la première quinzaine d'août, d'après les renseignements recueillis à l'Observatoire impérial de Paris », CR, t. 57, 1863, p. 384-386.

7. Nous soulignons.

le Danemark, le midi de la Suède et de la Baltique, puis redescendre vers le S.-E. du côté de la mer Noire en s'effaçant graduellement. » Comment peut-il anticiper ce mouvement? C'est qu'il paraît disposer d'une certaine *familiarité* avec les trajectoires des tourbillons. Il dit avoir constaté que ceux apparus aux latitudes de l'Irlande suivent habituellement cette route Est Sud-Est. C'est cette « marche ordinaire du phénomène » qu'il suppose devoir être celle du tourbillon de la mer du Nord. Plus tard, il écrira que c'est en traçant des cartes des isobares et des vents pour chaque jour de novembre 1862, décembre 1862 et janvier 1863, qu'il a vu se révéler, sous sa plume, l'existence des tourbillons avant de devenir familier de leurs mouvements[8].

Le 12 octobre 1863, Le Verrier revient à la charge à l'Académie, en présentant une nouvelle note de Marié-Davy[9]. Celui-ci y décrit les six tourbillons qui auraient traversé l'Europe depuis le 17 août. Il est en mesure de les suivre dans leur voyage vers l'est, des côtes françaises ou britanniques jusqu'à la Russie, grâce au réseau météo-télégraphique de l'Observatoire. Mais sa communication suggère un plus long trajet. Plusieurs jours avant que le baromètre ne chute à Brest ou à Galway, les cartes météorologiques que trace Marié-Davy lui révèleraient les premiers symptômes de l'arrivée des tourbillons. Les déformations des lignes isobares, qui permettaient déjà de pallier aux lacunes du suivi, laisseraient présumer, cette fois, de l'origine *océanique* de ces phénomènes. Ceux-ci aborderaient déjà formés les côtes britanniques ou françaises, avant d'être saisis, pendant leur passage au-dessus de l'Europe, par les cartes de l'Observatoire. Ils seraient responsables des vents de tempête qui endeuillent régulièrement les communautés maritimes. Jusqu'alors, les marins subissaient sans le savoir les assauts de cet ennemi invisible. Mais grâce à l'Observatoire, les marins de Brest, de Hambourg ou de Bilbao ne pourront bientôt plus ignorer qu'ils subissent une seule et même menace : celle des tourbillons atmosphériques. Marié-Davy leur donnera par la suite le nom de « bourrasque », avant que ne s'impose, à partir des années 1880, le terme de « dépression ».

Les bourrasques : éléments de généalogie

En rendant compte de la présentation à l'Académie de ce nouvel agent, la bourrasque, nous n'avons pas cherché à en donner une définition générale, pour spécifier *a posteriori* ses caractéristiques physiques, sa dynamique ou son mode d'action. En 1863, la bourrasque est un objet plastique, qui n'a pas encore subi les opérations qui le transformeront, cette histoire achevée, en un objet « froid ».

8. H. Marié-Davy, *Les mouvements de l'atmosphère et des mers, considérés du point de vue de la prévision du temps*, Paris, V. Masson et fils, 1866, p. 396.
9. H. Marié-Davy, « Sur les tempêtes de l'équinoxe », CR, t. 57, 1863, p. 640-644.

On peut remonter plus en amont encore dans son processus de constitution. À ce titre, la communication présentée par Marié-Davy à la réunion des sociétés savantes, qui se tient à la Sorbonne les 8, 9 et 10 avril 1863, est particulièrement intéressante [10]. Il livre des résultats préparatoires, tirés de ses essais cartographiques de l'hiver et du printemps 1863. Cette intervention révèle — bien que sous une forme rationalisée *a posteriori* — la grille de lecture théorique de Marié-Davy.

Sur ses cartes des pressions et des vents, il cherche tout d'abord à identifier des *ondes atmosphériques*, dans la continuité de l'orientation initiale adoptée à l'Observatoire de Paris. Cette continuité s'exprime par ailleurs à un autre niveau, plus fondamental : celui du choix d'une saisie *cartographique* des phénomènes, selon la démarche initiée par Quetelet et reprise par Liais. Mais Marié-Davy écarte dès avril 1863 une interprétation en terme d'ondes. À partir des cartes qu'il a tracées, il affirme qu'« il est difficile d'y voir aucune onde isolée douée d'un mouvement de translation nettement accusé [11] ».

La grille de lecture de Marié-Davy est par ailleurs structurée par les éléments d'un débat connu sous le nom de « controverse des tempêtes [12] ». Il oppose l'ingénieur américain William C. Redfield à James Espy, un conférencier impliqué dans les activités météorologiques de l'armée américaine et de la Smithsonian Institution. Redfield décrit les tornades touchant le territoire américain comme des masses d'air en *rotation circulaire*, dans le sens inverse des aiguilles d'une montre. Espy, lui, fait du cœur des tornades un centre de dépression barométrique, vers lequel les mouvements de l'air s'effectueraient selon un *mouvement centripète*. Espy et Redfield s'étaient affrontés par articles interposés, de 1834 à 1843, sans que le débat ne s'étende véritablement à l'Europe. En 1841, toutefois, une commission de l'Académie des sciences composée d'Arago, Pouillet et Babinet avait rendu un avis favorable à Espy [13].

Le monde maritime intègre ces problématiques de recherche à partir de la fin des années 1840. En 1848, le président de la cour de Marine de Calcutta, Henry Piddington, publie son *Sailor's horn-book for the law of storms*, qui devient bientôt un ouvrage de référence sur les tempêtes tropicales [14]. C'est une vaste synthèse, qui exploite les observations des marins naviguant dans les Caraïbes et dans l'Océan Indien. Piddington soutient les théories de Redfield

---

10. H. Marié-Davy, « Sur la météorologie », *Revue des sociétés savantes*, t. 3, Paris, Paul Dupont, 1863, p. 232-235.
11. *Ibid.*, p. 233.
12. J. R. Fleming, *Meteorology in America 1800-1870*, Baltimore-London, Johns Hopkins University Press, 1990, p. 23-54.
13. « Rapport sur les travaux de M. Espy relatifs aux tornados, lu à l'Académie des sciences dans la séance du 15 mars 1841 », CR, t. 12, 1841, p. 454-462.
14. Traduction française : H. Piddington, *Guide du marin sur la loi des tempêtes, ou exposition pratique de la théorie et de la loi des tempêtes et de ses usages*, Paris, Mallet-Bachelier, 1859.

et introduit, pour désigner les tempêtes tournantes, le terme générique de « cyclone » (dérivé du grec « Kuklôs » : cercle, mouvement circulaire). Ces problématiques concernant la structure des tempêtes tropicales acquièrent une certaine actualité en France à la toute fin des années 1850. Le terme de cyclone apparaît en français en 1859, avec la traduction du *Sailor's horn-book*. Il connaît une diffusion plus large à la suite d'un article de vulgarisation d'Antoine Laugel, paru dans *La Revue des Deux Mondes* en juillet 1860 [15].

Dans sa communication d'avril 1863, Marié-Davy distingue « tempête d'aspiration » et « cyclone », évoquant ainsi — mais sans s'y référer explicitement — les théories de Redfield et Espy, et les apports de Piddington [16]. Il n'a pas eu, écrit-il, l'occasion d'observer de véritable tempête d'aspiration sur ses cartes. En revanche, il poursuit : « M. Marié-Davy voit fréquemment, sur les côtes N.-O. de l'Europe, les coups de vent prendre les apparences d'un cyclone avec centre de dépression sans constituer un véritable cyclone. » Marié-Davy nomme *cyclonoïdes* ces configurations du vent et des pressions. Ces cyclonoïdes apparaissent comme des à-peu-près des cyclones décrits par Piddington. La direction du vent y est « *presque* tangente au lignes isobarométriques », et « *généralement* cette direction du vent est inclinée sur les courbes dans le sens qui résulte du mouvement de la Terre ».

La filiation est directe entre les cyclonoïdes et les bourrasques. Marié-Davy a identifié la présence habituelle sur l'Europe d'« à-peu-près » des cyclones tropicaux, qu'au départ il a appelé des cyclonoïdes. Dépouillés de leurs caractérisations formelles en terme de direction des vents sur les isobares et de sens de rotation, mais reconstruits en relation avec la présentation de scènes météorologiques particulières (journée de canicule à Paris, tempête sur Brest…), les cyclonoïdes sont devenus bourrasques. Mais cette filiation cyclone/cyclonoïde/bourrasque s'est effectuée avec un changement d'échelle. Si les cyclones, tornados et typhons décrits par la littérature savante ont des diamètres de l'ordre de 200 à 800 km, les bourrasques, si l'on en croit Marié-Davy, peuvent être centrés sur York et faire souffler les vents sur les côtes italiennes (ce qui correspond à un diamètre d'au moins 3000 km).

Les bourrasques mises en cartes

Les abonnés du *Bulletin* sont les premiers à visualiser les bourrasques de Marié-Davy. En effet, le *Bulletin* du 10 septembre 1863 incluait pour la première fois des cartes, relatives aux journées du 7 et du 10 septembre. Il s'agissait de cartes des isobares et des vents à 7 heures du matin.

15. A. Laugel, « Progrès et découvertes récentes de la météorologie », *Revue des deux mondes* du 1er juillet 1860. Il s'agit de la première attestation pour *Le trésor de la langue française*, t. 6, Paris, Éditions du CNRS, 1978 (ce qui est fautif).

16. Marié-Davy panache d'ailleurs les deux théories, car il utilise le terme « tempête d'aspiration » dans le sens de tempête à dépression centrale, avec mouvement centripète de l'air.

Illustration 11. – Carte des isobares et des vents pour le 7 septembre 1863 (au matin).

Les originaux de ces cartes ont été tracés par Marié-Davy à partir des données transmises par le télégraphe. Puis elles ont été reproduites par autographie. Elles portent en fond les contours du continent européen. Marié-Davy y a tracé des lignes isobares « hypothétiques » pour des valeurs variant de 5 en 5 mm de mercure. Pour ce faire, il a commencé par porter sur la carte chacune des stations du réseau, avec mention de la pression observée. En chacun de ces points, il a également tracé une petite flèche dans la direction vers laquelle souffle le vent. Cette flèche porte des barbes codant son intensité en six classes (très faible, faible, modéré, assez fort, fort, très fort). Puis le tracé des isobares hypothétiques s'effectue par interpolation entre les stations. Ce type de tracé comporte des contraintes absolues, dont la principale est le non-croisement des isolignes. Mais une infinité de courbes iso- interpolent un nombre fini de points de données. Placé dans la même situation pour son tracé des ondes atmosphériques, Quetelet avait recherché des courbes prenant la forme de fronts parallèles et équidistants. Ici, Marié-Davy trace ses lignes isobares sous la forme de courbes fermées, définissant des entités atmosphériques compactes.

Aucune publication — issue ou non de l'Observatoire de Paris — ne donne de règles explicites ou d'indications générales concernant ces tracés. L'étude empirique d'un échantillon de cartes a permis d'exclure l'usage de la règle d'interpolation la plus simple : la règle linéaire « point à point[17] ». La priorité semble aller systématiquement, chez Marié-Davy, au tracé de *courbes quasi-circulaires*, l'angle des vents sur les isobares n'étant pas non plus déterminant pour lui (on constate, sur les cartes, que cet angle peut être quelconque).

Ce sont des cartes du même type qui sont tracées chaque jour par Marié-Davy, et intégrées dans une version augmentée du *Bulletin* à partir du 16 septembre 1863[18]. Cette date n'a pas été choisie au hasard : « Une nouvelle tempête semblait se préparer sur l'océan — écrit le météorologiste de l'Observatoire — et nous voulions qu'on pût la suivre dès l'apparition de ses premiers indices[19]. » Les bourrasques paraissaient figées sur les cartes du 10 septembre : grâce à la parution quotidienne du *Bulletin*, on peut désormais les voir se déplacer jour après jour sur l'Europe[20].

17. Selon laquelle l'isobare 760 mm, par exemple, passe à équidistance de stations où des valeurs de 757 et 763 mm ont été mesurées.
18. À partir du 16 septembre, le *Bulletin* passe de plus du format *in-quarto* au *in-folio*.
19. H. Marié-Davy, « Sur les tempêtes de l'équinoxe », *loc. cit.*, p. 640.
20. À partir du début novembre 1863, les particuliers ont d'ailleurs la possibilité d'accéder au *Bulletin* par voie d'abonnement.

Alerter les ports : les premiers essais

Mais il ne s'agit pas seulement de convaincre de l'existence des bourrasques. Marié-Davy cherche aussi à montrer que leur comportement est suffisamment régulier pour qu'on puisse annoncer leur arrivée quelques heures ou quelques jours à l'avance. C'est l'objet de sa note à l'Académie, le 12 octobre 1863 : « L'examen de nos cartes météorologiques — avance-t-il — montre que généralement il est possible de pressentir vingt-quatre heures ou quarante-huit heures à l'avance l'arrivée sur nos côtes d'une tempête un peu durable[21]. » Puis il se met en scène dans son récit. Le 17 septembre, il vient d'achever le tracé de la carte météorologique du jour. Il constate alors que depuis la veille la courbe barométrique 0^{m},765 s'est repliée au sud, le long des côtes françaises et portugaises. Pour lui, cela signifie qu'une bourrasque approche. Il craint qu'elle ne fasse souffler des vents violents au-dessus des côtes allemandes. À 15 heures, il expédie un télégramme aux autorités portuaires de Hambourg : « Menace à l'ouest sur l'océan. » Le lendemain, Marié-Davy constate que cette fois, c'est la courbe 0^{m},760 qui s'est repliée au-dessus du golfe de Gascogne. Pour lui, cela indique l'arrivée d'une seconde bourrasque. À 15 heures, il télégraphie à ses correspondants des avis donnant le vent et l'état du ciel pour le lendemain. Ces prévisions sont rédigées pour 9 zones côtières, de la Baltique à la côte Antibes-Livourne, à qui l'Observatoire promet par exemple un « vent de nord à est ou sud-est, ciel beau ». Et Marié-Davy prévient : « Partout, le vent devra fraîchir[22]. » Mais de son propre aveu, ces premières tentatives d'anticipation sont un demi-échec. Le 19, en effet, on voit bien le vent tourner dans les directions indiquées, mais la tempête ne se lève qu'à Brest.

Le 17 septembre 1863, l'Observatoire a ainsi émis son premier avertissement aux côtes — à destination de Hambourg. Le lendemain, Marié-Davy a fait parvenir à l'ensemble de ses correspondants télégraphiques, français ou étrangers, une dépêche complète donnant les vents et l'état du ciel pour les prochaines 24 heures[23]. Du projet de réseau aux premières prévisions, plus de 8 ans se sont écoulés. Mais les résultats de ces premières tentatives ont été mitigés. Pour asseoir plus fermement la légitimité scientifique et pratique du modèle de prévision défendu par l'Observatoire, Marié-Davy et Le Verrier vont lancer une offensive sur plusieurs fronts. Le 3 décembre 1863, les journaux parisiens rendent compte, sous la forme habituelle du « fait divers météorologique », d'une forte tempête ayant frappé, la veille, la quasi-totalité du littoral français. *Le Moniteur*, lui, propose en lieu et place un article de

21. H. Marié-Davy, « Sur les tempêtes de l'équinoxe », *loc. cit.*, p. 643.
22. Sauf pour la côte Rochefort-Bilbao.
23. Exemple de prévision : « De Brest à Rochefort : vent de sud-est à sud tournant à ouest ou nord-ouest, ciel nuageux ou couvert » [H. Marié-Davy, « Sur les tempêtes de l'équinoxe », *loc. cit.*, p. 641].

Le Verrier intitulé « Tempête du mercredi 2 décembre[24] ». On y assiste jour par jour, et même heure par heure, au travail du service météorologique de l'Observatoire :

> « Vendredi 27. – La situation atmosphérique est déjà signalée comme douteuse dans les télégrammes adressés aux ports. Samedi 28. – Bien que le temps soit magnifique, la situation générale est signalée comme très douteuse. [...] Mardi 1er décembre, midi 30 minutes. – Les ports sont avertis qu'une tempête arrivant du sud-ouest fond sur l'Angleterre et la France, et que demain mercredi le vent sera fort ou très-fort, c'est-à-dire la tempête : c'est cette dépêche que rapportent *Le Courrier du Havre* et *Le Messager du midi*. Voir *La Patrie* du jour. Mercredi 2. – La tempête a effectivement envahi le Nord et l'Ouest de la France. Mais il faut tenir compte des heures dans la suite de notre exposé. 10 heures : Paris et Bordeaux et toute la région au nord-ouest ont un vent impétueux ; Bayonne, Limoges, Lyon sont encore calmes. La tempête consiste en un tourbillon dont le centre marche assez lentement vers le sud. Sera-t-elle arrêtée par les montagnes du centre de la France, ou bien atteindra-t-elle dans toute sa force la Méditerranée ? La réponse est d'autant plus difficile que les lignes télégraphiques n'apportent plus les renseignements qu'on leur demande. 11 h. 55 mn – Par une dépêche spéciale, les ports de la Méditerranée sont de nouveau informés qu'ils sont fortement menacés. [...] 1 h. 50 mn – Une dépêche est expédiée à Turin pour les côtes de Civitta-Vecchia à Palerme. [...] 2 h. 40 mn – les lignes télégraphiques sont mises hors de service par la tempête ; la communication directe avec le midi est interrompue ; nous nous trouvons réduits à quelques indications. 3 h. 30 mn – Dépêche du sous-préfet de Cherbourg. – "La tempête annoncée hier s'est déchargée sur nos côtes dans la nuit et aujourd'hui ; quelques sinistres sont déjà signalés." Au Havre, dans la même nuit, le vent a commencé à souffler en foudre ; mais c'est vers midi, après un calme relatif, que la tempête s'est déchaînée dans toute sa violence. 5 h. 56 mn – Marseille annonce que la mer grossit sans cesse par un vent du sud-ouest, le baromètre descendant, et à 4 h. 45 mn un fort vent d'ouest. 9 h. 43 mn du soir. – Vent du nord-ouest très-fort à Marseille. Là s'arrêtent nos informations[25]. »

Ainsi, cinq jours avant la tempête, et alors même que le temps était « magnifique », on aurait eu des doutes à l'Observatoire sur le maintien de ce beau temps. Mardi 1er, les ports auraient été avertis d'une menace de tempête, qui devait être confirmée avec éclat le lendemain. L'Observatoire paraît capable de suivre le météore heure par heure, dans son parcours sur la France. À 10 heures, il sait que Bordeaux et Paris sont touchés, alors que Bayonne, Lyon et Limoges ne le sont pas encore (c'est l'heure où Marié-Davy reçoit du

---

24. On notera que ce titre évite la formulation « tempête du 2 décembre », en raison de sa possible connotation politique.
25. *Le Moniteur*, 3 décembre 1863.

piéton des lignes télégraphiques les dépêches d'observation venues de province). Le Massif Central arrêtera-t-il la tempête? À l'Observatoire, où l'on travaille de plus en plus difficilement, les relais télégraphiques étant coupés, on préfère avertir du danger le sud de la France et l'Italie. Bientôt, du Havre, le préfet maritime confirme la justesse des annonces de la veille. Les informations venues du midi de la France confirmeront-elles les craintes de Marié-Davy? C'est, conclut Le Verrier, aux ports eux-mêmes, par la voix de leurs Chambres de commerce, de dire maintenant si le succès des avertissements, assuré pour le Havre, encore en suspens pour le midi, a permis d'épargner des navires. Sur le front de l'opinion publique, l'Observatoire montre qu'il est en mesure de suivre le fléau, d'avertir du danger, de sauver des vies.

Une administration combinée de la preuve : cartes « animées » et scénario

Le 7 décembre 1863, Le Verrier intervient de nouveau, non plus dans la presse mais dans l'enceinte de l'Académie des sciences[26]. Il peut à présent parler de la tempête dans le midi : elle a bien eu lieu, comme les académiciens le savent déjà. Mais dans un port comme Toulon, averti mercredi matin, la dépêche de l'Observatoire aurait permis de prendre toutes les précautions nécessaires. Il y a bien eu des naufrages dans la Manche. Mais c'est que l'on y aurait pris avec légèreté les mises en garde de l'Observatoire.

Puis l'intervention de Le Verrier prend un tour spectaculaire. « Avant l'ouverture de la séance — écrit le chroniqueur du *Courrier des sciences de l'industrie et de l'agriculture* — l'attention se partage entre une grande carte au mur en face du bureau, et deux cuvettes placées sur la tribune[27]. » Les cuvettes contiennent des épinoches, qui doivent appuyer une communication de zoologie et qui ne nous intéresseront pas. La carte, elle, est en fait constituée de *cinq* cartes des isobares et des vents, pour les matinées du 1er au 5 décembre. Le Verrier débute son intervention en pointant, sur la carte du 1er décembre, une région au large des côtes nord-ouest de l'Irlande. Des documents recueillis postérieurement, explique-t-il, ont permis de localiser le centre de la bourrasque sur cette zone. Puis il ménage le passage de cette carte à celle du 2 décembre, en pointant le nouvel emplacement de la bourrasque. Celle-ci est désormais nettement visible, sous la forme d'une courbe fermée de basses pressions. Puis, en suivant cette zone dépressionnaire sur les cartes successives, il met en scène celles-ci comme une séquence pseudo-animée, donnant à voir ce qui est désormais le mouvement d'une entité atmosphérique cohérente et individualisée sur l'Europe. Le procédé évoque les folioscopes, ces séries de dessins progressivement modifiés qui, feuilletés, donnent l'impression du mouvement.

26. *Le Courrier des sciences de l'industrie et de l'agriculture*, 13 décembre 1863.
27. *Id.*

Mais comment l'Observatoire a-t-il pu s'inquiéter de l'arrivée d'une tempête dès le 27 novembre, alors que Le Verrier doit faire référence à des observations recueillies *a posteriori* pour affirmer que la bourrasque se trouve au nord-ouest de l'Irlande le 1er décembre ? Marié-Davy, par la bouche de Le Verrier, commence par faire la liste d'une série d'observations ponctuelles, relevées du 27 novembre au 1er décembre par des agents de stations françaises, espagnoles et anglaises du réseau météo-télégraphique. C'est là que la puissance explicative de la bourrasque doit se révéler. Une fois administrée la preuve graphique (pseudo-animée) de son existence du 1er au 5, ces observations éparses prennent sens dans le scénario livré par Le Verrier : celle d'une bourrasque arrivant des Açores, passant au large du golfe de Gascogne, pour atteindre finalement la Manche sans être saisie par les cartes de l'Observatoire mais en affectant à distance les instruments de certains postes télégraphiques.

Les agents des stations de Bilbao, de Bayonne ou du Havre ne se seraient pas contentés de noter sur leurs registres des indications de vent et de pression. Ils auraient eu, sans le savoir, une vue *partielle* d'un phénomène qui, par sa taille, dépasse leurs facultés de perception. La démonstration, ici, n'est plus graphique. Elle repose sur la reconstruction d'un scénario, conforté à chaque étape par une série d'observations, choisies et réinterprétées comme autant d'indices du passage de la bourrasque. Le Verrier peut alors, dans le même mouvement, la suivre jusqu'aux Açores, avec pour seule aide quelques observateurs disséminés sur la France et l'Espagne. Mais la bourrasque est parfois loin des côtes, et il faut alors lui redonner de la substance. Le retour à la réalité est brutal : « Le 3 décembre — expose Le Verrier — [...] le *Charles Martel*, vapeur français parti de New-York le 21 octobre à destination de Marseille, a sombré à la suite de forts coups de vents essuyés les 26 et 27 octobre. L'équipage a abandonné le navire le 29 et a été recueilli par le navire *Saint-Georges* allant à Buenos Aires[28]. » Et de conclure que *Le Charles Martel* a sans doute été atteint par la bourrasque, dans son trajet des Açores à l'Irlande.

Le lancement du service de prévision

À partir de décembre 1863, l'Observatoire de Paris délivre quotidiennement des prévisions concernant les vents devant souffler, le lendemain, sur les côtes françaises[29]. Ces prévisions sont désignées officiellement comme des « probabilités ». On note une nouvelle fois une neutralisation lexicale, après les « avertissements » de Le Verrier et les *forecasts* de Fitzroy. Le terme de

28. *Id.*
29. Contrairement à son homologue anglais, le service fonctionnait tous les jours, dimanche et fêtes inclus.

« probabilités » écarte la prétention à l'infaillibilité (associée à « prédiction » ou pire à « prophétie ») tout en revendiquant un statut de scientificité[30].

Le service débutait à 9 heures du matin. De 9 heures à 11 heures trente, un commis des télégraphes apportait les dépêches à l'Observatoire. Marié-Davy réduisait les pressions au niveau de la mer. Puis il entamait le tracé d'une carte des isobares et des vents sur l'Europe. À partir de cette carte, il rédigeait ensuite les prévisions pour le lendemain. Celles-ci étaient expédiées entre midi et 13 heures 30. À partir de midi, le *Bulletin* et ses probabilités étaient également livrés à la presse. En 1866, 17 rédactions les recevaient, dont celles de tous les grands journaux parisiens[31]. Les prévisions étaient ainsi largement diffusées[32].

Les dépêches étaient aussi adressées à tous les ports français dans lesquels se trouvait un poste télégraphique. Elles étaient rédigées par zones : côte de Dunkerque à Granville, côte de Saint-Malo à Quimperlé, côte de Saint-Nazaire à Bayonne, côte de Port-Vendres à Menton. En 1863, c'est au total 71 villes côtières françaises qui reçoivent les prévisions[33]. Cette diffusion est pratiquement inchangée jusqu'en 1878, année où le service météorologique de l'Observatoire est détaché pour former le Bureau Central Météorologique[34].

Une fois parvenue au poste télégraphique, la dépêche était communiquée au président de la Chambre de commerce ou au maire. Elle était placardée sur des bâtiments officiels ou commerciaux : à Cherbourg, sur la

30. On se rappelle de Lamarck, déplorant le fait que son « *Annuaire météorologique* reçut partout le nom d'"Almanach", *et les probabilités celui de "prédictions"* » [J.-B. LAMARCK, « Météorologie », *Nouveau dictionnaire d'histoire naturelle appliquée aux arts à l'agriculture*, seconde édition, Paris, Déterville, t. 20, 1818, p. 451-477, citation p. 474. Nous soulignons.]

31. *Le Journal des Débats, Le Pays, Le Siècle, Le Constitutionnel, La Patrie, Le Monde, L'Époque, Le Moniteur Universel, L'Opinion Nationale, Le Temps, L'Union, La Presse, Le Petit Journal.* On relève aussi un quotidien régional, *Le Nord*, et des périodiques de vulgarisation scientifique : *Le Cosmos, Le Moniteur Scientifique, Le Courrier des sciences.*

32. En revanche, ce n'est pas le cas des cartes météorologiques : ce n'est qu'en 1876 que *L'Opinion nationale* commence à reproduire, chaque jour, la carte de l'avant-veille.

33. *Dunkerque à Granville* : Dunkerque, Gravelines, Boulogne, Abbeville, Le Tréport, Dieppe, Saint-Valery-de-Caux, Fécamp, Le Havre, Quillebœuf, Honfleur, Trouville, Ouistreham, Cæn, Carentan, Cherbourg, Granville, Calais ; *de Saint-Malo à Quimperlé* : Saint-Malo, Saint-Servan, Saint-Brieuc, Binic, Paimpol, Tréguier, Lannion, Morlaix, Saint-Pol-de-Léon, Brest, Landerneau, Douarnenez, Quimper, Quimperlé. *De Lorient à Bayonne* : Lorient, Vannes, Le Palais (Belle Île), Le Croisic, Saint-Nazaire, Nantes, Paimbœuf, Noirmoutier, Les Sables d' Olonne, Marans, Saint-Martin-de-Ré, La Rochelle, Saint-Pierre-d'Oléron, Tonnay-Charente, Marennes, La Tremblade, Royan, Blaye, Bordeaux, Pauillac, Le Verdon, Arcachon, Bayonne ; *De Port-Vendres à Menton* : Port-Vendres, Agde, Sète, Montpellier, Les Martigues, Marseille, Cassis, La Ciotat, La Seyne, Toulon, Fréjus, Cannes, Saint-Tropez, Antibes, Nice, Menton.

34. Audierne reçoit également les prévisions à partir de 1865, et Ajaccio à partir de 1866.

façade de la sous-préfecture et du palais de justice ; à Nantes, dans la grande salle de l'hôtel de la bourse ; au Havre, sous les galeries de la place du théâtre, où se tenait le marché[35]. Les autorités locales la communiquaient également à l'officier du port, qui l'affichait sur les quais. Ces mêmes autorités s'employaient parfois à diffuser la dépêche autour de leur ville. En cas de mauvais temps, le maire de Gravelines envoyait ainsi un commis avertir la population de Grand-Fort-Philippe, situé à trois kilomètres, et où se trouvait un nombre important de marins se livrant à la pêche côtière[36].

Mais le travail de l'Observatoire ne concernait pas que les côtes françaises. Il expédiait ainsi à Bruxelles les prévisions pour la côte de Dunkerque à Hambourg. La dépêche était réexpédiée par l'Administration belge des télégraphes aux ports d'Anvers et d'Ostende. En 1863, des prévisions étaient également rédigées pour la côte est de l'Espagne, d'Alicante à Barcelone (et envoyées à Madrid), la côte est de la Baltique (à destination de Saint-Petersbourg) et les côtes danoises (à destination de Copenhague). Dans les années suivantes, elles sont étendues à la quasi-totalité des côtes européennes : côtes portugaises, suédoises, norvégiennes, italiennes (de Livourne à Naples), côte est de l'Adriatique (de Venise à Lessina), mer Noire (autour d'Odessa). Dans chacun de ces pays, les correspondants de Le Verrier avaient la possibilité de diffuser les dépêches. En 1863, en Belgique, au Danemark et en Espagne, elles sont ainsi systématiquement réexpédiées vers les côtes. En Italie, la dépêche était reçue au ministère de la Marine, à Florence. Une circulaire du 11 juillet 1864 organisait sa distribution. Les fanaux, phares et batteries côtières italiens arboraient un drapeau rouge lorsque l'Observatoire de Paris annonçait une tempête[37].

L'essor du service météorologique : recrutement et financement

Dans les années 1863-1864, Le Verrier semble en passe de réussir son pari : imposer l'Observatoire comme le principal centre *européen* de prévision du temps. Le ministre de l'Instruction publique Victor Duruy, nommé en juin 1863, soutient le projet malgré les préventions que lui inspire Le Verrier[38].

35. U.-J.-J. Le Verrier, « Historique des entreprises météorologiques de l'Observatoire impérial de Paris, 1854-1867 », introduction à l'*Atlas des mouvements généraux de l'atmosphère*, année 1864, juin-décembre, Paris, Gauthier-Villars, 1868, p. 1-18 [citation, p. 7-8].

36. *Bulletin*, 16 décembre 1863 [extraits de lettres des maires de Saint-Valery-de-Caux et Gravelines adressées à Le Verrier].

37. Lettre du ministère des Affaires étrangères au ministère de l'Instruction publique, du 20 août 1864, transmise à Le Verrier le 5 septembre 1864. AN F^{17} 3728.

38. Sur l'action ministérielle de Duruy (23 juin 1863-17 juillet 1869) : J. Rohr, *Victor Duruy, ministre de Napoléon III, essai sur la politique de l'Instruction publique au temps de l'Empire libéral*, Paris, LGDJ, 1967.

Début 1864, à sa demande, le corps législatif vote un crédit additionnel de 37 500 francs au budget de l'Observatoire, pour le lancement du service. Il sert notamment à la restauration des instruments météorologiques utilisés dans les postes télégraphiques. Le Verrier est également autorisé à engager trois personnes, ce qui permet à Marié-Davy de constituer une petite équipe.

Fin 1863-début 1864, il recrute Georges Rayet, Émile Fron et Léon Sonrel. Tous trois sont d'anciens élèves du lycée Bonaparte, où Marié-Davy les a préparé aux concours. Ils sont physiciens de formation (École Normale Supérieure, agrégation). Par la suite ils ont enseigné au lycée : Rayet à Orléans, Sonrel à Bastia, Fron à Marseille. Aucun d'entre eux n'a la moindre expérience des études météorologiques. Pour les former, Marié-Davy les prend comme assistants dans la rédaction des prévisions. Chacun d'eux assume ce rôle pendant une semaine, par rotation. De 9 h. à 11 h. 30, ils réceptionnent les dépêches, réduisent les données, et commencent à tracer la carte du jour. À 11 h. 30, Marié-Davy reprend la carte, la discute avec eux, et rédige les dépêches ou les leur fait « rédiger sous ses yeux[39] ». Il les forme ainsi progressivement à sa méthode de prévision, afin que le moment venu ils puissent assumer seuls cette responsabilité. Dans le même temps, Rayet Sonrel et Fron sont chargés de tâches spécifiques au sein du service. C'est ainsi Georges Rayet qui supervise le réseau d'observation des écoles normales d'instituteurs, mis en place au cours de l'année 1864.

Au début de cette même année, Le Verrier recherche des appuis extérieurs pour faire face aux dépenses liées au développement du service météorologique. Le 21 avril 1864, il dépose une demande officielle pour la création d'une société savante : l'*Association pour l'avancement de l'astronomie et de la météorologie.* « La société — écrit Le Verrier au ministre de l'Instruction publique en février 1872 — n'avait à l'origine d'autre but que de subventionner les études météorologiques[40]. » Elle est autorisée le 13 mai 1864, et sa première séance se tient le 3 juin, à l'Observatoire. Le bureau est constitué et Le Verrier est nommé président[41].

Le succès de la société, rebaptisée *Association scientifique de France* en février 1866, est immédiat. En janvier 1865, elle compte déjà près de 3 000 membres[42]. À partir de mars 1865, elle fait paraître un *Bulletin heb-*

39. H. Marié-Davy, *Rapport à l'Empereur*, Paris, Imprimerie de Chanoine, 1867, p. 4.
40. Lettre de Le Verrier au ministre de l'Instruction publique, du 10 février 1872. AN F^{17} 17198.
41. Cette société a fait l'objet de peu de travaux : citons J. L. Davis, *Physics in France circa 1850-1914; its national organisation, characteristics and content*, Ph.D. Dissertation, University of Kent, 1990, p. 84-91. L'*Association scientifique de France* subsiste jusqu'en 1886. Moribonde, elle se fond dans l'*Association française pour l'avancement des sciences* (AFAS), à ce moment en plein essor.
42. Lettre de Le Verrier au ministre de l'Instruction publique, du 10 février 1872. AN F^{17} 17198.

domadaire qui publie notamment, dans l'un de ses premiers numéros, une liste des ses adhérents[43]. On y retrouve sans surprise la quasi-totalité du personnel de l'Observatoire et une grande partie de l'Institut. Cette liste permet également d'évaluer la popularité dont jouissent les initiatives de Le Verrier au sein des sphères politiques. Parmi les membres, on recense ainsi près de 200 députés. Elle permet également de rendre compte de la bonne réception que les élites locales réservent aux entreprises de l'Observatoire, car on relève l'adhésion des chambres de commerce de Morlaix, de Bordeaux, du Havre, de Dunkerque, de Cæn, de Boulogne, de Honfleur et de Cherbourg (toutes ces villes reçoivent les prévisions de Marié-Davy).

La cotisation annuelle est fixée à 10 francs, ce qui est plutôt bas, mais le succès de l'*Association* draine des sommes importantes[44]. De 1864 à 1870, celle-ci investit près de 60 000 francs dans les différents projets météorologiques de l'Observatoire. Ses activités prennent par ailleurs une extension bien plus importante que cette simple fonction de financement. L'*Association* organise des congrès tournants en province — comme la *British Association for the Advancement of Science* dont l'exemple a inspiré Le Verrier. Les sections départementales sont actives. Elles proposent notamment des cycles de conférences scientifiques. Le Verrier porte la bonne parole des bourrasques dans ces rassemblements. À Metz, lors de la session annuelle générale des 19, 20 et 21 avril 1866, il fait garnir le fond de la salle de l'hôtel de ville, où il tient une conférence sur la météorologie, avec des cartes des isobares et des vents[45].

Le temps des controverses : Le Verrier, Marié-Davy, Fitzroy et le maréchal Vaillant

Mais les interventions de Marié-Davy et de Le Verrier, en décembre 1863, n'ont pas convaincu tout le monde de l'existence des bourrasques et de la fiabilité des prévisions de l'Observatoire. Le 21 décembre 1863, le maréchal Vaillant adresse une note à l'Académie, à propos de la tempête des 2 et 3 décembre[46]. Pour lui, les cartes de l'Observatoire pour les 28, 29 et 30 novembre ne laissent en rien présager de la tempête des jours suivants. Il parle des *satisfecit* de Le Verrier en évoquant une « prévision un peu posthume ».

---

43. *Bulletin hebdomadaire de l'Association pour l'avancement de l'astronomie et de la météorologie (puis de l'Association scientifique de France)*, Paris, Association pour l'avancement de l'astronomie et de la météorologie (puis Association scientifique de France), 1865-1887.
44. À propos des cotisations des sociétés savantes, voir : J.-P. Chaline, *Sociabilité et érudition, les sociétés savantes en France*, Paris, CTHS, 1998, p. 137-145.
45. *Bulletin hebdomadaire de l'Association scientifique de France*, n° 13 [avril 1866].
46. Maréchal Vaillant, « Sur la tempête des 2 et 3 décembre 1863 », CR, t. 57, 1863, p. 1001-1007.

S'il nie l'existence de signes annonciateurs de la tempête, c'est parce ce qu'il propose une toute autre chaîne causale que celle impliquant la bourrasque pour en expliquer le déclenchement. Le 1er décembre, la température est montée brutalement à Paris. Pour Vaillant, ce réchauffement a dû causer un flux d'air chaud au-dessus de l'Océan Atlantique. Arrivé sur l'Écosse, ce flux s'y serait refroidi brusquement, abandonnant sa vapeur d'eau sous forme de neige. Cette neige aurait fait de l'Écosse ce que Vaillant appelle un « foyer de refroidissement ». Autour de ce foyer, l'air « refroidi et condensé » aurait soufflé, refoulant le vent de sud régnant sur la France. Ceci serait à l'origine de la tempête du 2 décembre. Pour Vaillant, c'est une règle générale : « Quand il se fait un refroidissement subit en un point du globe, ce point est le centre, le point de départ de contre-courants d'air qui rayonnent dans tous les sens, et dont la violence est plus ou moins grande, suivant les circonstances locales[47]. » Il n'y aurait donc pas à faire intervenir l'existence d'une bourrasque de grande dimension.

Immédiatement après que Vaillant a déposé sa note à l'Académie, Le Verrier lui écrit, en lui demandant de la retirer. Le lendemain, Vaillant lui répond en déclarant qu'il ne peut pas retirer ce travail, annoncé en séance. « Je me résigne à être battu — lui écrit-il en privé — je ne répliquerai pas; mais je vous enverrai, j'espère, quelques autres articles de météorologie. Cette partie de la physique est encore obscure; j'y ai souvent pensé; je ne voudrais pas mourir sans avoir apporté mon grain de sable[48]. » Le 27 décembre, c'est Marié-Davy qui répond à la note de Vaillant, publiée aux *Comptes rendus*, dans un article joint au *Bulletin* de l'Observatoire. Il cite les dépêches expédiées le 27 novembre comme preuve de l'anticipation de la tempête des 2 et 3 décembre. Il note aussi que le 27, la mer était agitée à Brest, Bayonne, Saint-Fernando et Valentia. Ceci aurait donné, selon lui, des signes observables de l'existence d'un « gros temps » sur l'Atlantique. Ces indices viennent compléter l'argument de Le Verrier concernant la tempête rencontrée, en pleine mer, par le vapeur *Le Charles Martel*.

La contestation de Vaillant tombe au plus mal. En effet, Le Verrier et Marié-Davy cherchent à ce moment à utiliser la tempête de décembre pour une double démonstration. Comme on l'a vu, ils veulent à la fois démontrer la fiabilité des prévisions de l'Observatoire et asseoir un statut ontologiquement fort pour la bourrasque. Les premières répliques de l'Observatoire se sont concentrées sur l'efficacité de son service de prévision, et d'abord sur la réalité de l'annonce du 27 novembre, contestée par Vaillant. Marié-Davy poursuit la contre-attaque en intervenant à l'Académie. Le 4 janvier 1864, il y défend l'existence des bourrasques en inversant la proposition de Vaillant. Ce n'est pas la neige écossaise qui aurait causé la tempête, mais c'est la bourrasque qui, sur

47. *Ibid.*, p. 1005.
48. Lettre de Vaillant à Le Verrier, du 22 décembre 1863. Institut Ms 3714.

sa route, aurait produit ces précipitations[49]. Puis Le Verrier, qui intervient à la suite de Marié-Davy, argumente de nouveau sur la fiabilité de la prévision du 27 novembre. Il le fait en exhibant des lettres du commandant de l'arrondissement maritime de Cherbourg, et des présidents des Chambres de commerce de Toulon et Brest[50]. Ceux-ci remercient Le Verrier. « Il n'y eût, grâce aux précautions prises, aucune avarie, aucun sinistre à déplorer... L'institution du service météorologique est un immense et permanent bienfait... » lui écrit-on de Toulon[51]. Pour le directeur de l'Observatoire, ces témoignages justifient à eux seuls la création du service : « Nous ne pensons pas que leur adhésion eût été aussi chaleureuse si nous leur eussions annoncé un temps calme et sûr ; les navires sortis sur la foi de cette promesse eussent été jetés à la côte. Il n'y eût eu qu'un cri de malédiction sur tout le littoral[52]. »

Le 4 janvier, en séance, le maréchal fait passer un mot ironique à l'astronome : « Observation confidentielle – *Bulletin* du 4 janvier 1864 – état de la mer : *à Paris* – très agitée[53]. » Puis, une dizaine de jours plus tard, il écrit une longue lettre à Le Verrier, pour dit-il « causer météorologie » mais « tout doucement sans nous fâcher ». Le Verrier fait alors un choix *a priori* étonnant : celui de faire paraître le texte de Vaillant dans le *Bulletin*[54]. Il cherche en fait à se servir de lui. À l'Observatoire, on méprise cet adversaire et ses théories, que Marié-Davy qualifie en privé de « fausses et puériles[55] ». La maîtrise rédactionnelle du *Bulletin* permet à Le Verrier de contrer immédiatement les arguments de Vaillant, en insérant sous son texte quatorze longues notes contradictoires. Par ailleurs, étant donné la place qu'il occupe auprès de Napoléon III, Le Verrier a tout intérêt à s'assurer la bienveillance, ou au moins la neutralité du maréchal. Faire mine d'engager une discussion sérieuse avec lui, c'est ainsi écarter un importun, tout en ne s'en faisant pas un ennemi.

Dans sa lettre, Vaillant conteste une nouvelle fois l'existence des bourrasques et l'organisation du service de prévision. Il met tout d'abord en cause l'utilisation des cartes isobares. Selon lui, elles ne peuvent prétendre donner une « vision instantanée » de l'atmosphère, puisque les observations sont relatives à 7 ou 8 heures du matin, *heure locale*. Ce qui signifie qu'elles sont relevées à plusieurs heures d'intervalle, au sens du temps astronomique. Entre-temps,

49. H. Marié-Davy, « Tempêtes des 2 et 3 décembre 1863 », CR, t. 58, 1864, p. 65-67.
50. U.-J.-J. Le Verrier, « Remarques au sujet d'une note de M. le maréchal Vaillant, sur la tempête des 2 et 3 décembre 1863 », CR, t. 58, 1864, p. 16-21.
51. *Ibid.*, p. 19. Les pointillés apparaissent dans le texte original.
52. *Ibid.*, p. 20. Par la suite, tout au long du mois de janvier, Le Verrier fait insérer au *Bulletin* des lettres envoyées de villes côtières françaises, remerciant l'Observatoire pour son avis de tempête du 27.
53. Note de Vaillant à Le Verrier, du 4 janvier 1864. Institut Ms 3714. Souligné dans le texte original.
54. *Bulletin* du 3, 5, 8 et 11 février 1864.
55. Lettre de Marié-Davy à Quetelet, du 18 juin 1864. Bruxelles M1720.

les pressions ont pu évoluer notablement, rendant incohérente la description en terme d'isobares instantanées. Puis Vaillant prolonge sa mise en cause de la composante visuelle de l'argumentaire de l'Observatoire avec une contestation des « scénarios » qui en sont le pendant. Il critique une intervention du révérend père Secchi, l'astronome des États du Vatican, publiée dans le *Bulletin* du 15 janvier 1864. Secchi y soutenait l'existence des bourrasques en rapprochant des observations barométriques prises à Rome et à Greenwich les 2, 3 et 4 décembre 1863. Il notait l'existence de deux chutes de pression, qui y avaient été observées à 20 heures d'intervalle, et il l'interprétait comme le résultat du passage d'une bourrasque. Vaillant ne choisit pas son exemple au hasard. En effet, Secchi ne met en œuvre qu'une seule dimension de la rhétorique visuelle et argumentaire destinée à convaincre de l'existence des bourrasques. Il ne présente pas de cartes pour appuyer ce qu'il avance. « Croit-on — rétorque Vaillant — que parce qu'un gros temps aura été signalé à Greenwich et parce que 20 heures après il se produit un coup de vent à Rome, il y a nécessairement concomitance entre les deux phénomènes ? Pourquoi donc ce coup de vent à Rome ne serait-il pas dû à un trouble de la température en Franche-Comté, en Ligurie, en Suisse ? » Comparant les bourrasques aux épicycloïdes de l'astronomie précopernicienne et aux tourbillons de Descartes, Vaillant conclut en déclarant refuser ces bourrasques « qui se promènent à la surface de notre globe à la façon de juifs errants faisant du 10 à 12 lieues à l'heure ».

Le maréchal s'en prend également aux modalités du service de prévision. Il considère que l'Observatoire plonge les ports dans une inquiétude permanente. Huit bourrasques en quinze jours, du 10 au 25 décembre : « Si l'on doit réellement s'en effrayer, comment vivre dans des angoisses aussi continuelles ? » écrit-il avant de suggérer l'abandon des prévisions. À la place, il propose d'organiser une veille continue, qui diffuserait des avis de « gros temps » aussitôt que ceux-ci *se produiront*, avec quelques courtes indications sur la direction qu'ils paraissent vouloir suivre[56]. Comme Le Verrier en 1855, il revendique un modèle d'« avertissement » supposé non problématique, et qui consisterait à observer un phénomène, puis à le suivre. Ce faisant, il oppose la réalité de phénomènes supposés être directement observables (les pôles de froid, les « gros temps ») aux artefacts cartographiques que sont pour lui les bourrasques.

La controverse Le Verrier / Marié-Davy / Vaillant, qui est diffusée avec le *Bulletin* à tous les correspondants météorologiques de l'Observatoire, provoque également des réactions hors de France. Le 4 février 1864, Robert Fitzroy adresse un courrier à Vaillant[57]. Il réagit à la lecture, dans le *Bulletin*

56. *Bulletin*, 8 février 1864.
57. Lettre de Fitzroy à Vaillant, du 4 février 1864. Institut Ms 3714.

de la veille, du début de sa lettre à Le Verrier. Il ne va pas discuter les théories du maréchal, mais il donne son sentiment sur les bourrasques (qu'il nomme *eddies*, remous de vent). Il dit s'être opposé, depuis les années 1840, aux théories cycloniques des tempêtes développées par Redfield et Piddington, en refusant l'idée de « météores rotatoires indépendants, voyageant d'un continent à l'autre ». Pour lui, de nombreux faits viennent accréditer l'idée d'une simultanéité ou d'une consécutivité des désordres atmosphériques à l'échelle du globe. Mais ceci s'expliquerait par l'interaction des courants polaires et tropicaux décrits par Dove, pas par l'existence de météores isolés et mobiles. C'est ainsi qu'il interprète la succession d'évènements météorologiques qui a touché l'Europe, du 1er au 6 décembre 1863.

Le 16 mars, il écrit directement à Le Verrier, qui fait paraître sa lettre dans le *Bulletin* du 8 juin 1864. Fitzroy y réfute à nouveau l'existence de bourrasques pérennes. Mais il reconnaît l'existence de remous tourbillonnaires, produits *localement* par l'interaction des courants polaires et tropicaux. Selon lui, des marées atmosphériques solaires et lunaires causent des vagues de pulsation se propageant le long de ces courants. Ces vagues, en interagissant, sont à l'origine de remous, rapidement résorbés. C'est ce qui serait passé les 2 et 3 décembre 1863, avec une série de tourbillons localisés, dans lesquels l'Observatoire a cru voir le même météore, en mouvement. Ainsi, La critique de Fitzroy ne porte pas sur les cartes elles-mêmes : c'est la constitution de la série de cartes en séquence pseudo-animée qui est mise en cause. Ce qui est en question, c'est le geste de Le Verrier pointant le déplacement progressif de la bourrasque sur les cartes météorologiques des premiers jours de décembre 1863.

Le Verrier contre-attaque : les faits et la réputation

La mise en cause survient au moment même où l'Observatoire de Paris cherche à contester la domination britannique en matière de météorologie prévisionnelle. Le Verrier va mener une double riposte, contre Vaillant et contre Fitzroy. Il ne discute pas la théorie des « pôles de refroidissement », mais il s'attaque à la chaîne explicative proposée par Vaillant pour la tempête des 2 et 3 décembre. Son attention se porte sur la situation météorologique des montagnes écossaises, fin novembre début décembre 1863. Vaillant en avait déjà fait état dans le *Bulletin* du 5 février, avec un récit qui mettait opportunément en scène sa position de force institutionnelle :

> « Revenant de Compiègne, le 13 décembre, avec l'Empereur, ma note sur les tempêtes des 2 et 3 décembre dans ma poche, l'Empereur me parla du *Bulletin* de l'Observatoire et des prédictions ou probabilités qu'il renfermait. Interrogé sur la foi que j'avais dans ces prophéties, je me suis permis de dire que je n'étais pas toujours d'accord avec vous sur les explications à donner de certains phénomènes météorologiques, et je citais comme exemple les

tempêtes des 2 et 3 décembre qui, par certaines circonstances observées avec soin, m'avaient amené à penser qu'il était peut-être tombé le jour même ou la veille de ces grands accidents beaucoup de neige en Écosse. – Comment, peut-être, dit l'Empereur, vous n'avez donc pas lu les journaux ? – Que disent-ils, sire ? – Ils disent qu'il est tombé en Écosse de la neige en si grande quantité qu'on ne se rappelle rien de pareil [...] [58]. »

La mise en scène, en plus de lester l'argument du poids de la parole impériale, souligne la surprise de Vaillant. Le maréchal cherche ainsi à présenter son interprétation comme l'application, à un cas particulier, d'un schéma théorique général et prédictif. Le Verrier ne discutera pas la parole du souverain. Mais dès le 11 janvier, il adresse un appel aux observateurs britanniques, leur demandant de lui faire connaître l'état des montagnes d'Écosse avant et après la tempête des 2 et 3 décembre [59]. Le 16 février, le directeur de l'Observatoire royal d'Edinburgh, Charles Piazzi-Smith, répond à l'appel. Sa lettre est insérée au *Bulletin* du 20 février. Il dispose, pour décembre 1863, des données de 55 observateurs amateurs appartenant à la *Société météorologique d'Écosse*. Il transmet à Le Verrier les observations prises aux altitudes les plus élevées [60]. Elles indiquent que du 26 novembre au 10 décembre, le vent a soufflé faiblement. La quantité de précipitations, elle, s'est répartie comme suit (en mm) :

26 novembre : 20.3	1er décembre : 48.7	6 décembre : 101.8
27 novembre : 82.2	2 décembre : 85.1	7 décembre : 98.6
28 novembre : 4.9	3 décembre : 72.5	8 décembre : 179.9
29 novembre : 0.0	4 décembre : 46.7	9 décembre : 39.7
30 novembre : 1.0	5 décembre : 367.7	10 décembre : 70.6

Les précipitations auraient ainsi été plus importantes après les 2 et 3 décembre qu'avant. Pour Le Verrier, c'est la preuve d'un enchaînement bourrasque → précipitations, et pas précipitations → refroidissement → tempête. Ce que conteste Vaillant, qui souligne que les données confirment qu'il a bien plu ou neigé début décembre, sur l'Écosse [61]. Par la suite, chacun restera sur ses positions pour ce qui est des observations écossaises, qui ne semblent donner d'avantage décisif ni aux uns ni aux autres.

58. *Bulletin*, 5 février 1864.

59. *Bulletin*, 11 février 1864.

60. La position de Piazzi-Smith est d'ailleurs peu équivoque, et elle donne un nouvel indice de l'impact des cartes de l'Observatoire en terme de pouvoir de conviction : « Le dessin de votre carte [du 2 décembre] — écrit-il — présentait à mon esprit et me présentait encore le « coup d'œil » le plus frappant d'exactitude de ces évènements météorologiques en même temps que la raison de leur existence, autant toutefois qu'il est possible de le faire sur une feuille de papier de dimensions aussi exiguës. » [*Bulletin*, 20 février 1864.]

61. *Bulletin*, 9 mars 1864.

Le Verrier s'est attaqué à Vaillant en cherchant à le prendre en défaut au niveau des faits. Il use d'un tout autre procédé avec Fitzroy. On a vu que dans le *Bulletin* du 8 juin 1864, Le Verrier a publié une note de celui-ci concernant les courants de Dove et leurs perturbations sous l'effet de marées atmosphériques solaires et lunaires. Le 16 juin 1864, le directeur de l'Observatoire y répond en publiant, et c'est exceptionnel, un article du journaliste scientifique Henri de Parville. Parville réagit à la lettre de Fitzroy en soutenant son idée d'une action solaire et lunaire sur l'atmosphère. Le journaliste avait déjà fait état de ses conceptions météorologiques dans sa « revue des sciences » du *Constitutionnel*. Il y avait signé un long article intitulé « prédiction du temps », publié en deux parties le 28 novembre et le 13 décembre 1863. Deux choses l'avaient déterminé à traiter ce sujet : la création du service de prévision de l'Observatoire et la publication, en cette fin d'année, des premiers almanachs Mathieu de la Drôme. Parville a participé à l'almanach en livrant un texte de vulgarisation consacré au « Mouvement dans l'univers ». Son article du *Constitutionnel* répond aux critiques formulées à cet égard par certains de ses confrères vulgarisateurs. Parville défend l'idée d'une action de la Lune sur le temps, et même s'il reste circonspect sur les prévisions de Mathieu, sa position apparaît à ce moment comme favorable à ce dernier. C'est là toute l'habileté de Le Verrier : en publiant la note de Fitzroy, il a déjà dû peser ce que la référence à l'action lunaire pouvait avoir de préjudiciable pour lui. En soulignant l'appui que Parville accorde à Fitzroy, alors que le vulgarisateur est assimilé à un partisan de Mathieu, il entend définitivement établir l'association — de son point de vue, compromettante — entre l'ancien représentant du peuple et le savant britannique.

L'origine des bourrasques : la collecte des observations en mer

Confronté aux critiques, l'Observatoire va de l'avant. Les membres du service météorologique cherchent à étendre le champ de leurs observations, pour imposer définitivement l'existence des bourrasques. Le 29 janvier 1864, Le Verrier sollicite le ministre de la Marine, et les différentes Chambres de commerce avec lesquelles il est en relation[62]. « Nos cartes — écrit-il — n'embrassent que l'Europe, ce qui ne suffit pas : elles ne contiennent rien de ce qui se passe à la surface de l'Océan Atlantique; et on doit d'autant plus le regretter, que la plupart des tempêtes qui nous assaillent semblent prendre leur origine dans ces parages. » Mais les navires peuvent être, poursuit-il, autant d'observatoires. Il demande alors aux Chambres de commerce, aux armateurs, aux officiers navigants de lui faire parvenir leurs livres de bord, lorsque y sont portées des observations météorologiques. Le Verrier leur demande également, en cas de tempête, d'observer le baromètre et de noter leur position, les vents et l'état de la mer.

62. *Bulletin*, 29 janvier 1864.

L'Observatoire rédige aussi un tableau standard, à compléter régulièrement par les capitaines. Les observations doivent être faites deux fois par jour, à 8 heures du matin et à 3 heures du soir, et comporter la position du navire, la pression, la température, la direction et la force des vents, l'état du ciel et de la mer. Les relevés, une fois remplis, doivent être pliés comme des lettres et adressées à l'Observatoire à la première escale rencontrée. La Marine accepte de participer et en mars 1864, elle fait distribuer 3 000 de ces relevés dans les ports[63]. L'Observatoire reçoit ainsi, dans les années suivantes, plusieurs milliers d'observations concernant des trajets maritimes.

Léon Sonrel est chargé de l'organisation, du dépouillement et de la discussion des observations maritimes. Grâce à la campagne de collecte, il est bientôt en mesure de tracer des cartes isobariques de l'Atlantique nord, sur le modèle de celles imaginées par Marié-Davy. Lui et son successeur Jean-Baptiste Baille ne construiront pas moins de 589 de ces cartes journalières[64]. Ce travail a plusieurs fonctions. Il vise d'abord à montrer que les bourrasques sont des entités cohérentes, dont la durée de vie peut atteindre une dizaine de jours. Ceci permettrait d'écarter les interprétations de Fitzroy, selon lesquelles elles ne seraient que des remous temporaires et statiques, rapidement résorbés. Par ailleurs, Le Verrier et Marié-Davy espèrent apporter un argument cartographique à l'hypothèse d'un trajet des cyclones tropicaux vers les latitudes moyennes, trajet au cours duquel ils se transformeraient progressivement en bourrasques. La preuve d'une connexion entre ces deux types de phénomènes permettrait un important transfert de crédibilité, car le cyclone est doté d'un statut ontologique fort.

Le service déstabilisé : pressions extérieures et tensions internes

Mais la publication des cartes météorologiques de l'Atlantique nord se fera attendre. Et ce d'autant plus qu'à partir de novembre 1864, le service météorologique de l'Observatoire est en crise. Cette crise est directement liée à la controverse Le Verrier / Vaillant. En effet, depuis les débats sur la tempête de décembre, Vaillant cherche à obtenir la suppression du service de prévision. Le 30 janvier 1864, Le Verrier en informe Duruy[65]. Il rend compte des menaces du maréchal, qui a menacé de bloquer tout financement tant que cette suppression n'interviendrait pas. Le Verrier a alors transigé. Il a refusé

---

63. L'arrondissement maritime de Brest en reçoit deux fois plus que les quatre autres, car l'Atlantique nord intéresse particulièrement l'Observatoire. Lettre de Mouchez à Le Verrier, du 16 mars 1864. OP Ms 1060-II-E-2.
64. Jean-Baptiste Baille est un jeune polytechnicien, promotion d'entrée 1861, que Le Verrier recrute en 1867 pour renforcer l'équipe météorologique de l'Observatoire.
65. Lettre de Le Verrier au ministre de l'Instruction publique, du 30 janvier 1864. AN F^{17} 3728.

d'abandonner les prévisions et la méthode synoptique, mais il s'est engagé à mettre en place un service continu de centralisation des données télégraphiques, de jour et de nuit, selon les souhaits du maréchal.

C'est à cette condition que la commission législative chargée du budget de l'Observatoire a voté début 1864 le crédit exceptionnel de 37 500 francs destiné au service météorologique. Mais à la fin de l'année, le problème du renouvellement se pose. Le 12 novembre 1864, Duruy écrit à Le Verrier que le crédit ne sera maintenu qu'à condition que le service de nuit soit effectivement mis en œuvre. Il déclare avoir engagé sa parole en ce sens[66]. Le Verrier sollicite Marié-Davy, qui lui remet un rapport à ce propos[67]. Il expose la nouvelle forme que pourrait prendre le service : le personnel reprendrait à 9 heures du soir les dépêches arrivées en retard, tracerait une nouvelle carte, rédigerait une seconde série de prévisions pour le lendemain. Le service s'achèverait à minuit. Mais Marié-Davy est très critique vis-à-vis de cette réorganisation. Les dépêches seront plus rares le soir. « On pourra — écrit-il — se trouver en présence d'une seule dépêche annonçant une perturbation insolite. » Ceci placerait le personnel dans le doute quant à l'attitude à adopter : avertir ? Attendre confirmation ?

Marié-Davy est surtout hostile à la réorganisation pour deux raisons plus personnelles. Tout d'abord, elle va à l'encontre de son projet d'une prévision du temps à 24 heures, qui ne se limite pas au suivi des « gros temps » par le télégraphe. Par ailleurs, sa situation personnelle deviendrait très pénible avec les nouvelles dispositions, car il devrait être à l'Observatoire de neuf heures du matin à minuit, tous les jours de l'année. Il semble pourtant prêt à accepter la réorganisation, sous condition. Il demande le titre officiel de « chef de service », la possibilité d'habiter à l'Observatoire, et celle de choisir lui-même ses jours de repos.

Le Verrier refuse ces demandes. Il donne l'ordre à Marié-Davy de quitter son domicile des Batignolles pour emménager dans les environs de l'Observatoire de Paris, afin de commencer le service de nuit. Marié-Davy, déjà échaudé par les tendances autoritaristes de son directeur, s'y refuse. Le Verrier réagit violemment en en appelant à sa hiérarchie. Il dénonce Marié-Davy dans une lettre au chef de la section des « établissements scientifiques et littéraires » du ministère[68]. Le directeur de l'Observatoire lâche son subordonné en qualifiant ses prévisions de novembre 1864 de vagues et d'incorrectes, avant de conclure : « Si M. Marié-Davy nous y force nous nous baserons sur ses étonnantes prévisions des jours derniers[69]. »

---

66. Lettre du ministre de L'Instruction publique à Le Verrier, du 12 novembre 1864. AN F^{17} 3728.
67. Rapport de Marié-Davy à Le Verrier, du 19 novembre 1864. AN F^{17} 3728.
68. Lettre de Le Verrier à Dumesnil, du 26 novembre 1864. AN F^{17} 3728.
69. *Id.*

Mais Marié-Davy ne cède pas. Le Verrier lui retire alors la responsabilité des prévisions, pour la confier à Rayet, Fron et Sonrel. À partir du 1er janvier 1865, les trois hommes assurent alternativement, pour une semaine, la responsabilité du *Bulletin* et des probabilités. Le Verrier leur impose également le service de nuit, auquel Marié-Davy avait refusé de se plier[70]. Ce dernier s'occupe en participant à d'autres tâches : construction des cartes synoptiques de l'Atlantique nord, coordination du réseau des écoles normales. Mais le service fonctionne au ralenti : « Documents télégraphiques — documents maritimes — documents des écoles normales et des cantons au nombre de 3 000 environ. Tout abonde. Qu'en fera-t-on dans l'état d'atonie et de marasme où est tombé le service ? » écrit Marié-Davy à Quetelet le 19 mars 1865[71].

L'arrêt des prévisions : une position de repli

Au cours de l'année 1865, Le Verrier, malgré sa pugnacité à défendre *publiquement* le service de prévision, semble devenir de moins en moins confiant dans le travail alterné de Rayet, Sonrel et Fron. En octobre 1865, il propose à Marié-Davy de reprendre son poste. Mais ce dernier refuse à nouveau de se plier aux contraintes d'un service de nuit. Le Verrier supprime alors purement et simplement les prévisions. Il adopte une position de repli. À partir de février 1866, l'Observatoire télégraphie à ses correspondants étrangers toutes les données du *Bulletin*, immédiatement après qu'elles sont centralisées. L'établissement continue ainsi à jouer son rôle dans la collecte et la redistribution des observations, leur traitement éventuel étant désormais renvoyé vers les institutions météorologiques étrangères. L'Observatoire, lui, se contente de publier les données dans son *Bulletin*, et de rédiger un résumé général de l'état de l'atmosphère.

La rupture est définitive entre Le Verrier et Marié-Davy. Ce dernier reste astronome en titre de l'Observatoire, mais il n'y assure plus aucune fonction. Il est même soumis à ce que l'on appelle aujourd'hui un harcèlement au travail. Le Verrier donne l'ordre de ne plus faire de feu dans la pièce où il travaille, et il n'a plus accès aux données météorologiques[72]. Marié-Davy cherche alors d'autres occupations, à l'extérieur de l'Observatoire. Il profite notamment du départ de Georges Barral du *Journal d'Agriculture Pratique* pour reprendre sa place de « chroniqueur météorologique ». Il correspond avec des lecteurs qui lui adressent chaque mois des observations météorolo-

---

70. Le Verrier a obtenu que des observations soient réalisées à 18 heures dans douze postes de l'Administration des télégraphes, ainsi qu'à Utrecht, Valentia et La Corogne, et que les données soient transmises le soir même à l'Observatoire.

71. Lettre de Marié-Davy à Quetelet, du 19 mars 1865. Bruxelles M1720.

72. Lettres de Marié-Davy à Quetelet, du 20 janvier et du 2 septembre 1866. Bruxelles M1720.

giques et agricoles. Il entend également profiter de l'audience du journal (6 à 7 000 abonnés) pour « propager », comme il l'écrit à Quetelet, « les notions pratiques de météorologie[73] ». Après quelques mois, Marié-Davy reprendra un service plus actif à l'Observatoire, en étant affecté au service d'astronomie physique.

L'essor théorique des années 1866-1870

Si la seconde moitié des années 1860 est marquée par les relations conflictuelles qui existent entre Le Verrier et les membres du service, c'est aussi un moment de grande production théorique. Celle-ci se fait nettement *contre* Le Verrier. Depuis 1854, il cherche en effet à décourager tout travail scientifique « personnel » dans son équipe. En août 1865, Marié-Davy a pourtant entamé la rédaction d'un ouvrage qui fait la synthèse des travaux météorologiques qu'il a menés à l'Observatoire. Celui-ci paraît en avril 1866, sous le titre *Les mouvements de l'atmosphère et des mers considérées au point de vue de la prévision du temps*[74]. Marié-Davy y expose sa conception des évolutions atmosphériques : selon lui, celles-ci combinent les courants de Dove — qui en sont la composante quasi-statique — et les bourrasques — qui, s'écoulant en leur sein, en sont la composante dynamique.

À partir de 1866, Marié-Davy, Fron et Sonrel s'engagent également de plus en plus dans les activités de la *Société météorologique de France*. Ils contribuent à son animation et publient une quinzaine d'articles dans son *Annuaire*[75]. Sonrel et Fron soutiennent par ailleurs leurs thèses de doctorat à la faculté des sciences de Paris, en 1867 et 1868[76]. Ces thèses portent respectivement sur « les mouvements généraux de l'atmosphère », et sur « les mouvements généraux de l'atmosphère dans leurs rapports avec les orages[77] ». Elles sont dédiées à Marié-Davy, ce qui est une façon sans équivoque de prendre parti dans les conflits qui l'opposent au directeur de l'Observatoire.

73. Lettre de Marié-Davy à Quetelet, du 2 septembre 1866. Bruxelles M1720.

74. M. Marié-Davy, *Les mouvements de l'atmosphère et des mers, considérés du point de vue de la prévision du temps*, Paris, V. Masson et fils, 1866.

75. Sonrel est vice-secrétaire de la société en 1867, secrétaire en 1868 et 1869, et vice-président en 1870.

76. Rayet soutient lui, en 1871, une thèse principale sur le spectre solaire [G. Rayet, *Thèses présentées à la faculté des sciences de Paris, pour obtenir le grade de docteur ès sciences physiques… mémoire sur les raies brillantes du spectre de l'atmosphère solaire et sur la constitution physique du Soleil*, Paris, Gauthier-Villars, 1871].

77. L. Sonrel, *Thèses présentées à la faculté des sciences de Paris, pour obtenir le grade de docteur ès sciences physiques… sur les mouvements généraux de l'atmosphère*, Versailles, Beau jeune, 1867; E. Fron, *Thèses présentées à la faculté des sciences de Paris, pour obtenir le grade de docteur ès sciences physiques… des mouvements généraux de l'atmosphère dans leurs rapports avec les orages*, Versailles, Imprimeur Libraire Beau, 1868.

Concurrence internationale et relance des prévisions

À partir d'octobre 1865, l'Observatoire a cessé son activité de prévision. Le *Board of Trade* a désormais le monopole de la diffusion des prévisions météorologiques sur les côtes françaises. Mais au Royaume-Uni comme en France, les services d'anticipation du temps sont contestés avec virulence. Fitzroy meurt en avril 1865 et peu après le *Board of Trade* réunit un comité chargé d'évaluer l'efficacité du service britannique. Ce comité, constitué de Francis Galton (pour la *Royal society*), Thomas Farrer (pour le *Board of Trade*) et Frederick Evans (pour l'*Hydrographic office*), remet son rapport en avril 1866. Il est très sévère. Le taux de vérification des prévisions est donné comme faible, et le comité émet de vives critiques sur la scientificité des méthodes employées. Poussé par Galton, le comité conclut à la nécessité de faire superviser le service par la *Royal society*. Cette nouvelle organisation est mise en place à partir de janvier 1867. Entre-temps, la société savante a demandé et obtenu l'arrêt de toute prévision. Mais sous la pression d'une partie de la communauté savante britannique (dont Herschel et Glaisher), le comité météorologique de la *Royal society*, également saisi de réclamations des autorités portuaires, consent à la reprise des *cautionary storm warnings*. À partir de la fin décembre 1867, le *Board of Trade* émet de nouveau des avis de tempêtes, mais en utilisant, à présent, des règles statistiques du type de celles établies par Buys Ballot pour la Hollande[78].

Le Verrier va profiter des déboires du service de prévision anglais pour relancer celui de l'Observatoire. Début 1866, l'ambassadeur de Grande Bretagne lui transmet une demande de son gouvernement. On l'interroge sur le fonctionnement du « système d'avertissement ou de prévision » français. Le Verrier rend sa réponse en avril 1866, sous la forme d'un rapport imprimé dans le *Bulletin* et dans les *Comptes rendus* de l'Académie des sciences[79]. Se référant à l'étude de Liais sur la tempête de novembre 1854, il déclare que son projet initial était de *suivre* les tempêtes déjà formées, pour en avertir les côtes. Selon lui, c'est seulement parce qu'on ne lui a pas accordé les moyens matériels nécessaires à une veille de jour et de nuit, qu'il a engagé l'Observatoire dans des prévisions à 24 heures. Mais il soutient néanmoins que ce pis-aller a été fécond, en montrant que le mauvais temps aborde la France depuis l'Atlantique en étant « presque toujours » accompagné d'une bourrasque. Pour lui, ces conclusions excluent un système strict d'avertissement. En effet, on ne peut pas surveiller en continu l'état de l'atmosphère en mer,

---

78. A. K. Khrgian, *Meteorology: a historical survey*, Jerusalem, Isræl Program for Scientific Translation, 1970, p. 154.
79. Supplément au *Bulletin* du 26 avril 1866, et U.-J.-J. Le Verrier, « Avertissements donnés aux côtes sur l'approche des tempêtes. État de la question », CR, t. 62, 1866, p. 1045-1053.

et donc suivre le déplacement des tempêtes de l'Atlantique jusqu'aux côtes françaises. En revanche, on peut anticiper l'arrivée des bourrasques depuis l'océan, en interprétant les déformations des lignes isobares. L'organisation que Le Verrier préconise est mixte. D'une part, on suivrait la progression des vents de tempête effectivement observés en se basant sur leur mouvement en marge des bourrasques. D'autre part, en surveillant les déformations des lignes isobares, on préviendrait les ports de l'Atlantique d'un danger éventuel venu de la mer, par des avertissements ponctuels. En revanche, Le Verrier se prononce contre les « probabilités » systématiques à 24 heures, qu'il juge à présent illusoires.

Le service météorologique de l'Observatoire est réorganisé sur ces bases à la fin de mai 1866[80]. Il est de nouveau assuré alternativement par Sonrel, Rayet et Fron. L'activité de prévision, supprimée en octobre 1865, reprend donc, mais l'Observatoire n'émet plus que des avertissements ponctuels[81].

L'origine et le trajet des bourrasques

Le travail concernant les cartes isobariques de l'Atlantique nord se poursuit, à l'Observatoire, alors même que le service de prévision est contesté, supprimé puis relancé sous une forme restreinte. Mais il faut attendre février 1868 pour voir paraître une première série de 214 cartes, concernant le second semestre 1864[82]. Au départ, les cartes océaniques devaient alimenter l'argumentaire de l'Observatoire dans la controverse Marié-Davy/Vaillant/Fitzroy. Mais leur construction a trop tardé : les premières d'entre elles ne sont prêtes qu'à l'été 1865, et à ce moment la controverse est déjà pratiquement éteinte. Vaillant a renoncé à une confrontation publique avec Le Verrier, Fitzroy est mort.

Illustration 12. – Carte des isobares et des vents sur l'Atlantique, le 21 janvier 1865 (au matin).

80. « Règlement pour le service des avertissements météorologiques », daté du 30 mai 1866. AN F[17] 3728 ; U.-J.-J. Le Verrier, « Avertissements météorologiques », *Bulletin*, 26 avril 1866.

81. Le service connaît également quelques aménagements : extension des prévisions à la Corse, et diffusion des dépêches aux préfets des départements côtiers.

82. Il avait tout de même présenté quelques cartes en juillet 1865. U.-J.-J. Le Verrier, « Organisation de quelques entreprises météorologiques », CR, t. 60, 1865, p. 136-144. Les cartes sont publiées sous forme d'Atlas : *Atlas des mouvements généraux de l'atmosphère*, Année 1864, juin-décembre, Paris, C. Chauvin, 1868 ; *Atlas des mouvements généraux de l'atmosphère*, Année 1865, janvier-mars, Paris, C. Chauvin, 1869 ; *Atlas des mouvements généraux de l'atmosphère*, Année 1865, avril-juin, Paris, C. Chauvin, 1869 ; *Atlas des mouvements généraux de l'atmosphère*, Année 1865, juillet-septembre, Paris, C. Chauvin, 1869 ; *Atlas des mouvements généraux de l'atmosphère*, Année 1865, octobre-décembre, Paris, C. Chauvin, 1869.

Ces cartes modifient en profondeur les conceptions de Marié-Davy et de son équipe sur l'origine des bourrasques. Au départ, ils défendaient l'idée selon laquelle celles-ci seraient des cyclones tropicaux ayant poursuivi leur route jusqu'aux latitudes européennes. Mais les cartes isobariques de l'Atlantique nord attirent leur attention sur d'autres parages. Marié-Davy l'écrit à Quetelet en avril 1865 : « Sur les cartes de l'Atlantique, je vois poindre de ces mouvements [les bourrasques] dans les parages de Terre-neuve, de l'Islande et des Açores, quelques jours avant qu'ils atteignent l'Europe[83]. »

Ceci peut d'ailleurs expliquer pourquoi l'Observatoire n'a pas diffusé plus tôt les cartes dont il pouvait disposer, celles-ci n'accréditant pas la thèse d'une origine tropicale des bourrasques.

Avec les cartes maritimes produites par l'Observatoire, Terre-neuve, l'Islande et les Açores font leur entrée dans l'univers du météorologiste comme des zones privilégiées du point de vue de la formation des perturbations atmosphériques. Tout au long des années 1860, 1870 et 1880, les services météorologiques français chercheront à mettre en place des observations suivies concernant ces régions. Au cours de l'année 1867, Le Verrier mène ainsi de longues négociations avec Robert Scott, le nouveau responsable du service météorologique du *Board of Trade*. La communication télégraphique entre Terre-neuve et l'Angleterre ayant été établie depuis juillet 1866, le *Board of Trade* et l'Observatoire de Paris se partagent les 200 livres de frais annuels liés à la transmission d'une dépêche quotidienne d'observation depuis le port de *Heart's Content*[84]. En revanche, l'Observatoire ne sera jamais connecté à l'Islande et aux Açores. On en sera toujours là en 1882, année où le conseil du Bureau Central Météorologique déclare ne pas pouvoir améliorer l'efficacité du service de prévision — hérité de l'Observatoire — tant que ces connexions télégraphiques n'auront pas été établies[85].

L'Observatoire en crise : révoltes et changements de règne

Dans la seconde moitié des années 1860, le développement des activités météorologiques de l'Observatoire s'inscrit dans un contexte de forts conflits internes. On l'a vu à propos de l'opposition entre Le Verrier et Marié-Davy, liée indirectement aux critiques dont fait l'objet le service de prévision. L'autoritarisme du directeur de l'Observatoire suscite plus globalement la désapprobation de son personnel. La situation est de plus en plus explosive, ce qui conduit à la constitution d'une commission d'enquête à l'hiver 1867. Par la suite, l'Observatoire est réorganisé, avec la création d'un conseil de sur-

83. Lettre de Marié-Davy à Quetelet, du 30 avril 1865. Bruxelles M1720.

84. Lettres de Le Verrier à Duruy, du 2 et du 4 janvier 1868. AN F[17] 3728 ; U.-J.-J. LE VERRIER, « Situations des entreprises météorologiques », CR, t. 66, 1868, p. 228.

85. A. FIERRO, *Histoire de la météorologie*, Paris, Denoël, 1991, p. 204.

veillance chargé de contrôler l'action de Le Verrier. Mais la tension ne retombe pas, et au début de l'année 1870 les astronomes en viennent à signer une lettre de démission collective, en guise de protestation. Le 5 février 1870, au Sénat, Le Verrier interpelle son ministre sur cette question [86]. C'est une grave erreur d'appréciation. L'interpellation déroge aux règles administratives, et surtout le directeur de l'Observatoire n'est plus en grâce aux yeux du pouvoir, après les multiples polémiques que son action a suscitées. Il est démis de son poste dès le lendemain.

C'est Charles-Eugène Delaunay qui est nommé pour le remplacer. Cet astronome s'intéresse peu à la météorologie, mais il autorise malgré tout Marié-Davy à prendre la tête d'un service reconstitué, avec Fron, Rayet, Sonrel et Baille. L'activité de prévision ne se limite plus aux seules alertes : elle comprend de nouveau, comme en 1863-1864, des prévisions systématiques à 24 heures. Mais la guerre franco-prussienne, le siège de Paris puis la Commune vont largement perturber les travaux de l'Observatoire. Sonrel et Rayet restent à Paris, alors que Marié-Davy et Fron assurent depuis Tours, Bordeaux et Versailles la continuité du *Bulletin* et des prévisions [87]. Puis le retour au calme est marqué par une brève délocalisation du service dans l'Observatoire météorologique du parc Montsouris [88].

Peu après, Delaunay meurt accidentellement, lors d'une sortie en mer au large de Cherbourg. Pour Le Verrier, c'est le temps de la revanche. Le 13 février 1873, Adolphe Thiers le nomme pour la seconde fois directeur de l'Observatoire de Paris. Un décret du même jour réorganise les activités météorologiques de l'établissement [89]. Marié-Davy part diriger l'Observatoire de Montsouris, qui devient un organisme municipal. De 1873 à sa mort en 1877, Le Verrier cherche à reconstituer l'organisation en vigueur sous le Second Empire, mais sans revenir sur le principe des prévisions systématiques.

L'astronome meurt le 27 septembre 1877, et dès le 29, Marié-Davy s'adresse au ministre de l'Instruction publique pour demander l'autonomisation du service météorologique [90]. Il en appelle à la création d'une institution météorologique centrale, dont il sollicite la direction. Malgré l'avis

---

86. Brouillon de la demande d'interpellation du gouvernement par Le Verrier, du 4 février 1870. Institut Ms 1072.
87. C.-E. Delaunay, « Note sur le service météorologique de l'Observatoire de Paris », CR, t. 72, 1871, p. 178-179.
88. L'Observatoire avait été créé en mars 1869, sur proposition d'Émilien Renou et Charles Sainte-Claire Deville. A. Fierro, *Histoire de la météorologie*, *op. cit.*, p. 111-115.
89. « Décret relatif aux observations météorologiques et à l'Observatoire de Montsouris » [13 février 1873], *Bulletin administratif du ministère de l'Instruction publique des cultes et des beaux-Arts*, nouvelle série, t. 16, Paris, Paul Dupont et Cie, 1874, p. 93-94 ; « nominations du directeur et des conseillers de l'Observatoire de Paris » [13 février 1873], *Ibid.*, p. 94-95.
90. AN F^{17} 3821.

défavorable de l'Académie des sciences, le ministre tranche en ce sens. Par un décret du 14 mai 1878, le service météorologique de l'Observatoire devient un établissement distinct, le Bureau Central Météorologique (ou BCM)[91]. Le BCM est placé sous la direction du physicien Éleuthère Mascart, qui était resté extérieur aux polémiques de la période précédente. Le Bureau s'installe rue de Grenelle à partir d'octobre 1878. Il reprend l'ensemble des activités développées précédemment à l'Observatoire, et se structure en trois services : « avertissements », « mouvements généraux de l'atmosphère » et « climatologie et inspections ». Fron, chargé du service de prévision sous la seconde direction de Le Verrier, continue à s'en acquitter, et ce jusqu'en 1904[92].

Jusqu'en 1914, les méthodes de prévision mises en œuvre par le BCM sont celles conçues par Marié-Davy au début des années 1860. La longévité de la carrière de prévisionniste de Fron, qu'il a formé, joue dans le sens d'une permanence des méthodes. En 1907, Charles Goutereau (qui en est en charge depuis 3 ans) peut écrire que depuis la création du BCM : « Le service n'a pas reçu de modifications importantes[93]. » Il faut attendre l'entre-deux-guerres pour assister à une évolution notable des pratiques de production et de diffusion des prévisions, avec l'essor de nouveaux outils (la TSF), de nouveaux besoins (l'aviation), de nouvelles méthodes d'analyse (la théorie des fronts)[94].

Cependant, jusqu'à l'essor des simulations numériques (dans les années 1950 aux États-Unis et dans les années 1960 en France), les pratiques de prévision météorologique relèvent des méthodes conçues à l'Observatoire de Paris, dans les années 1860. Celles-ci sont basées sur la construction et l'analyse de cartes synoptiques représentant les paramètres météorologiques du jour, et la rédaction de prévisions, sans recours à des méthodes analytiques[95]. Dans les années 1870, cette façon de faire devient la norme en

91. « Décret » [14 mai 1878], *Bulletin administratif du ministère de l'Instruction publique des cultes et des Beaux-Arts*, nouvelle série, t. 21, Paris, Paul Dupont et Cie, 1878, p. 282-285.

92. La création du BCM est l'occasion d'une réunification de la météorologie maritime française. À partir du 1er septembre 1881, la rédaction des avis de tempête destinés à la Marine de guerre est confiée aux soins du BCM, en remplacement du *Board of Trade*. SHM BB3 898 [correspondance de Mascart, adressée au ministre de la Marine].

93. Ch. Goutereau, « Le service des avertissements du temps et le contrôle des prévisions », *Annales du BCM, partie mémoires, année 1903*, Paris, Gauthier-Villars, 1907, p. 27-54 [p. 28].

94. Les dépêches de prévision sont diffusées pour la première fois sous la forme de radiotélégrammes en 1914. Cité dans le fascicule du BCM : « Rapport du directeur sur les travaux de l'année 1914 ». AN F17 13593.

95. Dans les années 1950, on assiste par ailleurs au développement de méthodes « grapho-analytiques » de prévision, combinant l'analyse cartographique et des méthodes graphiques de dérivation des équations aux dérivées partielles. N. Besleaga, « Les débuts de la prévision numérique : l'intégration grapho-analytique », *La météorologie*, numéro spécial consacré à l'histoire de la discipline, avril 1995, p. 135-138.

Angleterre, aux États-unis, en Russie et en Allemagne[96]. Ceci s'accompagne de la reconnaissance de la bourrasque comme une entité fondamentale de la dynamique atmosphérique et comme le « bon objet » à suivre dans le cadre d'une pratique de prévision qui s'étendra progressivement aux pluies, aux températures etc.

La prévision synoptique du temps : éléments pour l'analyse d'une pratique singulière

Sous le Second Empire, le processus de production des cartes synoptiques commence dans les postes télégraphiques. Les fonctionnaires y relèvent les indications des instruments, avant de les transmettre à l'Observatoire de Paris. Ces agents ne sont pas censés trouver un intérêt personnel à cette occupation. Si Le Verrier se félicite de leur niveau d'instruction, c'est seulement qu'il leur permet de bien s'acquitter de leur tâche. La situation est analogue dans le cas des établissements étrangers qui contribuent au réseau météo-télégraphique. En effet, les progrès de la division « industrielle » du travail scientifique y ont souvent placé de simples exécutants aux postes d'observation météorologique. Les données produites sont centralisées à l'Observatoire, puis mises en carte par Marié-Davy et ses élèves.

Sous la direction de Le Verrier, l'Observatoire de Paris adopte un fonctionnement semi-industriel qui inclut la production et la publication de données à flux tendu. Mais la modernité du *Bulletin* n'est pas seulement celle de ses modalités de production. Elle tient également à son adéquation avec les rythmes et les formes de l'expression journalistique. Non seulement le *Bulletin* est repris par la plupart des journaux politiques parisiens, mais il est lui-même le journal quotidien de l'Observatoire de Paris, dans lequel Le Verrier orchestre l'exhibition des bourrasques, lance des appels aux observateurs, ou répond sans délai aux critiques qui lui sont faites. L'Observatoire dispose ainsi d'un vecteur d'administration de la preuve particulièrement efficace. Les correspondants de Le Verrier — qui représentent la quasi-totalité des acteurs européens dans le champ de la météorologie, de l'astronomie et du géomagnétisme — peuvent voir la bourrasque se déplacer, jour après jour, sur les cartes du *Bulletin*. Dans le même temps, ils peuvent prendre connaissance de l'argumentaire de l'Observatoire ou des témoignages de satisfaction venus des côtes, que Le Verrier y reproduit.

96. A. K. Khrgian, *Meteorology: a historical survey*, *op. cit.*, p. 137-161 ; W. N. Shaw, *Manual of meteorology, vol. 1: Meteorology in history*, Cambridge, Cambridge University Press, 1926, p. 287. Pour le service américain : P. Hughes, *A century of Weather Service. 1870-1970*, New-York-London-Paris, Gordon and Breach, 1970 ; M. Monmonier, « Telegraphy Iconography and the Weather Map: Cartographic Weather Reports by the United States Weather Bureau, 1870-1935 », *Imago Mundi*, 40, 1988, p. 32-45 ; J. R. Fleming, *Meteorology in america 1800-1870*, *op. cit.*

Malgré la contingence du tracé par interpolation de points de données, Le Verrier, Marié-Davy et ses élèves soutiennent que les cartes synoptiques sont l'équivalent d'une vision directe de l'atmosphère, sans hypothèse ou choix sous-jacents. L'Observatoire de Paris — prolongé de son réseau — est métaphoriquement assimilé à une vigie dont le regard porte sur toute la surface de l'Europe et de l'Atlantique.

Lorraine Daston et Peter Galison ont mené à propos du statut des images scientifiques un travail de recherche au long cours, en lien avec une analyse des formes de l'objectivité[97]. Ceci les a amené à définir une typologie historiquement située de ces formes. Ils en distinguent essentiellement trois : l'objectivité « aperspectivale », l'objectivité « ontologique » et l'objectivité « mécanique ». La notion d'objectivité aperspectivale renvoie au désir d'élimination des idiosyncrasies liées aux individus, aux groupes (nations comprises), ou à l'appartenance à l'Humanité (anthropomorphisme). L'objectivité ontologique qualifie les pratiques et les discours sous-tendus par l'idée qu'il existe une réalité ultime et potentiellement accessible du monde. L'objectivité mécanique, enfin, vise à l'élimination des jugements moraux, intellectuels ou esthétiques dans le cadre de la production des savoirs[98].

Daston et Galison proposent aussi une périodisation conjointe de l'imagerie scientifique et de ces formes de l'objectivité. Jusqu'aux années 1830, l'iconographie savante serait sous-tendue par l'idéal de l'objectivité ontologique. L'image est produite par l'intervention décisive du philosophe naturel et/ou de l'artiste. Ces figures du génie permettent le passage des objets effectivement observés à l'objet « essentiel » représenté. C'est par exemple la plante primitive gœthéenne, dont le dessin ne correspond à aucune plante réelle mais capture l'essentiel de toutes les plantes[99]. Puis, à partir des années 1830, l'iconographie scientifique se définirait de plus en plus en fonction des canons de l'objectivité mécanique. L'observateur idéal est ici la machine, sans jugement, sans interprétation, sans subjectivité. Le singulier est exalté au détriment de la représentation des objets « essentiels », caractéristique de la période précédente.

---

97. L. Daston, « Objectivity and the escape from perspective », *in* : M. Biagioli, *The Science Studies Reader*, New York-London, Routledge, 1999, p. 110-123 [1re éd. 1992] ; L. Daston, P. Galison, « The image of objectivity », *Representations*, 40, 1992, p. 81-128 ; P. Galison, « Judgment against Objectivity », *in* : P. Galison, C. Jones (eds), *Picturing Science, Producing Art*, New York, Routledge, 1998, p. 327-359.
98. L'objectivité aperspectivale s'opposerait à la conscience, et l'objectivité mécanique à l'interprétation. Pour Daston et Galison, la distinction apparaît nettement dans le cas de la photographie. Ses procédés seraient éminemment conformes à l'idéal de l'objectivité mécanique (ils « reproduisent » le réel sans intervention de l'homme), alors qu'ils ne correspondraient pas aux canons de l'objectivité aperspectivale (parce que les photographies sont prises d'un point de vue particulier) [L. Daston, « Objectivity and the escape from perspective », *loc. cit.*, p. 122].
99. J. Lacoste, *Gœthe. Science et Philosophie*, Paris, PUF, 1997, p. 15-86.

Enfin, un troisième type d'iconographie émergerait à partir du début du XXe siècle. Celle-ci valoriserait la notion de jugement subjectif, non algorithmique, formé par l'habitude et l'entraînement. L'image est désormais conçue comme le produit d'un processus interprétatif, qui opère sur la réalité mais ne prétend plus la laisser « parler toute seule » à travers l'objectif de l'appareil photographique ou sur les bandes des appareils enregistreurs. Le réel émerge à présent du jugement du savant, à l'issue d'un processus de représentation assumé comme actif et procédant d'un choix. Après le génie et la machine, l'expert est la figure tutélaire de cette troisième forme d'objectivité de l'imagerie scientifique[100].

La représentation que l'Observatoire donne du processus de *production* des cartes synoptiques est très nettement sous-tendue par le discours de l'objectivité mécanique. Il s'agit de présenter ce processus comme une série d'opérations ne relevant d'aucun choix, hypothèse ou jugement. La chaîne de production des cartes synoptiques — de l'observateur à la publication du *Bulletin* — est présentée à la manière d'un macro-instrument qui mêle des éléments matériels (des baromètres ou des kilomètres de fil électrique), et des hommes-machines qui observent et tracent. Ce macro-instrument produirait, au total, une image de l'atmosphère qui révèlerait l'existence des bourrasques.

Après les différentes étapes de production des cartes synoptiques, vient leur interprétation, qui débouche sur les prévisions. Dans la méthode synoptique prévisionnelle, cette phase ne passe ni par l'énoncé de règles explicites de lecture des cartes, ni par la mise en œuvre d'outils analytiques, statistiques ou algorithmiques. Les météorologistes des XIXe et XXe siècles sont unanimes pour affirmer que la pratique du prévisionniste relève d'un jugement, d'un coup d'œil nés de l'expérience et de l'entraînement, pas d'un savoir explicitable. Ainsi, le cours intitulé *Éléments pratiques de météorologie et de prévision synoptiques* de l'École Nationale de la Météorologie (publié en 1994) s'ouvre sur l'affirmation selon laquelle : « Il ne s'agit pas à proprement parler d'un cours, et ce n'est d'ailleurs pas un hasard s'il n'existe pas de véritable cours de prévision [...] [car] le métier de prévisionniste s'apprend essentiellement sur le tas, par l'expérience qui découle de la pratique[101]. » Willis Moore — directeur du *Weather Bureau* américain — écrit lui en 1898 : « *No rule in regard of them* [les dépressions] *can be laid down. Empirical reasoning,* and intimate association with the charts, day after day and year after year, *in the main equip*

100. On voit que la typologie des formes de l'objectivité et la périodisation des modes de production iconographique ne se recoupent que partiellement, puisque la dernière phase, celle de l'expert, ne correspond pas clairement à un des trois types d'objectivité décrits ci-dessus.

101. *Éléments pratiques de météorologie et de prévision synoptiques. Cours et Manuel. École Nationale de la Météorologie*, Paris, Météo-France, 1994, avant-propos.

the successful forecaster for his important functions[102]. » Dans les années 1910, Georges Bliss, lui aussi membre du *Weather Bureau*, oppose la météorologie synoptique prévisionnelle aux développements récents de la physique atmosphérique :

> « *The most student of atmospheric physics [...] were far from being the best forecasters [...] in order to excel in the profession one must possess a special faculty for intuitively and quickly weighting the forces indicated on the weather map and calculating the resultant.* This special faculty is developed by long and continued study and association with maps, rather than by a profound study of atmospheric physics[103]. »

Chez Marié-Davy, la pratique synoptique prévisionnelle est également revendiquée comme un savoir implicite, qui tient de l'expérience et de la familiarité avec les cartes. Il refuse d'énoncer des règles à ce propos :

> « Il n'est pas facile — explique-t-il en 1864 devant la *Société météorologique de France* — de préciser la manière dont on pressent le temps, car on change de marche tous les jours. La meilleure manière de montrer la méthode est en prenant des cartes barométriques successives et en montrant les résultats qui en ont été déduits[104]. »

C'est d'ailleurs le parti qu'il prend dès 1863, lorsqu'il forme Fron, Rayet et Sonrel à la prévision, en procédant par un apprentissage en situation[105].

La météorologie synoptique prévisionnelle est ainsi une activité composite du point de vue des typologies de Daston et Galison. Après la production des cartes, marquée au sceau de l'objectivité mécanique, vient la phase d'interprétation qui renvoie de façon frappante à l'« imagerie de jugement » qui caractérise selon eux le XXe siècle. L'interprétation des cartes est une pratique individuelle, qualitative, basée sur le coup d'œil et la mémoire visuelle. La clinique médicale est la référence épistémologique principale de Marié-Davy. Rapprochant la météorologie synoptique de la médecine, il exalte le jugement contre la règle — et d'abord contre la règle statistique : « Le médecin — écrit-il — peut, lui aussi, faire des calculs de probabilités ; il peut leur donner une certaine part dans l'établissement des pronostics ; le cas particulier placé sous ses yeux aura toujours une influence prépondérante sur ses jugements[106]. » Ni génies, ni machines, les prévisionnistes constituent un groupe d'experts

---

102. F. NEBEKER, *Calculating the weather: meteorology in the 20th century*, San Diego, Academic Press, 1995, p. 40. Nous soulignons (en caractères romains).
103. Cité par M. MONMONIER, *Air Apparent. How meteorologists learned to map, predict, and dramatize weather*, Chicago-London, University of Chicago Press, 1999, p. 10. Nous soulignons (en caractères romains).
104. H. MARIÉ-DAVY, *Annuaire de la SMF*, 1864, p. 208 [intervention en séance].
105. Marié-Davy s'en explique très clairement dans une lettre à Quetelet, datée du 19 mars 1865. Bruxelles M1720.
106. H. MARIÉ-DAVY, *Les mouvements de l'atmosphère...*, *op. cit.*, p. 465.

formés à l'interprétation des cartes synoptiques, par un compagnonnage qui permet d'harmoniser les interprétations individuelles sans brider l'autonomie des jugements.

Nous sommes ici face à un cas singulier. Les pratiques scientifiques impliquent des savoirs implicites, corporels, échappant aux efforts de mise par écrit [107]. Mais généralement, cet aspect est passé sous silence dans les discours des acteurs. Ici, il est revendiqué, alors même que les normes morales et épistémologiques des années 1850 et 1860 célèbrent l'élimination de toute forme de subjectivité dans la pratique scientifique. De plus, ceux-là même qui contestent les prévisions de l'Observatoire, comme Vaillant ou Fitzroy, ne font pas porter leurs critiques sur cette question.

C'est que la structuration de la pratique de prévision météorologique est contrainte à ce moment par des normes morales qui ne sont pas seulement celles de la communauté scientifique, mais aussi celles du débat public. Plusieurs éléments incitent, dans ce contexte, à préférer la carte au nombre, et le jugement à la règle. La manipulation des nombres est très risquée pour le savant qui intervient dans le domaine de la prédiction et/ou de la météorologie. Nous avons vu au chapitre précédent comment les travaux de mécanique céleste de Le Verrier — avec leur usage des formules analytiques et la prédiction de l'existence de Neptune — pouvaient être pris dans une double assimilation entre théorie et hermétisme, astronomie et astrologie. Arago a connu une expérience similaire. En 1833, il s'intéresse à l'action de la Lune sur l'atmosphère [108]. Il mène des calculs statistiques et conclut à l'existence de cette action, mais sans soutenir que celle-ci pourrait avoir une influence sur le temps. Ce qui n'empêche pas des almanachs anglais de reproduire des extraits de son travail, présenté comme une justification de la prédiction du temps par les phases lunaires [109]. Manipulation des nombres, référence à la Lune, prédiction scientifique, météorologie sont les ingrédients d'un cocktail à haut risque pour les « les savants de bonne foi et soucieux de leur réputation » chers à Arago (voir chapitre II) [110].

Le recours à la carte est alors une façon d'écarter les manipulations numériques, problématiques en terme d'image publique et de crédibilité. Mais la carte n'est pas seulement un choix par défaut : elle possède aussi des

107. Cet aspect apparaît de façon particulièrement aiguë dans les tentatives de réplication d'expériences ou de dispositifs [H. M. Collins, « The TEA set: Tacit Knowledge and Scientific Network », *Science Studies*, 4, 1974, p. 165-186].

108. F. Arago, « La Lune exerce-t-elle sur notre atmosphère une influence appréciable? », *Annuaire du Bureau des longitudes*, 1833, p. 157-273.

109. M. Perkins, *Visions of future. Almanacs, Time and Cultural Change*. 1775-1870, Oxford, Clarendon press, 1996, p. 204.

110. F. Arago, « Sur la prédiction du temps », *Annuaire du Bureau des longitudes*, 1846, p. 576.

avantages certains dans le rapport à l'opinion publique. L'Observatoire livre chaque jour ce qu'il dit être une vision instantanée de l'atmosphère, et prétend ne se livrer à aucune sorte de théorisation. Il cherche ainsi à coller à l'idéal d'une science absolument « transparente », qui s'oppose aux manipulations opaques de l'astrologie et de la numérologie.

Mais c'est aussi parce qu'elle se fonde sur l'existence d'une entité particulière, la bourrasque, que la météorologie prévisionnelle est si convaincante. L'Observatoire peut non seulement l'exhiber sur ses cartes synoptiques, mais également en faire la protagoniste *d'une mise en récit.* Cette caractéristique autorise des modes d'administration de la preuve que ne peut permettre, par exemple, une théorie basée sur l'application d'un système d'équation. On a vu comment Marié-Davy et Le Verrier combinent les images et les récits dans leurs présentations à l'Académie. Dans une autre arène, celle de la presse quotidienne, le « fait divers météorologique » est concurrencé par le *Bulletin* de l'Observatoire. Il offre sa propre articulation des évènements, en une nouvelle dramaturgie des phénomènes atmosphériques. La bourrasque apparaît ainsi comme un objet scientifique doublement adapté aux contraintes de sa réception, car elle est susceptible à la fois de marquer les esprits et de moraliser la pratique de la prévision du temps.

La météorologie synoptique prévisionnelle semble également se conformer en un autre sens aux attentes du grand public. Si l'almanach peut être porteur de connotations négatives, la pronostication météorologique du marin ou de l'agriculteur est, elle, valorisée. Dans *Les Mouvements*, Marié-Davy exalte « les peuples pasteurs, les populations agricoles et surtout les hommes de la mer » qui savent relier leurs observations des signes du temps aux conditions météorologiques à venir [111]. Mais il assigne une limite essentielle au jugement du marin et du cultivateur : son caractère *local.* Local, c'est ce que ne serait pas l'Observatoire, placé au centre de son réseau météo-télégraphique et disposant ainsi d'une vue complète et immédiate de l'atmosphère.

Les prévisions de l'Observatoire, selon Marié-Davy, auraient alors pour but de guider l'interprétation individuelle des signes du temps [112]. En présentant la prévision météorologique comme une aide à la pronostication populaire, son discours établit un premier type de lien entre ces pratiques [113]. Mais c'est surtout en proclamant que la météorologie synoptique procède fondamentalement d'un jugement que Marié-Davy cherche à rapprocher sa méthode de celle du marin ou de l'agriculteur. Il exploite l'idée d'une

---

111. H. Marié-Davy, *Les mouvements de l'atmosphère…*, *op. cit.*, p. 22.
112. H. Marié-Davy, *Les mouvements de l'atmosphère…*, *op. cit.*, p. 449.
113. Notre propos n'est pas de savoir si oui ou non les dépêches de l'Observatoire sont utilisées effectivement comme une aide à la pronostication — ce dont nous ne savons strictement rien. Notre propos est de montrer en quoi ce discours fait sens du point de vue des météorologistes de l'Observatoire, et du point de vue du grand public.

continuité nécessaire entre le savoir scientifique et le sens commun, une idée banalisée par Auguste Comte et très répandue au XIXe siècle[114]. On se trouve alors devant une transposition : les inflexions des lignes isobares sont les signes de l'arrivée d'une bourrasque depuis l'Atlantique, comme l'aspect du ciel peut laisser présager, en tel ou tel endroit des côtes, du mauvais temps à venir. L'expérience de la carte remplace l'expérience du contact avec les éléments. L'« œil de l'Observatoire » n'est plus seulement un œil mécanique. Comme celui du marin, il se doit désormais de sentir et de juger.

114. Comte écrit ainsi en 1844 : « Le véritable esprit philosophique consiste surtout dans l'extension systématique du simple bon sens à toutes les spéculations vraiment possibles. », A. COMTE, *Discours sur l'esprit positif*, Paris, Vrin, 1995, p. 126-127 [1re éd. 1844].

Chapitre VI

TRACER SA ROUTE
Les marins et la cartographie statistique des vents

Dans un XIXe siècle très largement dominé par la marine à voile, la connaissance des vents et des courants en haute mer est un enjeu décisif pour la navigation. Les marins acquièrent cette connaissance au cours de leurs voyages de formation et de leur carrière professionnelle. Ils utilisent des routiers, qui fournissent des instructions sur la meilleure route à emprunter, en fonction des saisons, pour relier un port à un autre. Ces publications donnent également des informations incidentes concernant les vents, les courants et les fonds, mais sans en donner de description détaillée.

Jusqu'aux années 1850, la connaissance de la haute mer ne fait pas partie des missions assumées par les offices hydrographiques d'État. Ceux-ci produisent essentiellement des cartes littorales portant le profil des côtes, les récifs, et des indications des hauteurs d'eau. Seules les cartes géomagnétiques font exception à cette cartographie côtière. Les autres grandeurs physiques de l'environnement maritime (vents et paramètres météorologiques, courants, caractéristiques physiques de l'eau...) ne font l'objet que de mentions ponctuelles et non systématiques sur les cartes produites par les établissements hydrographiques.

Cette situation change progressivement dans la seconde moitié du XIXe siècle, avec l'émergence d'un ensemble de pratiques, de discours, de dispositifs matériels et de configurations sociales organisant la connaissance et la maîtrise de la haute mer. Cette émergence est corrélative de l'essor de la navigation intercontinentale, de la télégraphie sous-marine et de la chasse intensive aux cétacés. Elle participe également d'une mutation dans l'ordre des représentations culturelles, la haute mer apparaissant désormais comme une « nouvelle frontière » à conquérir, à exploiter, et à utiliser à des fins d'agrément — avec, plus tard dans le siècle, la mode du *yachting*[1].

Les offices hydrographiques jouent un rôle essentiel dans ce mouvement. À partir des années 1850, la cartographie de position ne constitue plus leur activité exclusive. Ils commencent à développer une cartographie physico-chimique de l'océan profond. Celle-ci concerne notamment les vents, dont la connaissance doit permettre de rationaliser et de sécuriser la navigation.

1. H. Rozwadowski, « Technology and ocean-scape: defining the deep sea in mid-nineteenth century », *History and Technology*, 17, 2001, p. 217-247.

Le Dépôt des cartes et plans et la météorologie

En France, les activités hydrographiques sont déléguées au Dépôt des cartes et plans de la Marine, créé en 1720 afin d'organiser la conservation, la production et le contrôle des cartes nautiques[2]. Réorganisé aux premières heures de la Restauration, il emploie une trentaine de personnes dans les années 1850, dont deux tiers d'ingénieurs hydrographes, entrés dans le corps après l'École Polytechnique. Le Dépôt, installé à Paris, est un important centre de conservation documentaire. À la fin de la monarchie de Juillet, ses collections renferment 22 000 cartes hydrographiques et une bibliothèque de 20 000 ouvrages[3]. Dans les bureaux annexés à ce stock documentaire, le personnel du Dépôt enregistre et valide les observations (profils côtiers, écueils...) et les met en carte[4].

L'institution connaît par ailleurs une diversification importante de ses missions dans le deuxième quart du XIXe siècle. Elle est progressivement chargée, en marge de ses activités cartographiques, d'assurer l'achat, l'entretien et la conservation des dispositifs chronométriques de la Marine de guerre[5]. À cette fin, le Dépôt se trouve en relation constante avec les observatoires des ports militaires de Cherbourg, Brest, Lorient, Rochefort et Toulon, qui assurent le réglage et la distribution des chronomètres.

Le 16 février 1859, un arrêté du ministère de la Marine confie une nouvelle tâche aux hydrographes : étudier la météorologie maritime, et particulièrement « multiplier et [...] régulariser les observations faites à la mer » pour « les faire servir à la sécurité et à la célérité de la navigation[6] ». Cette mission est confiée à l'ingénieur François Delamarche, déjà chargé de la gestion du stock de chronomètres du Dépôt[7]. À partir de 1859, il s'emploie à organiser un service d'observation météorologique à bord de tous les bâtiments de guerre français. Avant cela, il arrivait que les officiers portent des mentions du vent et de l'état de la mer sur les livres de bord des navires. Dans certains cas, on y trouve même des indications de la pression et de la température de

2. Concernant le Dépôt de la Marine, on consultera utilement : O. Chapuis, *À la mer comme au ciel. Beautemps-Beaupré et la naissance de l'hydrographie moderne (1700-1850)*, Paris, Presses de l'université de Paris-Sorbonne, 1999 ; J. W. Konvitz, *Cartography in France 1660-1848. Science, Engineering, and Statecraft*, Chicago, University of Chicago Press, 1987, p. 63-81 ; M. Rollet de l'Isle, « Étude historique sur les ingénieurs-hydrographes et le Service hydrographique de la Marine (1814-1914) », *Annales hydrographiques*, numéro bis spécial de l'année 1950.
3. O. Chapuis, *À la mer comme au ciel...*, *op. cit.*, p. 474-475.
4. J. W. Konvitz, *Cartography in France 1660-1848...*, *op. cit.*, p. 75.
5. O. Chapuis, *À la mer comme au ciel...*, *op. cit.*, p. 84-85.
6. « Arrêté concernant l'organisation du service météorologique à bord des bâtiments de guerre et des navires de commerce », *Bulletin officiel de la Marine*, 1859, numéro de 16 février 1859.
7. SHM, dossier « Delamarche (François Alexandre) ».

l'air[8]. Mais ces observations étaient laissées à l'appréciation des navigants, sans faire l'objet de codification ou de fourniture en instruments météorologiques. L'arrêté du 16 février 1859, lui, organise un service d'observation obligatoire à bord des navires de la flotte. Sur chaque bâtiment, l'officier chargé de l'entretien des chronomètres de bord doit désormais relever trois fois par jour la position du navire (observée, et à l'estime), les vents (moyennés sur 8 heures), l'état du ciel (avec mention des nuages, selon la classification de Howard) et l'état de la mer (selon une échelle de 0 (mer calme) à 5 (mer dure)[9]). Il lui est par ailleurs prescrit d'observer, cinq fois par jour au moins, la pression atmosphérique et la température de l'air. Le Dépôt fournit les instruments. Lorsque l'officier chargé des chronomètres se rend à l'observatoire de la Marine pour recevoir ceux qui doivent lui être confiés, il reçoit en plus un baromètre et un thermomètre. Tous deux ont été précédemment comparés à des instruments-étalons conservés dans les observatoires.

Les baromètres de la Marine de guerre sont des baromètres à mercure adaptés à la navigation. Ils sont suspendus à la cardan, et munis d'un rétrécissement de leur tube barométrique. Ceci évite les chocs du mercure sur l'extrémité en verre, dus au roulis et au tangage. Les observatoires fournissent également des « journaux météorologiques », destinés à recueillir les données d'observation[10]. À chaque désarmement du navire, le journal météorologique doit être ramené à l'observatoire du port, en même temps que les chronomètres et les instruments météorologiques. Les instruments, une fois ré-étalonnés, sont redistribués aux navires en partance. Les journaux sont conservés dans les observatoires, en attendant leur utilisation éventuelle par le Dépôt. À partir du début des années 1860, il existe ainsi une intense circulation d'instruments et de relevés entre les observatoires des ports militaires, les bâtiments de guerre et le service central du Dépôt, à Paris. Plusieurs centaines de baromètres et de thermomètres font des allers-retours entre les navires et les réserves des observatoires. Les journaux météorologiques s'y accumulent, à côté des journaux de bord qui y sont déposés à chaque retour au port.

Le développement de cette activité météorologique est directement lié aux initiatives du superintendant du Dépôt de la Marine américaine, Matthew Fontaine Maury[11]. Depuis le début des années 1840, il mène un vaste

8. A. Fleuriot de Langle, « Note sur la richesse des observations recueillies par les officiers de Marine ou autres agents appartenant à ce département », note manuscrite datée du 4 avril 1873, aux archives de la *Société française de géographie* [versées au Département des cartes et plans de la Bibliothèque Nationale de France], carton F (début), pièce 422.
9. C. E. Caspari, Ch. Ploix, *Météorologie nautique. Vents et courants*, Paris, Imprimerie nationale, 1874.
10. *Marine militaire. Journal météorologique*, Paris, P. Dupont, édition annuelle.
11. À propos de Maury : C. G. Hearn, *Tracks in the Sea: Matthew Fontaine Maury and the Mapping of the Oceans*, Camden Me, International marine/McGraw-Hill, 2002;

programme de collecte et de dépouillement des journaux de bord. Maury cherche à déterminer les routes maritimes optimales pour des navires à voiles. Son exploitation des journaux de bord a un double aspect. D'une part, pour un trajet donné, il relève les routes suivies et les temps de navigation. En les comparant, il en déduit les trajectoires optimales. D'autre part, et c'est ce qui nous intéresse surtout, il utilise les informations relatives aux vents contenues, sous une forme non systématique, dans les journaux de bord. Dans les années 1840, Maury et son équipe de calculateurs relèvent ainsi près de 197 000 observations de vent pour l'Atlantique nord. Ce dépouillement se traduit par la publication de cartes maritimes d'un nouveau type. Les *Pilot charts* sont des cartes statistiques qui représentent, sous une forme originale due à Maury, les statistiques des *directions* de vent pour chaque « carré » 5° de latitude sur 5° de longitude de l'espace océanique[12].

De 1848 à 1873, Maury fait paraître des *Pilot charts* de l'Atlantique nord, de l'Atlantique sud, du Pacifique nord et du Pacifique sud. Pour dresser ses cartes, il procède en regroupant toutes les observations relatives au même jour de l'année, à la même tranche horaire de 8 heures et au même « carré » de l'espace géographique. Puis il les regroupe par mois. Enfin, il synthétise ces données sous la forme de tableaux circulaires, portés dans chaque portion du maillage 5° sur 5°.

Illustration 13. – Spécimen d'une *wind rose* de Maury (en haut), avec son explication (en bas).

Ces tableaux, que Maury nomme les *wind rose*, sont divisés en 16 portions angulaires, correspondant aux 16 directions de base du vent. Dans chacune de ces portions, on peut lire le nombre de fois où des vents soufflant depuis cette direction ont été observés, pour chaque mois de l'année. Les statistiques concernant les calmes sont portées dans un disque central. En périphérie, la *wind rose* donne par ailleurs les totaux d'observations de vent correspondant à chaque mois. En complément des *Pilot charts*, Maury fait par ailleurs paraître un ouvrage, intitulé *Explanations and sailing directions to accompany the Wind and current charts,* qui paraît dans sa première version en 1851[13]. Ce texte — connu comme les *Sailing Directions* — décrit les

C. H. Cotter, « Matthew Fontaine Maury (1806-1873): « Pathfinder of the seas » », *Journal of Navigation*, 32, 1979, p. 75-83; W. Morzer-Bruyns, « Matthew Fontaine Maury and the introduction of oceanography to the Netherlands in the Second Half of the Nineteenth Century », *American Neptune*, 18(1), 1988, p. 44-49; T. H. Crawford, « Networking the (Non) Human: Moby-Dick, Matthew Fontaine Maury, and Bruno Latour », *Configurations*, 5(1), 1997, p. 1-21.

12. Le maillage est adossé au méridien de Greenwich.

13. M.-F. Maury, *Explanations and sailing directions to accompany the winds and currents charts*, Washington, C. Alexander, 1851.

routes maritimes conseillées, et explique la construction et l'usage des cartes statistiques des vents.

Le problème élémentaire auquel les *Pilot charts* doivent répondre est l'évaluation du caractère favorable ou défavorable d'une route, à travers un carré 5° sur 5°. Pour chaque situation en terme de vent dominant (décrit ici selon les 16 directions de base du vent), le navire doit naviguer en zigzags autour de cette direction (c'est ce que l'on appelle « tirer des bords »). On peut montrer qu'en fonction de la direction du vent, la distance parcourue par le navire est augmentée de 38 %, 71 %, ou 98 % par rapport à la situation où le vent est portant[14]. On peut alors calculer, pour chaque carré, le rallongement moyen d'un trajet de direction donnée, en prenant en compte les statistiques synthétisées dans les *wind rose*. Entre un point de départ A et un point d'arrivée B, on considère d'abord un ensemble de routes « candidates », pour lesquelles on mène ce calcul, carré par carré. Puis on somme les distances obtenues pour chaque carré, et on obtient ainsi la distance statistique moyenne à parcourir. En comparant ces distances, on détermine finalement la route optimale parmi les routes « candidates » de départ. Les *Pilot charts* constituent ainsi le support d'un algorithme qui fournit, à l'issue d'une série de tracés et de calculs, la trajectoire statistiquement la plus rapide entre deux ports, pour un navire à voile.

La Marine française et la conférence de Bruxelles

Les recherches de Maury ont un impact décisif sur le développement des sciences de la haute mer, au niveau international. Au début des années 1850, il met sur pied une conférence qui réunit les représentants des marines occidentales[15]. Adolphe Quetelet joue un rôle d'intercesseur en accueillant cette conférence à Bruxelles, du 23 août au 4 septembre 1853. Comme dans les années 1830, Quetelet sert d'interface entre les différents groupes nationaux impliqués dans l'étude de l'environnement terrestre. Ici, ce rôle est d'autant plus important que des délégations françaises, anglaises et russes se côtoient à la conférence, alors même que la tension monte entre ces pays (les hostilités de la guerre de Crimée sont déclenchées en octobre 1853).

Dix pays sont représentés à la conférence, dont la France, l'Angleterre, les Pays-Bas, la Russie et les États-Unis[16]. En février 1852, Maury s'adresse au secrétaire perpétuel de l'Académie des sciences, François Arago, pour lui expo-

14. Pour les navires à voile, les calmes ne sont pas pris en compte dans ces calculs, puisqu'ils interrompent radicalement la traversée. C'est alors un risque à peser à part.
15. Sur les résonances anglaises de cette initiative : J. Burton, « Robert Fitzroy and the early history of the Meteorological Office », *British Journal for the History of Science*, 19, 1986, p. 147-176.
16. Belgique, Danemark, États-Unis, France, Grande-Bretagne, Norvège, Pays-Bas, Portugal, Russie, Suède.

ser son projet de conférence[17]. Mais la commission formée à la suite de la lettre de Maury — et composée d'Arago, Pouillet, Babinet et Duperrey — renvoie l'affaire vers le ministère de la Marine. Le Dépôt désigne finalement François Delamarche pour représenter la France. Les autres délégations à la conférence de Bruxelles, elles aussi, sont constituées d'officiers mandatés par les services hydrographiques militaires.

La conférence débouche sur un accord, au terme duquel les marines s'engagent à organiser des observations météorologiques à bord de leurs bâtiments. Les observations doivent se conformer à un modèle commun, décidé à Bruxelles[18]. Ce modèle prescrit une mesure quotidienne de la pression, de la température de l'air, de la température de la mer en surface. Les vents, eux, doivent être notés trois fois par jour au moins. Les officiers doivent indiquer le vent moyen en direction et en intensité, par tranches de huit heures. Ce mode d'observation s'inspire de la méthode de dépouillement de Maury. Il est en cela parfaitement révélateur de la finalité de l'entreprise : la production et la mise en commun de données servant à produire des cartes analogues aux *Pilot Charts* américaines. La conférence de Bruxelles décide également d'éditer un modèle commun de journal météorologique, l'*abstract-log*. Les négociations ne débouchent pas, en revanche, sur des règles de standardisation des instruments[19].

C'est en application de la convention de Bruxelles que le Dépôt de la Marine organise, à partir de 1859, un service d'observation météorologique à bord des navires de la flotte[20]. La situation est contrastée en Europe. La France s'en remet à son institution hydrographique centrale. Mais en l'Angleterre et en Hollande, la conférence de Bruxelles suscite la création de deux organismes spécialisés, le service météorologique du *Board of Trade* et le *Koninklijk Nederlands Meteorologisch Instituut*, dont on a analysé l'action ultérieure en matière de prévision météorologique[21].

17. Le 23 février 1852, le consul des États-Unis en France — qui avait déjà transmis la lettre de Maury — a même fait hommage à l'Académie des cartes statistiques des vents pour l'Atlantique nord, accompagnées des *Sailing Directions*. CR, t. 24, 1852, p. 213, 256 et 291.
18. On trouve l'acte final et les comptes-rendus des séances de la conférence dans M.-F. Maury, *Instructions nautiques destinées à accompagner les cartes des vents et des courants*, Paris, Firmin-Didot, 1859, p. 134-166.
19. L'acte final de la conférence se contente de préconiser l'utilisation du baromètre à mercure, alors qu'un accord minimal est trouvé sur les unités, avec l'utilisation du degré Celsius et de l'échelle des vents de Beaufort.
20. On a vu que le Dépôt ira même plus loin que les recommandations de la conférence, en multipliant les observations barométriques et thermométriques.
21. À propos du cas anglais, et du rapport entre la conférence de Bruxelles et la création du service météorologique du *Board of Trade* : J. Burton, « Robert Fitzroy... », *loc. cit.*

Il faut attendre 1859 pour que la France s'engage dans le sens des résolutions de Bruxelles. Mais dès 1856, les services du Dépôt entreprennent de traduire les cartes publiées par le service météorologique du *Board of Trade*. Ces cartes sont des versions modifiées des *Pilot Charts* de Maury, avec un regroupement des observations par trimestre, et un mode de représentation simplifié. Pour permettre une utilisation plus aisée des cartes, Fitzroy conçoit en effet un mode de représentation original : la *wind star*. C'est une étoile à 16 branches, dont les longueurs sont proportionnelles au nombre de fois où le vent a soufflé dans cette direction, et où le nombre total d'observations est porté au centre.

La Marine française fait paraître successivement les traductions des cartes anglaises pour l'Atlantique nord (mars 1856), pour le nord de l'Océan Indien (novembre et décembre 1857), pour le Pacifique nord (avril et juin 1858), pour l'Atlantique sud (août 1859) [22]. Cette même année, le Dépôt publie une traduction complète des *Sailing directions*, sous le titre des *Instructions nautiques*[23]. En même temps que sont systématisées les observations météorologiques en mer, les *Instructions nautiques* et les cartes des vents du *Board of Trade* deviennent obligatoires sur les navires de guerre français. ces documents sont par ailleurs diffusés au sein de la communauté maritime *civile*, dans le cadre d'une politique de promotion de l'observation météorologique en mer. Tous les capitaines de commerce qui possèdent les instruments requis (un baromètre et deux thermomètres), et qui s'engagent à effectuer des observations régulières, reçoivent les *Instructions nautiques* de Maury et les traductions françaises des cartes du *Board of Trade*. Les professeurs des écoles d'hydrographie sont chargés d'étalonner les instruments, par comparaison avec des instruments-étalons confiés par le Dépôt. Les professeurs fournissent également un journal d'observation aux capitaines de commerce[24]. Au retour des navires, les journaux sont transmis à l'observatoire militaire le plus proche, par l'intermédiaire du commissaire de l'inscription maritime. Le Dépôt s'inspire ici des méthodes utilisées par Maury pour promouvoir sa collecte d'observations auprès des marins américains[25].

De 1859 à 1875, Delamarche organise la distribution des instruments et le contrôle des procédures d'étalonnage. En revanche, il ne montre aucun intérêt pour une éventuelle utilisation des données. En 1869, le directeur du Dépôt des cartes et plans porte d'ailleurs sur lui l'appréciation selon laquelle « [il] ne s'est presque jamais occupé d'hydrographie », et que « chargé depuis très longtemps du service des instruments », « [il] y

22. Ces cartes sont disponibles dans le Portefeuille 1[3], div. 1, n°4 du Département des cartes et plans de la Bibliothèque Nationale de France.
23. M.-F. MAURY, *Instructions nautiques...*, *op. cit.*
24. Ce journal est moins complet que celui de la Marine de guerre.
25. C. G. HEARN, *Tracks in the Sea...*, *op. cit.*, p. 123.

a développé toutes ses facultés administratives », le dirigeant parfaitement, mais, ajoute-t-il, « plus régulièrement que scientifiquement[26]. En 1875, le directeur tente de promouvoir l'utilisation des observations avec la création d'un service météorologique à part entière, chargé des instruments *et du dépouillement*. Delamarche en est écarté[27]. Mais à sa nomination à la tête du Dépôt, en 1878, le vice-amiral Cloué constate l'insuffisance de cette réorganisation :

> « Qu'a-t-il [le service] fait depuis deux ans et demi qu'il existe ? — écrit-il à son ministre en juillet 1878 — rien, ou presque rien. Je l'ai visité plusieurs fois. J'y ai trouvé les employés travaillant à insérer sur des bandes horizontales de papier, les chiffres qu'ils trouvent dans certaines colonnes verticales des journaux météorologiques. Voilà tout ce qu'a fait depuis deux ans et demi le service météorologique du Dépôt[28]. »

Pour le sortir de sa torpeur bureaucratique, Cloué le réorganise de nouveau. Il sépare la gestion des instruments de l'utilisation des données. Cette utilisation est placée sous la responsabilité d'un officier dynamique, déjà connu pour ses travaux de météorologie marine : le lieutenant de vaisseau Léon Brault[29].

Depuis la fin des années 1860, il travaille sur la cartographie statistique des vents, comme officier détaché au Dépôt. Cette nomination ne fait ainsi que normaliser une situation absurde, assez en phase avec ce que l'on peut apprécier du conservatisme routinier de cette institution, sous le Second Empire et dans les premières années de la Troisième République.

Léon Brault et les cartes statistiques des vents

Léon Brault[30] est un ancien élève de l'École Polytechnique, qui a fait carrière dans la Marine. De 1861 à 1868, il sert à bord de différents bâtiments, sur les côtes occidentales de l'Afrique puis dans les parages de l'Indochine. Brault est un officier prometteur, très bien noté, remarqué pour son instruction et son aptitude remarquable au dessin[31]. Il devient rapidement l'aide

26. SHM, dossier « Delamarche (François Alexandre) ».
27. « Arrêté de réorganisation du service météorologique », *Bulletin officiel de la Marine*, 2e semestre 1875, Paris, Eugène Lacroix, 1875, p. 670-673.
28. Lettre du vice-amiral Cloué (directeur du Dépôt) au ministre de la Marine, du 10 juillet 1878. SHM BB3 872.
29. « Arrêté ministériel concernant la réorganisation du service météorologique », *Bulletin officiel de la Marine*, 2e semestre 1878, Paris, Eugène Lacroix, 1878, p. 187-189.
30. A. Court, « La rose des vents segmentaire de Léon Brault (1839-1885) », *La météorologie*, numéro d'avril 1995, p. 118-125. Pour les données biographiques : SHM, dossier « Brault (Louis Désiré Léon) ».
31. SHM, dossier « Brault (Louis Désiré Léon) » : « Cet élève dessine bien » (notation d'août 1863 par le commandant de *La Junon*) ; « très intelligent et instruit » et « dessine très bien » (notation de septembre 1866, par le commandant du *Louis XIV*).

de camp du contre-amiral gouverneur de la Cochinchine. Sa progression est rapide : il est aspirant de 1re classe en octobre 1861, enseigne de vaisseau en octobre 1863, lieutenant de vaisseau en mars 1867. Mais Brault est frappé par la dysenterie. Il quitte l'Asie en juin 1868, et bénéficie d'un congé médical en France. Pendant neuf mois, il reste presque constamment alité. Il semble que ce soit lors de sa convalescence, dans les hôpitaux militaires français puis chez ses parents, à Vendôme, que le jeune officier commence à s'intéresser de plus près aux problèmes météorologiques. Brault a déjà un projet précis, lorsqu'en janvier 1869 il s'adresse au ministre de la Marine pour solliciter une affectation provisoire au sein du Dépôt. Son objectif est de mener une campagne itinérante de dépouillement des journaux de bord et des journaux météorologiques conservés dans les ports, afin de reprendre à la base le problème de la statistique des vents. La démarche de Brault s'inscrit explicitement dans la continuité des travaux de Maury. Mais il veut reprendre le problème, et élaborer une statistique des directions mais aussi *des intensités* des vents — ce que ne faisait pas Maury. Brault décrit son projet en août 1870, dans la *Revue Maritime et Coloniale*[32]. Il écrit alors qu'« il existe dans les différents ports de France, enfermés dans les greniers des archives, plus de 20 000 journaux, environ 2 000 000 observations ». « C'est là un véritable trésor — poursuit-il — qui contient presque à lui seul, enfouies dans une montagne de papier et de poussière, les trois lois importantes [...] [direction, intensité, mais aussi lois de succession des vents][33]. » Brault évoque à la fois les journaux météorologiques dont le modèle a été décidé à Bruxelles, et les journaux de bord des navires, qui renferment des observations éparses.

Le 17 mars 1869, il est affecté au Dépôt des cartes et plans, étant entendu qu'il partagera son temps entre Paris et les ports militaires. Il est, du reste, dans l'incapacité de prendre la mer. De violentes rechutes dysentériques excluent tout embarquement prolongé. Il partage ce sort avec Maury, inapte au service en mer après un grave accident de diligence survenu en octobre 1839[34].

Début 1869, Brault débute son vaste travail de dépouillement. Jusqu'en août 1873, il visite successivement les cinq ports de guerre français, où il s'installe chaque fois pour quelques mois. Cette tournée le mène tout d'abord à Lorient, à Toulon, puis après une interruption liée à la guerre franco-prussienne et à une rechute dysentérique, à Brest, Rochefort et Cherbourg. En 1876, il révise à la hausse sa première estimation : il juge à présent que les ports militaires français conservent 45 000 journaux de bord postérieurs à

---

32. L. Brault, « Projet de nouvelles cartes de navigation donnant à la fois la direction, l'intensité et la succession probable des vents », *Revue Maritime et Coloniale*, 28, 1870, p. 695-717.
33. *Ibid.*, p. 702.
34. C. G. Hearn, *Tracks in the Sea...*, *op. cit.*, p. 79, p. 126, et p. 210-218.

1800 : « C'est toute une montagne de papier — écrit-il — qui contient des trésors précieux pour un chercheur[35]. »

À son arrivée dans un port de guerre, le premier soin de Brault est d'effectuer une sélection dans cette masse documentaire. Il choisit les journaux portant les mentions les plus régulières des vents, en direction et en intensité. Au total, il conserve un journal sur deux. Dans chaque port, il emploie une douzaine de marins, en attente de leur tour d'embarquement. Il a soin d'employer des sous-officiers, et pas de simples matelots : le 24 mars 1873, il demande ainsi au préfet maritime de Cherbourg cinq premiers maîtres de timonerie, en plus de ceux dont il dispose déjà. Il renouvelle sa demande le 29 mai 1873, réclamant « au moins des quartiers maîtres de timonerie ou des timoniers brevetés[36] ». Son souci est d'avoir un personnel suffisamment instruit pour savoir lire, écrire et compter correctement. Mais plus spécifiquement, il cherche à recruter des *timoniers*, les mieux à même de bien interpréter les indications parfois confuses des journaux de bord.

Au cours de la phase préliminaire de dépouillement, les marins apportent les journaux à Brault, pour sélection. Puis ils classent ceux qui ont été retenus sur des rayonnages, par ordre alphabétique de nom de navire. Cette tâche achevée, ils numérotent les journaux. Cette numérotation permet à la fois d'assurer une *traçabilité des données*, une *répartition du travail* et une *surveillance des hommes*. À ce stade, Brault constitue en effet six groupes de deux hommes, affectés au traitement d'un ensemble de journaux, repérés à l'avance par leurs numéros. L'activité de dépouillement est fractionnée en deux étapes. Le marin chargé de la première étape prend les journaux un par un. En face de lui, se trouve une mappemonde hydrographique de grande dimension, sur laquelle il pointe la position du navire correspondant à chaque observation de vent[37]. Brault a fait tracer sur cette carte, à l'encre rouge, les parallèles et les méridiens de 5° en 5°, en partant du méridien de Greenwich (c'est la même grille que Maury utilise dans ses dépouillements). Le marin inscrit alors sur le journal de bord, devant l'observation dont il vient de pointer la position, la référence du carré 5° sur 5° correspondant. Puis le journal, ainsi annoté, est transmis au second marin. Celui-ci code alors les observations dans des relevés, relatifs à un carré 10° sur 10° et à un mois donné de l'année[38].

35. L. Brault, « Nouvelles cartes de météorologie nautique », *Annuaire de la SMF*, 24, 1876, p. 114-131.

36. SHM CC³ 1227 (personnel de la Marine).

37. Les observations qui ne portent que sur la direction, ou que sur l'intensité du vent ne sont pas prises en compte.

38. Le regroupement en carrés 10° sur 10° ne faisait pas perdre l'information sur le sous-carré 5° sur 5° où avait été collectée l'observation, car celui-ci était indiqué dans le relevé par un signe conventionnel.

Brault a retenu un codage de l'intensité du vent en 6 catégories : calmes (C), « légère brise » (LB), « petite brise » (PB), « jolie brise » (JB), « forte brise et bonne brise » (BB), « vent grand frais et vent frais » (VV). Conformément aux décisions de Bruxelles, les journaux météorologiques français prescrivent l'utilisation de l'échelle de Beaufort. Mais on utilise traditionnellement une autre échelle dans la Marine française : calme (C), presque calme (PC), légère brise (LB), petite brise (PB), jolie brise (JB), forte (ou bonne) brise (FB ou BB), vent frais (VF), vent grand frais (VgF), coup de vent (CV), tempête (T), ouragan (O). L'échelle de Brault reprend les dénominations de l'échelle « française », mais la modifie en ne retenant pas les qualifications « coup de vent », « tempête » et « ouragan[39] ». Les observations qui y font référence sont exclues du dépouillement. Cette exclusion a un sens profond pour Brault. En effet, son projet est de révéler l'état d'« équilibre normal » de l'atmosphère. Dans cette perspective, il considère qu'il faut éliminer ces observations car elles renvoient à « un fait accidentel, isolé, en quelque sorte une maladie de l'atmosphère[40] ».

Les observations de direction et d'intensité du vent s'effectuent, sur les navires, sans l'aide d'instruments spécifiques. Pour Brault, le corps du marin est le meilleur anémomètre :

> « Personne n'apprécie mieux le vent que le marin — écrit-il — et sa figure en plein air, quand le vent ne dépasse pas Forte Brise, est une sorte d'anémomètre dont les indications traduites par les mots Légère brise, Petite brise, etc. pourraient bien avoir encore aujourd'hui, au point de vue de la circulation atmosphérique, autant de valeur que celles des instruments d'un bon nombre d'observatoires terrestres[41] [...]. »

La difficulté qu'il y a à évaluer l'intensité du vent à partir de « vent frais » est d'ailleurs, pour Brault, une raison supplémentaire d'exclure ces observations du dépouillement.

Fin août 1873, la chaîne de dépouillement itinérante de Brault a produit une collection de douze cahiers de 338 pages, correspondant chacun à un mois de l'année. Ces relevés regroupent au total 750 000 observations de vent. Brault estime que ce dépouillement aurait représenté 20 000 journées de travail pour un homme seul[42]. Brault et ses équipes se basent sur ces cahiers pour construire les cartes statistiques des vents, objectif final du dépouille-

39. Les catégories « vent frais » et « grand frais » sont également regroupées en « vent grand frais et vent frais », et « calme » et « presque calme » en « calme ». Les observations en échelle de Beaufort (rares, semble-t-il) étaient traduites dans cette échelle *ad hoc*, *via* la correspondance avec l'échelle française.

40. L. Brault, « Du progrès que peut apporter l'étude du régime des vents dans la question des itinéraires maritimes », *Revue Maritime et Coloniale*, 47, 1875, p. 805-817 et p. 811.

41. L. Brault, *Étude sur la circulation atmosphérique dans l'Atlantique nord pendant les saisons extrêmes*, Paris, Arthus Bertrand, 1879, p. 18.

42. L. Brault, « Nouvelles cartes météorologiques pour l'Atlantique sud, donnant à la fois la direction et l'intensité des vents », CR, t. 84, 1877, p. 1074.

ment. Pour mener à bien cette dernière phase, Brault demande à disposer d'un nouveau type de personnel. Il sollicite le détachement de 5 élèves mécaniciens « sachant graphiquer », en plus de 5 quartiers-maîtres de timonerie « jeunes et brevetés ». Tous doivent être envoyés à Cherbourg — où se déroule la dernière phase du travail. Pour passer des cahiers aux cartes, Brault supervise une dernière étape de calcul et de copie. Son premier objectif est la production d'une carte des vents de l'Atlantique nord. Pour la tracer, il opte pour une division en 5° sur 5° (comme sur les cartes de Maury) et un regroupement par trimestre (comme sur les cartes de Fitzroy).

Le groupe des timoniers est chargé des calculs, qui conduisent à la production de quatre séries de tableaux de pourcentages trimestriels, pour les 153 carrés 5° sur 5° de l'Atlantique nord. L'étape suivante — qui commence en fait dès que les premiers tableaux sont prêts — est leur mise en forme par les élèves-mécaniciens. Brault a conçu un mode de représentation qui s'inspire de la *wind star* de Fitzroy. Il l'a toutefois modifiée pour prendre en compte l'intensité des vents. Comme chez Fitzroy, il s'agit d'une étoile à 16 branches, dont les longueurs sont proportionnelles au pourcentage d'observation donnant cette direction (qui est celle vers laquelle souffle le vent). Mais ici, sur chacune des branches de l'étoile, les proportions en terme d'intensité sont données au moyen de zones coloriées. Arnold Court a proposé de nommer « rose des vents segmentaire » ce type de représentation graphique, expression que nous reprenons[43].

Illustration 14. – Rose des vents segmentaire de Brault et son explication.

Avec la rose des vents segmentaire, on peut par exemple obtenir, en mesurant à la règle, la probabilité de rencontrer une « légère brise au N. », une « jolie brise au S.-S.-E. »... ou encore un « vent frais au S. ». Ce mode de représentation a par ailleurs un avantage particulier du point de vue de Brault : il n'implique aucune procédure graphique d'interpolation de points de données, ni de tracé de courbes à main levée. Chaque branche est simplement mesurée de telle sorte qu'elle corresponde au nombre d'observations de vent pour cette direction.

Les dessinateurs tracent les roses segmentaires correspondant aux différents carrés sur quatre cartes manuscrites. Ces cartes trimestrielles des vents dans l'Atlantique nord sont éditées sous la forme d'un spécimen fin 1874, et un premier tirage est effectué à l'été 1875[44]. Brault les présente au cours du

43. A. Court, « La rose des vents segmentaire... », *loc. cit.*, p. 121-123.

44. Ces cartes sont disponibles au département des cartes et plans de la Bibliothèque nationale de France, sous les cotes Ge BB[3] 3381-4 [fonds de la *Société française de géographie*]. Elles sont de format grand aigle (105 sur 75 cm), un format courant pour les cartes hydrographiques. De 1875 à 1880, elles sont tirées au total à 2000 exemplaires.

congrès international de géographie qui se tient à Paris du 1er au 11 août 1875. Trois semaines plus tard, le vice-amiral Jurien de la Gravière — directeur du Dépôt — en fait hommage à l'Académie des sciences[45].

Illustration 15. – Détail de la carte statistique des vents d'été sur l'Atlantique nord, construite sous la direction de Léon Brault.

Un cartouche, placé sur les cartes des vents, donne un résumé de leurs étapes de construction, du dépouillement à la construction des roses segmentaires. Une forte volonté de transparence s'exprime donc ici de la part de Brault, à destination des officiers navigants. Il cherche à présenter ses cartes comme des *matters of fact*, des objets non problématiques, issus d'une série de copies, de calculs et de tracés qui n'impliquent aucune hypothèse ni aucun argument théorique. Brault a organisé l'ensemble des étapes de dépouillement et de tracé comme une chaîne de production *mécanique* du savoir concernant le régime des vents océaniques. Les opérations de dépouillement ont ainsi été conçues dans le but d'éviter ce qu'il appelle le « coup de pouce » : c'est-à-dire la contamination des opérations de synthèse par *des idées, des hypothèses ou des connaissances antérieures*. D'abord, note-t-il, « pas un des hommes employés au travail de dépouillement ne connaissait certainement les lois de Maury[46] » : le statut social (et scolaire) des agents est donc un premier rempart contre le « coup de pouce ». La division des tâches vient compléter cette première garantie. En effet, celui qui inscrit l'observation dans les relevés ne fait que se référer à un nombre, noté par le premier marin. Il n'a pas la mappemonde hydrographique sous les yeux, et *il ne sait donc pas où se trouve le carré auquel il a affaire*. Pour Brault, l'opération qu'il effectue ne peut donc être contaminée par une logique parasite, provenant d'une expérience de la navigation ou d'un improbable savoir livresque. « Finalement — écrit Brault — les courbes sont l'expression immédiate des observations, et [...] par conséquent, toute vérité émanée des courbes peut être tenue pour valable[47]. »

La circulation atmosphérique, des zones aux pôles

Depuis le début de ses travaux de météorologie nautique, le projet de Brault est double. Il l'exprime nettement en 1876 : « Comme officier de Marine, je me proposais de donner à mes camarades des cartes des vents, d'abord trimestrielles puis mensuelles, plus complètes que toutes celles qui existent en Europe; comme météorologiste, je me proposais d'étudier les grandes lois de

45. L. Brault, « Nouvelles cartes de météorologie nautique, donnant à la fois la direction et l'intensité probable des vents », CR, t. 81, 1875, p. 433-435.
46. L. Brault, « Nouvelles cartes de météorologie nautique », *loc. cit.*, p. 120.
47. *Id.*

la circulation générale de l'atmosphère[48]. » Dès la première présentation de ses cartes à l'Académie, Brault expose ses conceptions concernant la dynamique atmosphérique globale[49]. Il note que sur sa carte pour juillet-août-septembre, le « carré » 5° sur 5° contentant l'île Florès, près des Açores, est le centre d'un mouvement tournant. Alors que l'on trouve sensiblement dans ce « carré » une équipartition des vents selon les différentes directions, les carrés adjacents, eux, ont des vents globalement vers l'est au nord, vers le nord à l'ouest, vers l'ouest au sud, vers le sud à l'est.

Illustration 16. – Carte de la circulation des vents d'été dans l'Atlantique Nord, tracée par Brault par interpolation de ses roses des vents segmentaires.

« Ce carré — conclut Brault — est donc le centre d'un grand mouvement de rotation atmosphérique[50]. » Ce mouvement serait centré sur les Açores, au printemps et en été. L'officier décrit ainsi un régime saisonnier des vents, qui sera plus tard assimilé à une manifestation de l'« anticyclone » semi-permanent des Açores. En ce sens, Brault occupe une place décisive dans la généalogie de cet objet scientifique.

Pour lui, au-delà du cas des Açores, il convient plus globalement de substituer à la logique de la circulation atmosphérique par *zones* une logique de circulation par *pôles*. Maury décrivait une circulation des vents se faisant selon des zones délimitées en latitude. Il reprenait ainsi le cadre conceptuel de la géographie mathématique, et distinguait 5 zones de circulation pour chaque hémisphère. Brault conteste résolument cette théorie, et en particulier l'existence d'une zone de calmes, que Maury localisait un peu au-dessus de l'équateur. Sur ses cartes saisonnières, il constate en effet des espaces de calmes *circonscrits en longitude*. C'est sur la carte correspondant à l'été que Brault identifie le plus nettement ces pôles d'intensité minimale des vents. Le premier d'entre eux est sur les Açores, et l'autre est placé à mi-chemin entre le Sénégal et la Guyane (voir l'illustration 16). Selon Brault, Maury aurait en fait été trompé par le déplacement des *pôles* de calmes, déplacement qui — moyenné sur l'année — lui aurait laissé croire à l'existence d'une *zone* de calmes. L'idée de zone aurait agi sur Maury comme une « hypothèse parasite », qui aurait « contaminé » son processus d'élaboration des connaissances.

Le 18 avril 1876, Brault revient sur ce point dans un mémoire présenté à la *Société météorologique de France*[51]. Selon lui, Maury aurait eu le tort d'avoir une « idée préconçue » : « celle que tous les phénomènes météorologiques

48. *Ibid.*, p. 114.
49. L. Brault, « Nouvelles cartes de météorologie nautique, donnant à la fois… », *loc. cit.*
50. *Ibid.*, p. 434.
51. L. Brault, « Nouvelles cartes de météorologie nautique », *loc. cit.*

semblables devaient se passer suivant les zones terrestres, c'est-à-dire entre des parallèles tels qu'on les dessine lorsqu'on trace sur une mappemonde le canevas des coordonnées du globe[52] ». Ceci l'aurait induit en erreur car il se serait contenté de considérer les différentes latitudes auxquelles les vents ont été observés, sans prendre en compte la longitude et la saison. Brault oppose à cette logique viciée sa propre méthode de cartographie empirique. Il exprime simultanément la revendication d'une rupture avec le cadre classique de la géographie mathématique, qui est aussi celle des « dissertations » sur les vents du XVIIIe et du premier XIXe siècle. La logique du « point d'action » vient ici se substituer à celle des zones et des « climats » astronomiques dans le cadre de pratiques cartographiques données comme non problématiques et s'opposant aux logiques du raisonnement *a priori*.

La logique des points d'action s'inspire des conceptions développées, au même moment, au sein du service météorologique de l'Observatoire de Paris. L'interprétation de la dynamique atmosphérique en terme de structures tourbillonnaires circonscrites imprègne les analyses de Brault. Les cartes synoptiques des *Atlas des grands mouvements de l'atmosphère* alimentent et confirment ses propres conclusions. C'est le cas lorsqu'il note, sur les cartes de l'Observatoire, qu'au printemps et en été « près des Açores et un peu au-dessous, [il] existe tous les jours, à de rares exceptions près, un maximum barométrique, autour duquel se dessinent des isobares des pressions de plus en plus petites à mesure que l'on s'éloigne de ce maximum[53] » Il interprète alors la configuration produite/révélée par ses propres cartes des vents comme une résultante *moyenne* de cette structure antidépressionnaire.

Il n'en pose pas moins une dichotomie radicale entre l'« atmosphère normale » et les « maladies » de l'atmosphère (tempêtes tropicales, cyclones, bourrasques). Pour lui, l'étude de l'« atmosphère normale » relève des services hydrographiques et de leurs cartes statistiques. Les « maladies » atmosphériques, quant à elles, sont dévolues à l'Observatoire de Paris et à ses cartes synoptiques. À chacune de ces catégories d'objet et de carte correspondrait une forme optimale d'organisation de l'activité scientifique. Les cartes statistiques, cumulatives, peuvent faire l'objet d'un travail simultané en plusieurs lieux. Ce n'est pas le cas pour les cartes synoptiques, ce qui justifierait l'existence d'un centre unique d'élaboration matérielle et théorique — l'Observatoire de Paris. Le discours de Brault vient ainsi appuyer l'action de Le Verrier, qui vise à faire de l'Observatoire LE centre européen de prévision du temps.

---

52. *Ibid.*, p. 126.
53. L. Brault, « Nouvelles cartes de météorologie nautique », *Annuaire de la SMF*, 1876, p. 127.

L'astronome montre d'ailleurs une bienveillance inaccoutumée envers l'officier[54]. Lorsque le vice-amiral Jurien de la Gravière présente ses cartes à l'Académie, le 6 septembre 1875, tous les commentateurs notent le comportement du directeur de l'Observatoire : « M. Le Verrier — écrit ainsi le journal *Le dix-neuvième siècle* — dit avoir eu l'honneur de voir M. Brault. C'est là, dit-il, un homme sérieux, plein d'énergie, intelligent, comme il en faut aujourd'hui à la science, et qui en continuant son œuvre immense arrivera certainement à des résultats remarquables. Une telle appréciation du mérite d'un de nos plus savants officiers a sa valeur dans la bouche d'un homme habituellement avare d'éloges[55]. »

Pratiques, savoirs et idéal communautaire

Les approches de Brault se réclament d'un empirisme radical. Pour lui, la compréhension de la circulation atmosphérique à grande échelle doit émerger de processus anonymes et mécaniques de dépouillement et de tracé. Comme on l'a vu, le dépouillement des journaux de bord prend la forme d'une chaîne de production de nombres. Cette organisation renvoie au régime semi-industriel décrit par Simon Schaffer, à propos de l'Observatoire de Greenwich[56]. On a notamment un fractionnement des tâches et l'utilisation d'un personnel peu qualifié. De plus, ce personnel est étroitement surveillé : directement, avec la présence de Brault au cours du dépouillement, et indirectement, avec une traçabilité qui peut permettre de remonter de chaque observation au marin qui l'a relevée. Comme on l'a dit, cette organisation du travail vise notamment à éviter ce que Brault appelle le « coup de pouce », c'est-à-dire l'intervention de toute opinion ou de tout raisonnement au cours du processus. Le fractionnement des tâches a été pensé dans cette perspective. En effet, le second marin — celui qui copie les observations des journaux sur les relevés — n'a pas de carte sous les yeux : il ne sait pas à quel carré correspond l'observation de vent qu'il reporte, et il ne peut venir, ainsi, « contaminer » le dépouillement de

54. Brault manifeste, en retour, une grande admiration pour Le Verrier. En 1880, il écrira même une longue notice biographique à son propos. Son admiration s'y mêle à de la déception, à l'évocation des multiples affrontements qui ont marqué la carrière de l'astronome : « *[...]* Le Verrier — écrit-il — était de taille à conduire non seulement la météorologie de la France, mais encore celle du globe entier. » Et cependant : « Ce ne fut là qu'un rêve, le sien peut-être, le nôtre certainement, jusqu'au moment où nous restâmes convaincu que le caractère de l'illustre misanthrope ne permettait plus de le réaliser. » [L. Brault, *Le Verrier météorologiste*, Paris, Gauthier-Villars, 1880.]

55. *Le dix-neuvième siècle*, 8 septembre 1875. L'éloge de Brault par Le Verrier est aussi évoqué par *L'Opinion nationale* (8 septembre 1875) et *La République française* (15 septembre 1875).

56. S. Schaffer, « Astronomers Mark Time: Discipline and the Personal Equation », *Science in Context*, 2(1), 1988, p. 115-145.

ses idées ou de ses raisonnements. Puis la phase de tracé utilise un mode de représentation qui n'offre aucune latitude aux dessinateurs. Ceux-ci se contentent de mesurer les branches de leurs « roses des vents segmentaires », pour les faire correspondre aux différentes observations. L'ensemble du processus de dépouillement et de tracé est conçu pour tendre à l'idéal d'une *objectivité mécanique*, telle que celle-ci a été décrite par Lorraine Daston et Peter Galison. La volonté d'éliminer tout jugement intellectuel, moral ou esthétique est explicite. C'est ici l'organisation semi-industrielle du dépouillement qui accomplit cette assimilation de l'homme à la machine qui serait nécessaire pour laisser la Nature « parler toute seule ».

Mais si l'on remonte plus en amont dans le processus de construction de la carte, on se rend compte que celui-ci est en fait *composite* — comme l'est, à un autre niveau, la méthode synoptique de prévision. À un idéal de production mécanique du savoir, ce processus mêle un recours assumé au jugement individuel. Les observations des vents qui sont réalisées sur les bâtiments le sont en effet par une appréciation directe de l'officier de timonerie. Comme on l'a dit, Brault justifie la fiabilité de ces observations en prétendant que la « figure en plein air » du marin est le meilleur des anémomètres. Cette mesure directe vaut mieux, selon lui, que ce qui se fait dans « un bon nombre d'observatoires terrestres[57] ». L'empathie du marin vis-à-vis de l'environnement maritime justifierait la confiance que l'on peut accorder à ses relevés. Les observations ne peuvent être confiées à des supplétifs : c'est au nom de l'appartenance à la communauté des *officiers navigants* que Brault justifie leur fiabilité.

Dans ses discours, Brault se présente comme l'un de ces officiers. Il revendique ainsi une identité qui peut lui être refusée par ailleurs. Comme Maury, il ne peut plus prendre la mer et il prétend dans le même temps rationaliser les pratiques de navigation, ce qui le place dans une position hautement problématique. Le capitaine de *L'Invincible*, sur lequel Brault a brièvement repris du service en 1870-1871, l'exprime abruptement en écrivant de lui : « Il n'a jamais manœuvré une voile. Je ne sais pas s'il est marin[58]. » Ce qui émerge également, c'est la distinction qui est faite entre les officiers issus de Navale et les X-Marine. Cette distinction est sensible dans la note remise en décembre 1875 par le sous-directeur du personnel de la Marine, interrogé sur la possibilité d'un avancement pour Brault : « Je pense que les récompenses auxquelles il peut prétendre — écrit-il — sont plutôt du domaine de la science (cet officier provient de l'École Polytechnique[59]). » Cette distinction ne renvoie pas seulement à des concurrences entre écoles. En

57. L. Brault, *Étude sur la circulation atmosphérique dans l'Atlantique nord…*, *op. cit.*, p. 18.

58. Note du capitaine de *L'Invincible*, du 19 septembre 1870. SHM, dossier « Brault (Louis Désiré Léon) ».

59. Note confidentielle du sous-directeur du personnel de la Marine, du 17 décembre 1875. SHM, dossier « Brault (Louis Désiré Léon) ».

effet, le profil sociologique des anciens de Navale n'est pas le même que celui des polytechniciens. D'un côté, on trouve une forte culture de type Ancien régime, catholique et légitimiste, de l'autre, des profils proches de la grande et la moyenne bourgeoisie et de ses valeurs. Le milieu des officiers de Marine est ainsi structuré par au moins deux grands types d'opposition : navigant/non navigant, Navale/Polytechnique. Brault appartient à la catégorie la plus éloignée du monde des équipages, puisqu'il est polytechnicien et non navigant (à partir de 1868[60]).

Cette situation particulière structure pour partie sa revendication à l'objectivité mécanique des dépouillements et des tracés. Comme on l'a dit, un cartouche porté sur les cartes de Brault en décrit les étapes de construction. C'est une façon de manifester le fait qu'elles ne sont pas le produit de raisonnements théoriques ou d'élaborations conceptuelles. Elles ne seraient que la somme des observations accumulées par la communauté des navigants, restituées ici sous une forme condensée. C'est ce qu'exprime l'amiral Pâris en 1881, lorsqu'il décrit les cartes des vents comme « la distillation, l'esprit des milliers de journées et de nuits passées à la mer par des milliers de marins dans toutes les mers du globe et dans toutes les saisons, avec toutes leurs chances bonnes et mauvaises[61] ». Le défi de Brault est ambitieux : « rationaliser » une pratique de navigation qui se base sur le jugement — et en fait sa fierté — en lui substituant une méthode algorithmique de détermination des routes. Pour y réussir, il doit minimiser le rôle actif qu'il a joué, lui le « terrien », dans la production des cartes, et éluder dans le même mouvement la référence à la science, suspecte aux yeux des capitaines. Le caractère « mécanique » du processus de dépouillement et de tracé, à la fois organisé et mis en scène, répond à ce double objectif. Une fois réputées éliminées la théorie et la subjectivité, les cartes pourront apparaître, aux yeux des marins, comme un héritage légué par ceux qui les ont précédé sur les mers du globe.

Brault : les succès et la postérité

Dans les années 1870, les pratiques et les produits cartographiques de Brault connaissent un grand succès au sein des arènes scientifiques (Académie des sciences, sociétés savantes, congrès). Ses travaux sont en phase avec l'esprit du temps, qui exalte l'élimination de tout jugement moral, intellectuel ou esthétique en matière de science. Au même moment, ce type d'idéal scientifique s'exprime par exemple dans les sciences expérimentales, avec le programme

60. Notons toutefois qu'il serait inexact d'assimiler systématiquement polytechnicien et marin de cabinet, ou de ministère. Ainsi, Delamarche, incarnation de l'hydrographie rond-de-cuir des années 1850 et 1860, a passé la majeure partie des années 1840 dans les mers du Brésil, de Chine et du Pacifique.

61. F. E. Pâris, « Rapport sur les travaux de M. Brault », CR, t. 94, 1881, p. 256-259, citation p. 258.

de recherche promu par Henri-Victor Regnault[62]. Brault acquiert ainsi une certaine réputation scientifique, et il poursuit ses travaux au sein du Dépôt. En 1877, il publie les quatre cartes trimestrielles des vents pour l'Atlantique sud[63], puis en 1880 celles pour le Pacifique et l'Océan Indien. Les cartes de Brault sont inscrites au *Catalogue par ordre géographique des cartes, plans... qui composent l'hydrographie française* dans ses éditions de 1878 et 1883[64]. Elles deviennent du même coup réglementaires sur tous les bâtiments de la flotte de guerre française, et le restent jusqu'en 1940.

Dans les années 1880, Brault entame un nouveau cycle de dépouillement qui aurait dû le mener à la construction de cartes statistiques des *courants* océaniques, mais il laisse ce chantier inachevé[65]. Il meurt en effet d'une dernière rechute dysentérique, le 27 août 1885. L'année qui suit la mort de Brault, l'hydrographie militaire est réorganisée. Le 13 janvier 1886, le Service hydrographique de la Marine se substitue au Dépôt des cartes et plans, et il est rattaché à l'état-major de la flotte. Le 4 novembre, une « section de météorologie nautique » est créée en son sein. Elle organise jusqu'en 1940 la production et la collecte des observations de vents et de courants. Elle centralise à la fois des relevés anémométriques réalisés sur les bâtiments de guerre (un peu plus d'une centaine de relevés en 1913), et des journaux météorologiques envoyés par des capitaines de la Marine marchande (259 relevés, cette même année[66]). Mais après la parution en 1888 de cartes semestrielles des courants dans l'Atlantique nord, le service ne produit plus rien de nouveau avant la Seconde Guerre mondiale.

Des chemins de fer sur l'océan : navigation et modernité industrielle

L'activité météorologique du Dépôt, lancée à la toute fin des années 1850, s'inscrit dans ce que nous avons appelé les « nouvelles missions » de la Marine française. Celles-ci sont *l'optimisation et la sécurisation des flux maritimes civils*. Comme on l'a vu, la Marine développe à ce moment une

62. Matthias Dörries a en effet montré que la thermodynamique de Regnault constitue une entreprise visant à « purifier » la science de la théorie, et à en éliminer le Sujet — ici, l'expérimentateur. M. Dörries, « Purity and Objectivity in Nineteenth-Century. Metrology in literature », *Perspectives on Science*, 9(2), 2001, p. 233-250.
63. Ces cartes sont disponibles au département des cartes et plans de la Bibliothèque Nationale de France, sous les cotes Ge BB^3 3495-8 [fonds de la *Société française de géographie*].
64. *Catalogue par ordre géographique des cartes, plans, vues de côtes, mémoires, instructions nautiques, etc. qui composent l'hydrographie française*, Paris, Imprimerie nationale, 1878 et 1883.
65. Il fait alors amener au Dépôt 20 000 journaux de bord, dont il avait dépouillé les observations de vent en 1870-1873.
66. « Note sur le dépouillement des journaux météorologiques des bâtiments de commerce (année 1913) », *Annales hydrographiques*, 1914, p. 51-70.

politique ambitieuse de sécurisation du trafic, en diffusant des prévisions côtières, en adoptant des mesures réglementaires sur les naufrages et en s'investissant dans le secours en mer[67]. Les efforts du Dépôt pour optimiser les temps de navigation constituent le pendant de cet investissement en faveur de la sécurité. Les technologies de sécurisation et d'optimisation des flux maritimes doivent concourir à créer les conditions infrastructurelles du libre-échangisme promu par l'État[68]. En 1859, lorsqu'il endosse ce nouvel objectif, le Dépôt est à un tournant de son histoire. Il se trouve pris, comme le Bureau des longitudes et l'Observatoire de Paris, dans la période de transition qui suit les années 1853-1854. À la rupture institutionnelle liée à l'avènement du Second Empire, se rajoute la mort du « père spirituel » de l'hydrographie française, Charles-François de Beautemps-Beaupré, et celle de François Arago, principal soutien politique et scientifique du Dépôt[69]. Par ailleurs, en 1858, le programme de cartographie du littoral français est achevé. Ce chantier monumental structurait l'identité de l'institution depuis 1816. Le lancement de l'activité météorologique, l'année suivante, contribue à donner un nouvel élan au Dépôt. Mais comme on l'a vu, ses travers routiniers en différeront longtemps le développement.

Cette redéfinition des missions de l'hydrographie militaire, en ce moment incertain de son histoire, s'accomplit dans le contexte d'une « industrialisation » de l'espace maritime. Dans les années 1850 et 1860, le développement des technologies industrielles du rail, du télégraphe et de la machine à vapeur s'exprime en effet fortement au sein de cet espace, sous plusieurs formes. Le grand chantier de pose des câbles télégraphiques océaniques, décisif pour le développement des techniques de sondage et de la géologie sous-marine, est l'aspect le plus saillant de l'insertion du télégraphe dans un contexte maritime[70]. L'introduction massive de la propulsion à vapeur est un autre aspect spectaculaire de l'« industrialisation » du monde de la mer. La construction navale se transforme également, non seulement avec l'introduction des machines sur les bâtiments mais aussi avec le déclin des structures en bois au profit des éléments métalliques. Au-delà de la mutation technologique qui touche les arsenaux, c'est tout le système portuaire qui se trouve remodelé sur un mode industriel. La connexion des ports au réseau

67. Avec la création, en 1865, de la Société centrale de sauvetage des naufragés. J. Delarbre, *La Société centrale de sauvetage des naufragés sur les côtes de France (1864-1879)*, Paris, Berger-Levrault, 1879.
68. L'orientation libre-échangiste est particulièrement nette sous le Second Empire dit « libéral », après la signature, en 1860, du traité anglo-français de libre commerce.
69. Arago meurt en octobre 1853, et Beautemps-Beaupré en mars 1854.
70. B. J. Hunt, « Doing Science in a Global Empire: Cable Telegraphy and Electrical Physics in Victorian Britain », in *Victorian Science in Context*, Chicago, University of Chicago Press, 1997, p. 312-333.

ferroviaire transforme profondément les procédures d'embarquement et de débarquement des marchandises[71]. L'industrie de la pêche entre elle aussi dans l'ère industrielle, avec sous le Second Empire l'essor de l'industrie de la conserverie et les nouvelles possibilités ouvertes par un transit accéléré du poisson vers l'intérieur du pays[72].

Le chemin de fer, avec ses possibilités de planification et de gestion des flux, sert alors de modèle aux réflexions sur le transport maritime. Dans ce contexte, le programme des cartes statistiques des vents apparaît comme une tentative visant à transformer les conditions de la navigation à voile, en organisant le passage d'un régime de pratique basé sur le jugement et l'expérience du marin à un régime basé sur l'adoption de routes maritimes calculées et l'application de règles algorithmiques de choix des trajectoires. Ce second régime doit alors coller au plus près au modèle du chemin de fer, celui d'une technologie de déplacement caractérisée par ses qualités de synchronisation et de prédictibilité, et porteuse d'une utopie d'organisation rationnelle des activités économiques.

On le voit, la cartographie statistique des vents est imprégnée, dans son projet global comme dans ses pratiques de mise en œuvre les plus concrètes, par la culture matérielle et intellectuelle de la modernité industrielle. Elle participe aussi, avec les campagnes de sondage liées à la pose des câbles télégraphiques, aux premières étapes de développement d'un champ scientifique complexe, celui de l'océanographie physique[73]. Avant même que n'embarque à bord des bâtiments, à partir de l'entre-deux-guerres, les lourds équipements de sondage, les laboratoires physico-chimiques, les chambres froides ou noires, puis les submersibles et leurs infrastructures de soutien, l'océanographie se trouve ainsi marquée, dès les premiers temps de son émergence, par l'essor des sociétés industrielles et leur déploiement jusqu'au cœur des espaces maritimes.

---

71. On assiste alors à un foisonnement des recherches visant à rendre le transfert rail-bateau aussi fluide que possible. Ces recherches tournent généralement autour de la notion de « rail maritime » (on fait monter les wagons dans les cales). Voir par exemple l'article « rail maritime », dans : L. Figuier, *L'année scientifique et industrielle pour 1863*, Paris, Hachette, 1863, p. 83-85.
72. Ce saut dans la modernité technique s'exprime à l'occasion de l'exposition universelle des pêches organisée par la France en 1866. Celle-ci se tient à Boulogne, et elle apparaît comme un décalque des expositions universelles « industrielles ».
73. L'océanographie physique traite des propriétés physico-chimiques du milieu océanique (mais pas de sa biologie), ce qui inclut notamment la description topographique et géologique des fonds marins, l'étude des courants et des grandeurs physico-chimiques de l'eau en surface et en profondeur, et l'étude des conditions météorologiques en mer. Sur la constitution de ce champ de recherche : H. Rozwadowski, « Small World: Forging a Scientific Maritime Culture for Oceanography », *Isis*, 87, 1996, p. 409-429.

Chapitre VII

AU CŒUR DE L'ATMOSPHÈRE
Les voyages aériens de Camille Flammarion

Au printemps 1867, la vie parisienne connaît une effervescence exceptionnelle. L'exposition universelle, inaugurée le 1er avril, draine la foule vers le Champ de Mars. Plus de 5 000 exposants y présentent un panorama des dernières réalisations scientifiques, techniques et industrielles. Non loin de là, près de la place de l'Étoile, le public avide de distractions fréquente l'« Hippodrome », un établissement forain construit en 1856. Il est constitué d'une enceinte ovale, entourant une arène gazonnée d'une centaine de mètres de long. Ses gradins peuvent contenir près de 15 000 spectateurs. Depuis sa création, on y donne régulièrement des fantaisies équestres d'inspiration romaine ou arabe [1]. C'est également un haut lieu de l'aérostation foraine, d'où décollent des chevaux, des gymnastes et des ballerines, accrochés sous les nacelles des ballons.

Le 30 mai 1867, les jardins de l'« Hippodrome » servent de cadre à une entreprise d'un genre différent. Le ballon *L'Impérial*, manœuvré par l'aéronaute Eugène Godard, emmène à son bord le journaliste scientifique Camille Flammarion, pour sa première ascension [2].

À ce moment, Flammarion se partage entre sa collaboration aux revues *Le Cosmos* et *Le Magasin Pittoresque,* et son activité de chroniqueur scientifique pour le journal *Le Siècle* [3]. À 25 ans, c'est déjà un auteur à succès, grâce notamment à ses ouvrages *La pluralité des Mondes habités* et *Les Merveilles célestes* [4]. Flammarion organise lui-même l'ascension du 30 mai 1867 [5]. Le ballon *L'Impérial*, relativement petit avec ses 800 m^3, avait été construit par les frères cadets d'Eugène Godard, Louis et Jules, mais il a été financé par l'État. Après une unique ascension officielle en 1859, il a rejoint le garde-meuble impérial. En 1867, Flammarion obtient le prêt du ballon du maréchal Vaillant — alors ministre de la Maison de l'Empereur

1. L. Robène, *L'homme à la conquête de l'air. Des aristocrates éclairés aux sportifs bourgeois*, t. 1, Paris, L'Harmattan, 1998, p. 319.
2. Flammarion, facétieux, a choisi de réaliser cette première le jour de l'Ascension.
3. Ph. de la Cotardière et P. Fuentes, *Camille Flammarion*, Paris, Flammarion, 1994.
4. C. Flammarion, *La pluralité des Mondes habités, où l'on expose les conditions d'habitabilité des terres célestes, discutées au point de vue de l'astronomie et de la physiologie*, Paris, Didier, 1864; C. Flammarion, *Les Merveilles Célestes*, Paris, Hachette, 1865.
5. C. Flammarion, *Mémoires biographiques et philosophiques d'un astronome*, Paris, E. Flammarion, 1911, p. 369-383.

et responsable à ce titre de ses biens mobiliers. Le journaliste fait financer le gaz de ville — qui gonfle l'aérostat — par les tenanciers de l'« Hippodrome ». Camille Flammarion effectue huit ascensions sur *L'Impérial*, du 30 mai au 14 juillet 1867, en marge de l'exposition universelle. Cette série d'ascensions inaugure en France deux décennies d'intense activité aérostatique à visée scientifique et technique[6]. L'engagement de Flammarion, en la matière, se concentre surtout sur la fin de la décennie 1860. Il prend part, au total, à douze ascensions : neuf avant 1870 (celles de l'exposition plus une dernière, le 15 avril 1868, à partir des jardins du Conservatoire national des arts et métiers), et seulement trois de 1872 à 1880. Au cours de ces vols, Flammarion réalise des observations visuelles et instrumentales des hautes couches atmosphériques. Il emmène avec lui des instruments météorologiques dont il relève régulièrement les indications, et il prend des notes minutieuses sur les différents phénomènes qui se présentent à lui (halos de lumière, mirages...).

Les récits des vols de mai-juin-juillet 1867 paraissent dans les colonnes du *Siècle*, quelques jours après les ascensions. Flammarion, on l'a dit, est le chroniqueur scientifique de ce journal proche des républicains modérés. Sa rubrique « science » y paraît depuis janvier 1866 en page deux ou trois, à côté des « nouvelles diverses » et de la « revue de la bourse ». Ses récits de vol ont une tout autre visibilité. Ils sont publiés au « rez-de-chaussée », ce qui souligne le caractère exceptionnel de ces reportages[7]. Flammarion publie par la suite trois livres consacrés à ses ascensions : l'ouvrage collectif *Voyages aériens* (en 1870, avec Wilfrid de Fonvielle, Gaston Tissandier et l'anglais James Glaisher), *Voyages aériens : Impressions et Études* (en 1881, 1882 et 1883) et *Mes voyages aériens* (en 1911)[8]. Tous ces volumes sont constitués de versions peu modifiées des récits de ses huit premiers vols, parus dans

6. L'historiographie est faible en ce qui concerne l'aérostation française au XIXe siècle. Citons L. ROBÈNE, *L'homme à la conquête de l'air...*, *op. cit.*, 2 t. ; Ch. DOLLFUS, *Les ballons*, Paris, Robert Delpire, 1960 ; D. CHAPERON, « Le ballon, comme un œil bizarre... voyage aérien et vulgarisation chez Camille Flammarion », *Études de lettres*, 1995(1-2), p. 149-177 ; C. CŒURÉ, « Aspects populaires de l'aventure aérienne », *in* : R. BELLET (dir.), *L'aventure dans la littérature populaire au XIXe siècle*, Lyon, Presses universitaires de Lyon, 1985, p. 43-55.
7. Dans les années 1840 et 1850, le « rez-de-chaussée » se partage entre les récits de fiction et les critiques théâtrales ou littéraires, mais il intègre aussi des rubriques de vulgarisation scientifique. Selon Lise Dumasy, la tendance est, sous le Second Empire, à réserver de plus en plus l'exclusivité du « rez-de-chaussée » au roman-feuilleton [L. DUMASY, *La querelle du roman-feuilleton. Littérature, presse et politique, un débat précurseur (1836-1848)*, Grenoble, ELLUG, 1999, p. 5-21]. De fait, dans les années 1860, si l'on considère les journaux parisiens *Le Moniteur*, *La Presse*, *Le Siècle*, *La Liberté* et *L'Opinion nationale*, seul ce dernier intègre régulièrement une rubrique « science » au « rez-de-chaussée ».
8. C. FLAMMARION, J. GLAISHER, W. DE FONVIELLE et G. TISSANDIER, *Voyages aériens*, Paris, Hachette, 1870.

Le Siècle[9]. Flammarion se contentera d'y ajouter progressivement les récits de ses quatre autres ascensions.

Les ballons, la morale et la science

Les ascensions aériennes de Camille Flammarion constituent un amalgame complexe, où l'organisation matérielle des vols est indissociable des stratégies narratives mises en œuvre dans les récits. Toutes deux doivent concourir à parer les ascensions d'un caractère de moralité et de scientificité. Elles doivent également éluder les connotations négatives associées, dans l'imaginaire collectif, aux vols en ballon. Jennifer Tucker, dans son travail sur les ascensions — contemporaines — de James Glaisher en Angleterre, a mis en évidence le fait que le statut forain de l'aérostation est un facteur déterminant pour la compréhension des ascensions à visée scientifique des années 1860[10]. En effet, elle montre que l'aérostation — parce qu'elle est organisée comme un spectacle de masse — apparaît dans l'Angleterre victorienne comme une activité moralement douteuse, associée à l'idée de profit financier et d'amusement vulgaire. Elle décrit comment les scientifiques britanniques mettent en place des dispositifs matériels et textuels spécifiques, qui visent à construire le statut de moralité et de scientificité de leurs vols. Dans sa pratique, l'aéronaute « savant » se doit d'exhiber un comportement irréprochable, et conforme à son statut de scientifique et de gentleman.

Le contexte français est différent, car comme l'a montré Richard Gillepsie le statut de l'aérostation y est au départ moins problématique qu'en Angleterre[11]. Néanmoins, la menace d'être accusé d'aventurisme, d'immoralité ou d'intéressement est bien réelle pour Flammarion. En 1867, il bénéficie du prêt du ballon de l'Empereur, mais les frais de gaz, eux, sont subordonnés à un départ depuis l'« Hippodrome ». Le décollage a lieu devant un public payant. Par ailleurs, Flammarion n'est pas un savant « officiel » : il possède — et revendique — le statut de journaliste scientifique. Les ascensions aériennes sont justement, pour lui, le moyen de prolonger la construction d'une identité professionnelle autonome, par laquelle le journaliste scientifique se distingue du savant « officiel » tout en se posant comme un producteur de savoirs scientifiques. La voie est alors étroite. Il lui faut se démarquer des aéronautes forains et des autorités académiques,

9. Cette pratique de réemploi en série est familière aux historiens du journalisme scientifique [F. COLIN, « Les revues de vulgarisation scientifique », *in* : B. BÉGUET (dir.), *La Science pour tous : sur la vulgarisation scientifique en France de 1850 à 1914*, Paris, CNAM, 1990, p. 75-79].

10. J. TUCKER, « Voyages of discovery on oceans of air: scientific observation and the image of science in an age of "baloonacy" », *Osiris*, 2e série, 11, 1996, p. 144-176.

11. R. GILLEPSIE, « Balooning in France and Great Britain, 1793-1786: Aerostation and Adventure », *Isis*, 75, 1984, p. 249-268.

mais aussi montrer que les ascensions permettent la production d'un savoir scientifique légitime.

En 1867, Flammarion et Godard décollent sous le regard de la foule. Par la suite, le journaliste prend soin d'organiser des départs loin des champs de foire, et sans publicité. En avril 1868, il décolle ainsi des jardins du Conservatoire national des arts et métiers, mais il déplore : « Il semble que tout Paris se fût transporté là, malgré le soin que j'avais pris de ne point laisser annoncer le voyage [12]. » Plus tard, son ascension du 11 septembre 1872 se déroule « dans le silence nocturne de ce quartier désert et lointain » qui est celui de l'usine Flaud, avenue de Suffren, un mercredi, à l'aube. L'heure du départ contraste avec celles des ascensions-spectacles, qui se déroulent dans l'après-midi. En septembre 1872, c'est alors, précise Flammarion, une « vingtaine de vieux amis » seulement qui assistent au départ du ballon [13].

Illustration 17. – Dessin de Cham publié dans *Le Charivari* du 5 août 1867.

Les voyages aériens : temps de vol et trajectoire

Flammarion prend d'autres dispositions afin de faire de ses ascensions des *voyages scientifiques* au cœur de l'atmosphère. Il prend tout d'abord soin de les qualifier comme tels. Dans les récits qu'il publie avant 1870, il utilise la plus souvent le terme de « voyages scientifiques en ballon » pour qualifier les évènements mis en scène [14]. C'est d'ailleurs le titre du reportage qu'il publie en plusieurs livraisons dans *Le Siècle*. Sous la Troisième République, lorsque les ascensions à visée scientifique se seront banalisées, il utilisera plus fréquemment l'expression de « voyages aériens », la référence à la science se faisant moins directe.

Comme on va le voir, la référence au « voyage » est chargée d'attendus, qui renvoient à l'idée de moralité et de scientificité. En effet, Flammarion pense, organise et décrit ses déplacements aériens comme des « voyages » dans

12. *Voyages aériens*, *op. cit.*, p. 291.

13. C. Flammarion, Ch. Boissay, *De Paris à Vancouleurs à vol d'oiseau. Relation d'un voyage scientifique en ballon*, Paris, Gauthier-Villars, 1873, p. 8.

14. On trouve également ceux d'« ascensions scientifiques » [*Voyages aériens*, *op. cit.*, p. 150], de « voyages aéronautiques » [*Ibid.*, p. 183 et p. 234], d'« expéditions [scientifiques] aériennes » [*Ibid.*, p. 134] et d'« expériences aérostatiques » [*Ibid.*, p. 134]. En plus de l'utilisation constante de l'adjectif « scientifique », les deux dernières expressions doivent concourir à la construction du statut de scientificité de l'entreprise. En désignant le déplacement en ballon comme une « expédition », Flammarion l'associe aux grandes entreprises d'exploration géographique et naturaliste contemporaines. Avec l'expression « expérience aérostatique », il insiste sur l'expérience physique grandeur nature que constituent les différentes phases du vol.

le cadre de stratégies de distinction vis-à-vis de l'aérostation foraine et de la science académique, et dans le cadre de la promotion de sa propre conception de la démarche scientifique, basée sur l'exploration directe des grands phénomènes de la Nature.

La notion de « voyage [aérien] » prend tout d'abord sens pour lui — et pour ses contemporains — en relation avec un facteur essentiel, le *temps de vol*. Le voyage aérien c'est tout d'abord un vol en ballon qui se prolonge dans le temps. Effectuer un tel voyage, c'est alors pour Flammarion se départir radicalement des ascensions à visées commerciales. En effet, c'est au décollage que se réalisent les profits, très largement liés à la vente de places aux spectateurs [15]. De plus, plus la distance parcourue par le ballon est grande, plus les frais de ré-acheminement par le train sont importants, ce qui greve les bénéfices. Les ballons de foire volent ainsi quelques minutes, une demi-heure au plus, avant d'atterrir en périphérie des villes. Le « voyage aérien », prolongé dans le temps, s'oppose ainsi à l'ascension foraine mais aussi à l'« excursion aérienne ». Flammarion utilise ce terme pour désigner son trajet le plus bref et insister, par contraste, sur la durée de ses autres vols (qui durent, pour certains d'entre eux, une douzaine d'heures [16]).

Cette question du temps de vol renvoie au maniement de l'aérostat. Il est à noter que les ballons des années 1860 et 1870 sont des dispositifs techniques qui n'autorisent que des manœuvres verticales : on peut monter en se délestant, ou descendre en lâchant du gaz. En revanche, il n'y a aucun moyen de manœuvrer horizontalement, et les vols se font ainsi au gré des vents, sans que les passagers puissent décider d'un itinéraire. Les choix des phases de montée et de descente sont ainsi les seules décisions à prendre au cours d'une ascension. Ces choix décident notamment du temps de vol.

Les séries de manœuvres verticales qui décident des neuf voyages aériens de 1867-1868 sont le produit de négociations qui se jouent, dans la nacelle, entre Camille Flammarion et l'aéronaute Eugène Godard. Ils n'y sont pourtant pas seuls, mais les passagers qui les accompagnent ne semblent pas en mesure d'intervenir dans ces choix, car ils ont été admis à bord grâce à l'un ou l'autre des deux protagonistes [17]. Les récits que Flammarion donne des phases de descente et d'atterrissage l'opposent à Godard, selon un scénario stéréotypé. Ces manœuvres ne sont *jamais* décidées par Flammarion, mais elles lui sont imposées soit par la volonté de l'aéronaute, soit par les conditions

15. Les ballons emmènent également des passagers payants, qui contribuent aux profits dans une moindre mesure.
16. Ce vol l'emmène de Paris à Meulan, dans les Yvelines [*Voyages aériens*, *op. cit.*, p. 241].
17. Par ailleurs, dans les récits que livre Flammarion, ils sont à peine nommés. Ils ont le tort, pour l'un d'entre eux, d'être un ami et néanmoins concurrent de Flammarion (le journaliste Victor Meunier), et pour les trois autres, d'être de riches passagers *payants* (il s'agit du comte polonais Xavier Branicki, d'un certain M. De Montigny et du baron de la Rochetaillée).

matérielles du vol. Dans ce dernier cas, c'est Godard qui se fait le porte-parole de ces contraintes extérieures. Flammarion manifeste toujours une certaine résistance avant de s'y résoudre, soit qu'il ait été convaincu, soit qu'il n'ait pu s'y opposer. Ainsi, dans le récit de son ascension du 14 juillet 1867, il se désole lorsque Godard lui apprend, au-dessus de Cologne, sa volonté d'atterrir. Il met alors leur opposition en scène, avec humour :

> « En le voyant préparer la corde de la soupape, je le menaçai avec toute la sévérité dont je suis capable de le dénoncer aux lecteurs du *Siècle*. Je lui demandai seulement de nous laisser porter par le vent jusqu'à Berlin. Je lui représentai combien il serait flatteur pour sa célébrité d'aéronaute de faire une partie du tour du monde en ballon. Je lui expliquai que ma série d'observations météorologiques n'était pas terminée, que l'aérostat était excellent, qu'il n'y avait aucun danger, etc.[18]. »

Godard lui expose les raisons pratiques qui nécessitent l'atterrissage, et Flammarion finit par se laisser convaincre. Il s'en remet à l'aéronaute, et il conclut en écrivant : « [...] mon inexpérience en fait d'aérostation devait s'incliner sous la sagesse pratique de mon guide[19] ». Le même type de confrontation est mis en scène par Flammarion en ce qui concerne les phases de descente des altitudes élevées (plusieurs milliers de mètres) aux altitudes moyennes ou faibles (de la centaine à la dizaine de mètres). Ainsi, le 10 juin 1867, lorsque le baromètre de *L'Impérial* — gradué en altitude — bute sur sa valeur maximale, Godard annonce une nouvelle fois son désir de redescendre[20]. Les deux hommes s'opposent alors, mais comme précédemment, cette opposition est mise en scène sous la forme d'un rappel à la raison pratique dont Flammarion reconnaît, au fond, la nécessité. Cette opposition cordiale met aux prises l'aéronaute, qui gère les contraintes liées à l'aérostat et à l'état de l'atmosphère, et Flammarion, qui aspire à monter encore en altitude, en quête de phénomènes à observer et à décrire.

Flammarion organise ses voyages aériens de telle sorte qu'ils se traduisent par de longs temps de vol et donc par des déplacements horizontaux importants[21]. Mais pour lui, les altitudes atteintes sont surtout essentielles. En effet, ses voyages aériens ne visent pas à explorer la surface terrestre mais *l'atmosphère elle-même*, dans son étendue et son épaisseur. Sa démarche est ainsi toute différente de celle mise en scène par Jules Verne dans *Cinq semaines en ballon*. Dans ce récit, paru en 1863, l'aérostat apparaît comme un moyen pratique d'explorer le territoire africain. Il permet d'échapper aux bêtes féroces et aux indigènes vindicatifs, de se déplacer avec facilité, et de disposer de points

18. *Voyages aériens*, *op. cit.*, p. 284 et p. 287.
19. *Ibid.*, p. 287.
20. *Ibid.*, p. 197-198.
21. Ceci est vrai en général, mais on peut aussi avoir des cas de vents faibles persistants et donc des temps de vol longs, avec des distances parcourues courtes.

de vue émouvants sur la Nature tropicale[22]. Rien de tel chez Flammarion : son regard n'est pas tourné vers le sol, mais vers l'atmosphère. Le voyage aérien, prolongé dans le temps, est le moyen obligé de cette exploration.

Illustration 18. – Scène de départ de *L'Impérial.*

L'expérience du vol

Flammarion accorde également une place importante, dans ses récits, à la description des sensations et des affects liés à ses expériences des voyages aériens[23]. Ce qui le frappe tout d'abord, c'est que le vol est silencieux. L'ambiance sonore, dans la nacelle, est celle « d'un calme étrange, absolu, que l'on n'a point sur terre[24] », et que vient seulement contrarier, par instants, les crissements de la nacelle en osier. De plus, le vol donne au voyageur une frappante « sensation de l'immobilité » qu'il note à plusieurs reprises[25]. Flammarion ne sent pas le vent fouetter son visage alors même qu'il sait se mouvoir à grande vitesse. Il regrette même qu'en ballon « on ne sent pas assez qu'on vole[26] ». Toute référence à une désorientation ou un malaise causé par la rapidité du déplacement est absente, alors que ce mal traverse les récits des premiers voyages ferroviaires[27] et que *L'Impérial* gagne ses courses contre les trains[28]. C'est que l'éloignement des points de référence visuels conditionne l'absence des effets d'aspiration du paysage qui désorientent les premiers voyageurs ferroviaires. Les sensations corporelles liées aux accélération et décélération verticales ne sont pas non plus évoquées. Les voyages en ballon dispensent donc des malaises de la vitesse mais aussi, selon Flammarion, de la sensation de vertige. Personnellement, il ne l'a jamais éprouvée, et il donne en exemple ce passager payant de *L'Impérial*, le comte Branicki, qui redoutait tellement ce « trouble imaginaire » qu'il n'osait pas regarder au-dessous de la nacelle, avant qu'un simple coup d'œil ne dissipe ses craintes.

Les voyages aériens n'inciteraient donc ni au malaise, ni au vertige. Reste la problématique — essentielle — du risque, liée à celles de la peur, du courage et de héroïsme. La tonalité que les récits prennent en la matière est assez bien résumée par cet échange fictif, qui conclut le chapitre préliminaire des *Voyages aériens* : « Comment peur ? Quelle crainte légitime ? Quel doute

22. J. Verne, *Cinq semaines en ballon, voyage de découvertes en Afrique par trois anglais*, Paris, J. Hetzel, 1863.
23. Cette partie est inspirée des analyses d'Alain Corbin [A. Corbin, *L'homme dans le paysage*, Paris, Textuel, 2001].
24. *Voyages aériens, op. cit.*, p. 165.
25. *Ibid.*, p. 158, p. 160, et p. 165.
26. *Ibid.*, p. 166.
27. M. Baroli, *Le train dans la littérature française*, Paris, Éditions NM, 1964.
28. Comme en juin 1867, au-dessus de Corbeil : *Voyages aériens, op. cit.*, p. 180.

fondé ? — Nul moyen de locomotion n'est plus sûr ni plus agréable[29] », écrit Flammarion à propos des ballons.

La référence au risque et à la peur intervient presque exclusivement dans ses descriptions des premiers moments de l'ascension, lorsque « quelques réflexions » concernant la solidité de la nacelle et de l'enveloppe viennent s'immiscer dans l'esprit du voyageur. « Des réflexions — écrit-il — dont on reconnaît vite l'invraisemblance[30]. »

Avec cette dédramatisation, Flammarion moralise encore un peu plus ses voyages, en évitant de les présenter comme des « aventures » (le mot n'apparaît jamais dans les récits[31]). Avant 1870, le journaliste n'évoque pas non plus les nombreux drames qui ont marqué la conquête de l'air. Il préfère livrer une histoire de savants et d'inventeurs, celle des débuts de l'aérostation[32].

Reste que nier le risque, c'est s'interdire une forme d'héroïsation à laquelle Flammarion n'est pas prêt à renoncer complètement. Celui-ci reviendra alors dans le récit par la marge, pour être sans cesse écarté au profit de la douce sérénité que confère la confiance dans les ballons. C'est la peur que le voyage aérien inspire aux *autres* qui lui conférera une dimension héroïque, comme dans la question que se posait plus haut Flammarion, comme dans ses récits de décollage quand il évoque — non sans une certaine mauvaise foi — « toutes ces plaintes de la tendresse [celles des amis] [qui] vous enveloppent, et vous font presque croire que vous êtes un héros[33] ».

Explorer l'atmosphère

Les voyages en ballon sont, pour Flammarion, le moyen de mettre en œuvre sa conception de la démarche scientifique, fondée sur l'*exploration* du monde physique (au sens où l'exploration inclut le fait de se rendre sur les lieux mêmes où sont produits les phénomènes, pour les observer[34]). L'atmosphère est ici le territoire à explorer :

> « Pour connaître — lit-on dans les *Voyages aériens* — les variations diurnes et le caractère météorologique des diverses altitudes, pour examiner dans sa formation et dans sa marche le mécanisme des orages, il me semble qu'ici

29. *Ibid.*, p. 152.
30. *Ibid.*, p. 160, et p. 166.
31. S. Venayre, *La gloire de l'aventure. Genèse d'une mystique moderne. 1850-1940*, Paris, Aubier, coll. « historique », 2002.
32. *Voyages aériens*, *op. cit.*, p. 206-207, p. 207-208, p. 264-265, et p. 276-277.
33. *Ibid.*, p. 157.
34. Cette démarche évoque fortement l'idéologie scientifique qui imprègne les voyageurs naturalistes de la fin du XVIIIe et du début du XIXe siècle, comme Horace-Bénédict de Saussure. Voir M.-N. Bourguet, C. Licoppe, « Voyages, mesures et instruments : Une nouvelle expérience du monde au Siècle des lumières », *Annales ESC*, 52 (5), 1997, p. 1115-1151.

comme ailleurs le meilleur moyen est d'« aller voir » ce qui se passe dans ces régions supérieures, et de constater les faits[35]. »

La fécondité de cette approche est ainsi mise en avant dans le cas d'une anthélie, observée à l'occasion de l'ascension d'avril 1868. Ce phénomène optique projette alors devant les aéronautes l'image exacte du ballon, cerclé de bandes multicolores allant du jaune au violet[36]. À cette occasion, une observation directe de l'état de l'atmosphère environnante permet à Flammarion de conclure à une explication par le passage de la lumière à travers des vésicules d'eau liquide en suspension[37].

Au cours de ses voyages d'exploration aérienne, il adopte également une approche scientifique plus « classique » en réalisant des observations météorologiques ininterrompues, destinées à décrire l'état de l'atmosphère en altitude[38]. Il utilise ses propres instruments (un baromètre, un thermomètre et un hygromètre construits par la maison Secrétan, le fournisseur officiel de l'Observatoire de Paris). Il réalise grâce eux plus de 550 relevés météorologiques. Ces observations chiffrées scandent ses récits, rappelant constamment au lecteur la visée scientifique des voyages et leur contribution à l'avancée de la science[39]. En 1868, Flammarion fait présenter ses différentes observations aériennes devant l'Académie des sciences, par l'entremise de l'astronome Charles-Eugène Delaunay. Elles paraissent sous la forme d'une série de notes publiées dans les *Comptes rendus*[40]. Flammarion insère également ce travail en annexe des *Voyages aériens*. Il donne ainsi à son ouvrage une charge supplémentaire de crédibilité scientifique.

Dans ses ascensions, Flammarion est résolument tourné vers l'atmosphère, qu'il cherche à explorer. La Terre, quant à elle, n'occupe qu'une place limitée dans l'ensemble des appréciations *visuelles* qu'il porte sur le monde sensible, depuis la nacelle. C'est d'autant plus frappant que les références à l'aérostation, dans l'historiographie, renvoient fréquemment à l'avènement du nouveau régime perceptif qu'inaugure, à la fin du XVIIIe siècle, le regard vertical de l'aéronaute vers la surface terrestre[41]. Ce regard se diffuse notamment par l'intermédiaire de gravures et d'images peintes. L'exploitation commerciale des ballons captifs participe également de ce mouvement. Ces attractions

35. *Voyages aériens*, *op. cit.*, p. 154.
36. *Ibid.*, p. 273 et p. 292-293.
37. *Ibid.*, p. 294-295.
38. En plus de son intérêt propre, ce problème a des implications très importantes en astronomie, car l'évaluation de la déviation subie par les rayons lumineux au passage de l'atmosphère — qui en dépend — est essentielle pour l'interprétation des observations stellaires et planétaires.
39. *Voyages aériens*, *op. cit.*, p. 187, p. 196, p. 212, ou p. 266-268.
40. C. Flammarion, « Études météorologiques faites en ballon », CR, t. 66, 1868, p. 1051-1055 ; p. 1113-1117 ; p. 1207-1211 ; t. 67, 1868, p. 86-90.
41. L'expression est d'Alain Corbin [A. Corbin, *L'homme dans le paysage*, *op. cit.*, p. 38-39].

s'inscrivent dans la continuité de ces dispositifs de l'industrie urbaine du spectacle que sont les dioramas et les panoramas[42]. L'exposition universelle de 1867 est d'ailleurs marquante à ce propos, car l'entrepreneur Henri Giffard y propose pour la première fois des ascensions aérostatiques à 20 francs les dix minutes, jusqu'à 300 mètres d'altitude[43]. Mais cette vue de la Terre depuis le ciel intéresse peu Flammarion. Il n'y fait que de brèves allusions dans les récits de ses voyages aériens[44]. Ces références donnent à voir une Terre ramenée à une surface plane, quasi-abstraite, décrite par analogie avec les cartes géographiques ou les surfaces coloriées :

> « Le centre de la France se déploie au-dessous de nous comme une plaine illimitée [...] que [...] je ne puis mieux comparer qu'à une splendide carte géographique[45]. »

> « Les champs de blé, d'avoine, d'orge, de seigle, les trèfles, les vignes tapissent le sol et en font une sorte de damier longitudinal[46]. »

> « La surface de la Terre est plane, Il n'y a plus ni montagne, ni vallées, mais un plan bien régulier et finement colorié comme une riche miniature[47]. »

La vue de la Terre n'impressionne vraiment Flammarion qu'au moment du décollage. « La première impression qui domine — confie-t-il — est une sensation de bien-être nouveau, à laquelle s'ajoute la vaniteuse petite joie de se voir au-dessus du reste des hommes, et le plaisir d'admirer le spectacle toujours magnifique[48]. »

La Terre intervient surtout dans le champ perceptif de l'aéronaute de façon plus inattendue, par l'ouïe. Les récits des voyages aériens fourmillent de références à des sons produits sur Terre et perçus dans la nacelle, jusqu'à des altitudes de plus d'un kilomètre. Cette perception est autorisée par le déplacement silencieux du ballon. Les sons perçus donnent aux voyages aériens un tour agréable et bucolique, avec des chants d'oiseaux (*Voyages aériens*, p. 161, p. 200, p. 232, p. 238), des coassements de grenouilles (*Ibid.*, p. 161, 233, 237), des « murmures d'insectes » (*Ibid.*, p. 163), le chant du coq (*Ibid.*, p. 208, p. 237). Les sonorités décrites comme désagréables sont bien plus rares (le vent mugissant dans les feuillages (*Ibid.*, p. 163), ou des aboiements de chiens (*Ibid.*, p. 161, p. 188)). La Terre intervient ainsi en créant dans la

42. B. Comment, *Le XIXe siècle des panoramas*, Paris, Adam Biro, 1997 ; S. Œttermann, *The panorama: History of a Mass Medium*, New York, Zone Books, 1997.
43. L'attraction connaît un grand succès et Giffard la reprend à l'occasion de l'exposition universelle parisienne de 1878.
44. À l'exception d'une page consacrée à la vue de Paris, qui apparaît comme une figure imposée [*Voyages aériens*, *op. cit.*, p. 159].
45. *Ibid.*, p. 192.
46. *Ibid.*, p. 248.
47. *Ibid.*, p. 160.
48. *Ibid.*, p. 158.

nacelle une ambiance sonore qui contribue à faire du voyage aérien un mode de déplacement plein de douceur et d'agrément[49].

L'exploration de l'atmosphère, chez Flammarion, passe par des séries de mesure intensives portant sur l'état physico-chimique de l'air, et par l'étude et la contemplation des météores. Le ballon prend dans ce dernier cas l'apparence d'un « balcon céleste[50] ». Son déplacement quasi-insensible fait du voyage aérien une succession de points de vue sur l'atmosphère et ses phénomènes. L'expérience est décrite comme propice à une méditation contemplative. Le voyage aérien, une nouvelle fois, n'engagerait pas à la violence des sentiments et des impressions, mais serait au contraire la source d'un apaisement, d'une sérénité particulière. Flammarion, citant Jean-Jacques Rousseau, rapproche les ballons des points de vue montagnards en ce que « les plaisirs y sont moins ardents, les passions plus modérées » qu'à Terre, et « les méditations » d'une « volupté tranquille qui n'a rien d'âcre ou de sensuel[51] ». La parenté entre le voyage aérien et le voyage en montagne a récemment été soulignée[52]. La littérature aérostatique exploite d'ailleurs intensivement, au XIXe siècle, le thème de l'analogie entre les deux pratiques. Mais ici encore, Flammarion se distingue en ne faisant pas du ballon un point de vue sur le paysage terrestre. Son regard porte sur l'atmosphère elle-même. Le spectacle vu du ballon est celui d'un paysage de sommets, de vallées et de gouffres. Mais ce paysage est atmosphérique, et ce sont les nuages qui dessinent « alpes blanches, glaciers, vallées, gouffres, précipices[53] ».

Ces panoramas sont décrits selon les codes esthétiques du Sublime, qui est l'un des modes fondamentaux d'appréciation des espaces et des paysages. Mais la « vibration de l'être confronté à la force incommensurable de la Nature[54] » qui en est le ressort essentiel, on la retrouve surtout dans le vertige de Flammarion vis-à-vis des espaces supérieurs de l'atmosphère. À plusieurs milliers de mètres au-dessus du sol, Flammarion découvre un monde « absolument isolé de la sphère de la vie et du mouvement terrestre », un monde de froid et de solitude où « un silence si profond et si terrifiant domine […] que l'on est porté à se demander si l'on vit encore[55] ». Les sons venus de la Terre ont disparu. On est ici à la frontière de l'espace céleste,

49. Les voyages sont également sonorisés par deux musiques d'orchestre censées avoir été perçues au cours des ascensions : l'Âme de la Pologne [*Ibid.*, p. 225-226], et l'ouverture du Guillaume Tell de Rossini [*Ibid.*, p. 230].

50. *Ibid.*, p. 181.

51. C. Flammarion, *L'Atmosphère…*, *op. cit.*, p. 67.

52. A. Corbin, *Le ciel et la mer*, Paris, Bayard, coll. « Le rayon des curiosités », 2005, p. 20-21.

53. C. Flammarion, *Voyages aériens : Impressions et Étude*, Paris, C. Marpon et E. Flammarion, 1881, p. 274.

54. L'expression est d'Alain Corbin [A. Corbin, *L'homme dans le paysage*, *op. cit.*, p. 86-87].

55. *Voyages aériens*, *op. cit.*, p. 183.

vers lequel le voyage aérien paraît ouvrir la voie. Flammarion mentionne d'ailleurs à plusieurs reprises sa tentation de poursuivre le vol toujours plus haut, à sa rencontre. Le vertige le saisit face à l'immensité de l'atmosphère et de l'Espace. Il est pris par la tentation de s'y perdre, à la recherche d'une fusion avec le cosmos. Cette tentation, qui a une dimension héroïque mais porte aussi la promesse d'une perte, Danielle Chaperon a montré qu'elle structure durablement la narration mi-romanesque mi-savante de Flammarion, où l'observateur et le phénomène tendent sans cesse à se confondre et à s'échanger. Le ballon et son passager prennent alors place au côté de « bolides oculaires » mi-humains mi-cosmiques comme la « comète de 1811 » — qui raconte ses souvenirs en 1865, dans *L'histoire d'une comète* — ou l'esprit errant de *Lumen* — qui en 1867 livre le récit de sa propre vision de la Terre, vue de l'Espace[56].

Les ballons et la communauté savante

En menant une exploration directe de l'atmosphère au moyen de dispositifs aérostatiques, Flammarion se démarque d'une science « officielle » qui n'en a pratiquement fait aucun usage depuis leur invention. Jusqu'aux années 1870, ce type d'exploration constitue un point d'achoppement pour les milieux savants. L'exploration atmosphérique a été rendue possible par la mise au point des ballons à air chaud et à gaz plus légers que l'air, dans les années 1780. Mais les ascensions à visée scientifique restent presque inexistantes jusqu'au milieu du XIXe siècle. En France, on peut citer tout au plus les deux vols de Jean-Baptiste Biot et Louis-Joseph Gay-Lussac, en août et septembre 1804[57]. Au cours de la même période, plusieurs centaines d'ascensions sont réalisées à l'occasion de fêtes publiques ou dans le cadre de spectacles itinérants.

La question elle-même est très peu discutée au sein de la communauté savante, jusqu'aux années 1850. Si François Arago l'évoque en octobre 1841, au cours d'une séance de l'Académie des sciences, c'est pour déclarer qu'il n'y a pas lieu de conseiller, pour le moment, un programme d'exploration atmosphérique. En effet, il considère qu'un tel programme nécessiterait une instrumentation spécifique, qui n'existe pas encore. Arago conclut en affirmant sa volonté de combler, au moins en partie, cette lacune. Il promet également de cruelles déconvenues aux « personnes qui voudraient, dès demain, entreprendre des voyages aériens fort dispendieux [et qui] ne se font certainement aucune idée, ni du nombre de questions à résoudre,

56. D. Chaperon, *Camille Flammarion, entre astronomie et littérature*, Paris, Imago, 1997, p. 27-45. Ces deux récits, parus initialement dans *Le magasin pittoresque* et *L'artiste*, sont réédités en 1873 dans : C. Flammarion, *Récits de l'infini*, Paris, Didier, 1873. L'expression de « bolide oculaire » est de Danielle Chaperon.

57. Gay-Lussac part seul en septembre 1804.

ni de leur difficulté[58] ». La sortie d'Arago sert surtout à préparer le terrain pour la présentation d'un polarimètre portatif de son invention, au cours de la séance suivante[59].

La question des ascensions scientifiques ne réémerge plus dans le monde savant jusqu'au tout début des années 1850. Elle y reparaît alors dans un contexte très favorable à la cause des ballons. Dans la seconde moitié des années 1840, l'aérostation est en vogue à Paris. On se presse à « L'Hippodrome », inauguré en 1845[60]. Les recherches concernant les technologies de vol ont également le vent en poupe. Théophile Gautier s'enthousiasme, dans *La Presse*, pour le ballon dirigeable imaginé par Ernest Pétin[61]. En 1850-1851, ce projet suscite un engouement spectaculaire. Il motive la publication de nombreuses brochures et un appel à souscription destiné à financer des essais grandeur nature[62]. Il suscite même une production de chansons et de poèmes qui glorifient l'inventeur et sa découverte[63]. Les questions liées aux ballons deviennent transitoirement un objet légitime pour les rédacteurs des journaux politiques et des revues. En 1850, Louis Figuier, futur « vulgarisateur star » du Second Empire, publie ainsi un article sur le sujet dans la très sérieuse *Revue des deux mondes*[64]. Il y appelle à renouveler l'ascension « scientifique » de Biot et Gay-lussac.

Les ascensions de Barral et Bixio

Son article se réfère aussi à l'entreprise qui a mobilisé deux proches d'Arago, Jean-Augustin Barral et Alexandre Bixio, à l'été 1850. Les deux hommes, qui partagent l'engouement que suscitent les ballons, ont réalisé deux ascensions à visée scientifique. Ils ont mené, à cette occasion, des observations

58. F. Arago, « En rendant compte d'un rapport fait à l'Association britannique pour l'avancement des sciences », CR, t. 13, 1841, p. 826 [séance du 18 octobre 1841].
59. F. Arago, « Communication sur un nouveau polarimètre de son invention », CR, t. 13, 1841, p. 840 [séance du 25 octobre 1841].
60. L. Robène, *L'homme à la conquête de l'air…*, *op. cit.*, t. 1, p. 319. En septembre 1848, Théophile Gautier, qui rend compte des spectacles de l'« Hippodrome » pour le journal *La Presse*, décrit la beauté des ascensions qui y sont données par l'aéronaute anglais Charles Green [Th. Gautier, « Des ballons », *in* : *Fusains et eaux-fortes*, Paris, G. Charpentier, 1880, p. 253-264, tiré de *La Presse*, 25 septembre 1848].
61. Th. Gautier, « Locomotion aérienne. Système de M. Pétin », *La Presse*, 4 juillet 1850. Pétin propose de construire un aéronef, constitué de plusieurs ballons reliés entre eux par une charpente en bois, et il décrit un système pour rendre l'appareil dirigeable [*Souscription nationale pour arriver à la réalisation de la navigation aérienne par le système Pétin*, Paris, Imprimerie de Prevé, 1850].
62. Perreymond, *Navigation aérienne. Système Pétin. Notions élémentaires sur l'aéronautique et sur les sciences accessoires à cet art*, Paris, Librairie nouvelle, 1851.
63. F. Barrillot, *Icare vengé par Pétin*, Paris, Durand, 1851.
64. L. Figuier, « Les aérostats et les aéronautes », *Revue des deux mondes*, octobre-novembre-décembre 1850, p. 193-245.

instrumentales poussées des hautes couches atmosphériques. Arago a fixé le programme scientifique de la mission, fourni les instruments, et obtenu un détachement militaire pour aider aux manœuvres de décollage.

Le plus jeune des deux aéronautes, Jean-Augustin Barral, est un polytechnicien, ingénieur des tabacs. Après avoir travaillé sur la chimie de la nicotine, il devient en 1845 le répétiteur de Henri-Victor Regnault à l'X. Sous la Deuxième République, c'est un proche de Ledru-Rollin, qui s'oppose violemment à la présidence de Louis-Napoléon Bonaparte. Fin 1849, cette implication politique finit par lui coûter sa place de répétiteur. Mais Barral a de puissants protecteurs. Arago, d'abord, qui veille de loin en loin sur sa carrière scientifique[65]. Il est également le protégé d'Alexandre Bixio, une personnalité en vue du monde de la presse et de la politique. Bixio est le cofondateur de la *Revue des deux Mondes* et le propriétaire du *Journal d'Agriculture pratique.* Député du Doubs sous la Deuxième République, c'est un républicain modéré, politiquement proche d'Arago. En janvier 1850, Bixio confie à Barral la direction du *Journal d'Agriculture pratique.* Ce dernier dirige la revue jusqu'en 1860, et il s'impose, sous le Second Empire, comme le grand spécialiste français de la vulgarisation agricole.

La première ascension de Barral et Bixio a lieu le samedi 29 juin 1850, depuis les jardins de l'Observatoire de Paris, en présence d'Arago. Le ballon est prêté par l'inventeur et aéronaute Jules-François Dupuis-Delcourt. Les deux hommes décollent sans trop de problèmes. Mais, mal dimensionnée, l'enveloppe refoule l'hydrogène qu'elle contient vers la nacelle, ce qui manque d'asphyxier ses occupants. Puis elle finit par se déchirer, et le ballon chute brutalement. Partis de l'Observatoire vers 10 heures et demie, Barral et Bixio atterrissent trois quarts d'heure plus tard, près du village de Lagny (Seine-et-Marne). Le surlendemain, Arago décrit la scène devant l'Académie : « MM. Bixio et Barral se débarrassèrent de tout ce qu'il leur restait de lest; ils jetèrent par-dessus le bord de la nacelle des couvertures dont ils s'étaient munis pour se garantir du froid et jusqu'à leurs bottes fourrées, mais ils ne se séparèrent d'aucun de leurs instruments de recherche ». Et il conclut : « On voit que c'est précisément l'inverse de ce que certains journaux ont annoncé[66]. » Arago fait ici une mise au point : au cours de leur ascension, Barral et Bixio ont allié sang-froid et conscience professionnelle[67]. Il répond

65. Barral sera fidèle à cet attachement et supervisera, de 1854 à 1862, la publication des œuvres complètes de l'astronome [F. Arago, *Œuvres complètes*, Paris, Gide, 1854-1862].

66. F. Arago, « Compte rendu du voyage aéronautique exécuté le 29 juin 1850 par MM. Bixio et Barral », CR, t. 31, 1850, p. 5-9.

67. Dans la même séance, Dupuis-Delcourt s'adresse par lettre à l'Académie, pour faire valoir que les incidents qui ont émaillé l'ascension du 29 juin n'ont pas été dus à un défaut de précaution de sa part, mais qu'ils sont imputables aux seules « circonstances atmosphériques » [« Lettre de M. Dupuis-Delcourt à l'occasion de la communication de M. Arago »,

ainsi indirectement à la presse quotidienne, qui a moqué l'amateurisme et la couardise des deux hommes. Le ridicule fait partie, avec les accusations d'intéressement et d'aventurisme, des risques encourus par les tenants d'un usage scientifique des ballons. Ce qui est en question ici, c'est aussi un aspect important de la stratégie de distinction de Barral et Bixio. Les deux hommes sont partis seuls, sans l'aide d'un praticien confirmé, pour bien marquer leur différence avec le monde de l'aérostation foraine. Remettre en cause leur capacité à manœuvrer le ballon, c'est ainsi contester le fait qu'ils puissent effectivement se passer de l'expertise des forains. C'est aussi suggérer que le projet d'organiser des aérostations « scientifiques » impliquant uniquement des savants est une chimère.

Barral et Bixio consacrent le mois de juillet 1850 aux préparatifs d'une nouvelle ascension. Le 27, ils font une seconde tentative depuis les jardins de l'Observatoire. Ils parviennent cette fois à voler plus d'une heure sans encombre, et atteignent une altitude de plus de 7000 mètres. Ils sont en mesure de mener à bien le programme scientifique arrêté par Arago. Ils emmènent, à cette fin, une instrumentation scientifique complète : deux baromètres à siphon, un baromètre à minima, une plaque portant trois thermomètres à mercure, un thermomètre encapuchonné (pour obtenir un équivalent de la température à l'ombre), un psychromètre, un hygromètre condenseur, deux ballons métalliques à robinet pour prélever de l'air, une batterie de tubes à essais dosant l'acide carbonique et un polariscope construit selon le modèle décrit par Arago en 1841 [68]. Les instruments météorologiques sont fournis par Regnault, qui les a étalonné lui-même dans son laboratoire du Collège de France. Au cours de leur seconde ascension, Barral et Bixio réalisent des observations instrumentales toutes les cinq minutes environ pour le baromètre, ainsi qu'une série d'observations en altitude pour la batterie de thermomètres et les deux hygromètres. Ils prélèvent également de l'air et du gaz carbonique, et ils observent régulièrement la polarisation des nuages et du ciel.

Les ascensions de Barral et Bixio sont suscitées, soutenues et encadrées par des membres de la communauté savante « officielle ». Arago rédige le programme d'observation, met à disposition les jardins de l'Observatoire, et obtient un détachement militaire pour aider aux manœuvres. Regnault fournit l'instrumentation et mène les procédures d'étalonnage. Les textes produits par les acteurs (aéronautes ou savants) sont tous lus à l'Académie, et insérés aux *Comptes rendus*. Si les journaux rendent compte de leurs ascensions, Barral et Bixio ne produisent pas de récits à destination du grand public. Ils

---

CR, t. 31, 1850, p. 64]. Dans une note posthume, Arago, lui, rend Dupuis-Delcourt responsable des évènements, celui-ci n'ayant pas selon lui laissé assez de place à l'enveloppe à l'intérieur du filet [F. Arago, « Sur les voyages aéronautiques exécutés dans l'intérêt de l'avancement des sciences », *Œuvres complètes*, Paris, Gide, t. 9, 1858, p. 512-513].

68. F. Arago, « Communication sur un nouveau polarimètre... », *loc. cit.*, p. 840.

interviennent à l'Académie, où ils présentent leur « journal de bord » (lu par Regnault)[69]. Ce journal reproduit les instructions d'Arago et donne la liste des instruments embarqués. Il livre également un résumé de l'ascension, sous la forme d'une liste de faits, sans aucune référence aux émotions des aéronautes. Cette impression de sécheresse et de neutralité est encore accentuée par l'insertion, au fil du texte, de nombres correspondants aux observations barométriques et thermométriques. Aucune référence n'est faite à la vue du sol depuis le ballon ou au spectacle des nuages. En revanche, les aéronautes jettent un regard clinique sur leurs propres corps, pour noter qu'ils ne souffrent d'aucun malaise lié à l'altitude.

Les ascensions de Barral et Bixio constituent une parenthèse, vite refermée, dans l'histoire de l'aérostation scientifique. Par la suite, Arago continue à manifester un intérêt pour le sujet. Mais après le coup d'état du 2 décembre, l'Observatoire de Paris apparaît comme une forteresse assiégée. Arago est très diminué, et il lutte pied à pied contre un régime qui lui est radicalement hostile. En mars 1853, l'astronome parvient tout de même à susciter, à l'Académie, la création d'une commission chargée d'établir un programme d'observations météorologiques en ballon[70]. Cette création fait suite à l'examen d'une note concernant des observations réalisées lors d'une ascension de fête, par un certain Launoy[71]. Mais Arago meurt en octobre et la commission ne rendra jamais de rapport. Quant à son successeur à l'Observatoire de Paris, Urbain Le Verrier, il ne s'intéressera jamais à cette question. De 1850 à 1867, aucune ascension à visée scientifique n'est plus organisée en France.

Les ascensions de Barral et Bixio constituent un point de repère important pour Camille Flammarion. Tout d'abord, du point de vue de la scientificité. Lorsqu'il publie une note sur ses ascensions dans les *Comptes rendus* de l'Académie, le journaliste présente ses voyages comme des entreprises scientifiques planifiées, dont le programme aurait été établi sur le modèle des ascensions de l'été 1850. Il se réfère explicitement à l'instruction scientifique rédigée par Arago, qui sert de guide à ses propres pratiques scientifiques en ballon. Dans le même temps, la référence aux ascensions de Barral et Bixio lui sert à affirmer son autonomie vis-à-vis de la communauté savante du Second Empire. Ce précédent lui permet en effet d'opposer la libéralité de la science française du temps d'Arago à son apathie et sa rigidité contemporaine.

---

69. J.-A. Barral, « Journal du voyage aérostatique fait le 27 juillet 1850 », CR, t. 31, 1850, p. 126-135.
70. « Arago ; remarques ; commissions », CR, t. 36, 1853, p. 566.
71. Launoy, « Observations météorologiques faites pendant une ascension aérostatique, exécutée le 2 décembre 1852 », CR, t. 35, 1852, p. 856 ; « Rapport sur la note de M. Launoy », CR, t. 36, 1853, p. 563.

La machine, le savant et l'aéronaute

Avant 1870, Flammarion partage le projet d'une exploration scientifique de l'atmosphère avec deux autres personnages, impliqués comme lui dans des activités relevant du journalisme scientifique : Wilfrid de Fonvielle et Gaston Tissandier[72]. Fonvielle, dont le positionnement anti-académique est radical, porte, lui, un regard critique sur les ascensions de Barral et Bixio. Peu confiant vis-à-vis d'une température de -39° C relevée par les deux hommes en altitude, il écrit en 1876 : « Ce fait n'est pas de nature à donner une grande confiance dans les *témoins cachetés de l'Académie des sciences*[73]. »

C'est que cette température a été observée par un thermomètre à minima, gradué en mesures *arbitraires*, et placé dans un étui *cacheté*. La détermination des -39° C a été faite au sein du laboratoire de Regnault. Celui-ci a décacheté l'étui, et utilisé une table de correspondance — construite avant le départ et connue de lui seul — pour obtenir ce résultat. La mesure de température a donc été organisée de façon à être préservée de toute intervention des aéronautes. Le thermomètre à minima n'est pas une exception. Les quatre autres thermomètres embarqués étaient eux aussi gradués avec des échelles arbitraires. « Les voyageurs — écrit Arago — ne savaient pas ce que signifiaient les nombres dont ils faisaient la lecture et qu'ils enregistraient[74]. » L'astronome préconise l'emploi systématique de ce protocole « en aveugle » lors des ascensions scientifiques[75].

C'est aussi l'avis de Regnault, qui publie en 1862 un article sur « La détermination des températures et des pressions dans les ascensions aérostatiques[76] ». Il y décrit deux instruments, qui doivent répondre aux exigences des observations en ballons. Pour Regnault, les difficultés de ces observations tiennent aux mouvements de la nacelle, qui font osciller les niveaux et risquent sans cesse de briser les instruments. Mais surtout, écrit-il, les instruments « ne donnent des indications précises que lorsqu'ils sont maniés par un expérimentateur habile, et *à condition que celui-ci ne soit pas distrait par la nouveauté du spectacle qui s'offre à ses regards* ». Regnault propose alors d'utiliser des instruments semi-automatiques, qui ne nécessitent qu'une intervention ponctuelle de l'aéronaute. Le système thermométrique qu'il propose

---

72. De 1867 à 1870, Fonvielle réalise 10 ascensions à visée scientifique, et Tissandier 7 (dont 4 en commun). La première ascension est celle de Fonvielle, qui décolle pour la première fois le 23 juin 1867, depuis l'esplanade des Invalides.

73. W. de Fonvielle, *Aventures aériennes et expériences mémorables des grands aéronautes*, Paris, Plon, 1876, p. 307. Nous soulignons.

74. F. Arago, « Sur les voyages aéronautiques... », *loc. cit.*, p. 519. Leur baromètre à minima était également encapsulé et cacheté.

75. F. Arago, « Sur les voyages aéronautiques... », *loc. cit.*, p. 497-498.

76. H.-V. Regnault, « La détermination des températures et des pressions dans les ascensions aérostatiques », *Annales de chimie et de physique*, 3e série, 64, 1862, p. 229-239.

est constitué de 20 tubes en laiton, prolongés d'un robinet, numérotés et fixés sur une planchette. Le système barométrique est identique si ce n'est que les tubes sont plongés dans un dispositif calorimétrique rempli de glace fondante. Au départ, tous les robinets sont ouverts. À une hauteur donnée, l'aéronaute doit fermer simultanément ceux qui portent le même numéro. « C'est — écrit Regnault — à cette opération très simple que se bornera tout son travail. » Après la descente, les instruments doivent être rapportés au laboratoire, où l'on détermine les mesures thermométriques et barométriques, à l'issue d'un protocole complexe. Avec ce dispositif, l'aéronaute n'a aucun accès aux mesures, même en terme d'échelle arbitraire. Regnault attend de ces dispositifs une amélioration sensible de la précision de mesure. « L'aéronaute — écrit-il — ne doit veiller qu'à la fermeture simultanée des robinets des tubes de même numéro dans les deux systèmes ; et *il n'influe pas sur les résultats.* »

« Des hommes-machines pour explorer les plaines infinies de l'air, voilà ce qu'ils ont osé rêver ! », rétorquera Fonvielle. Il manifeste ainsi son refus d'une pratique scientifique qui serait programmée, à distance, par des hommes issus des laboratoires ou des observatoires astronomiques. Ceux-ci veulent aligner l'observation scientifique en ballon sur les normes de l'objectivité mécanique, en organisant la surveillance, le désinvestissement et l'auto-effacement programmé des aéronautes. Mais cette colonisation des nacelles par les normes de l'observation machinique n'aura pas lieu (en tout cas pas avant les années 1890 et la mise au point des ballons-sondes enregistreurs). Flammarion, Fonvielle et Tissandier, par leurs prises de position et leur pratique de l'aérostation, contribuent largement à l'empêcher dans les décennies 1860, 1870 et 1880.

Dans ses récits, Flammarion garde le silence sur les procédures en aveugle promues par Arago et Regnault. Il préfère opposer la fécondité de l'exploration directe à la stérilité des raisonnements élaborés par les physiciens et les astronomes restés au sol : « En vain passera-t-on des années à imaginer des hypothèses au coin de son feu avec des livres et des appareils sous les yeux ; ici comme ailleurs, le meilleur moyen de savoir ce qui se passe, c'est d'y aller voir [...] », écrit-il en renouvelant son *credo* d'une exploration directe du monde physique[77]. Il célèbre la démarche des explorateurs aériens, une démarche active et de bon sens qui s'oppose à la passivité et au théoricisme du savant « au coin de son feu ». Avec ce positionnement anti-abstraction et pro-observation, Flammarion épouse les traits dominants de la revendication à une « science populaire ». Ses récits des *Voyages aériens* sont également caractéristiques de cet esprit, en ce qu'y sont abolies les distinctions entre

77. C. Flammarion, *L'Atmosphère et les grands phénomènes de la Nature*, Paris, Hachette, 1911, p. 66.

production et vulgarisation des savoirs, entre étude et contemplation des phénomènes. Les récits sont l'occasion de mieux décrire tel ou tel phénomène atmosphérique, d'en donner une explication et de mettre en scène certains phénomènes spectaculaires, comme ce halo lunaire aperçu au-dessus de la Belgique (sous la forme d'un « magnifique arc-en-ciel » rouge, violet et vert encerclant le disque lunaire[78]).

Cette façon de pratiquer et d'écrire la science s'oppose radicalement à ce que la communauté savante « officielle » propose au même moment en matière d'approches scientifiques de l'atmosphère et de l'espace céleste. Ces territoires du monde physique, auxquels Flammarion consacre la majeure partie de son activité, sont notamment l'objet des programmes de recherche menés au sein de l'Observatoire de Paris, sous la direction de Le Verrier.

Flammarion mythifie Arago et diabolise Le Verrier. Le journaliste connaît bien l'Observatoire de Paris, pour y avoir travaillé en tant qu'agent du bureau des calculs, de 1858 à 1862. Il a éprouvé la rigueur de l'organisation mise en place par le découvreur de Neptune. Il écrira que l'observation astronomique se limitait à « constater l'instant précis du passage des astres au méridien, c'est-à-dire derrière les fils du micromètre de la lunette fixée invariablement dans le plan méridien, et de mesurer leur distance au pôle[79] ». Quant aux calculs auxquels il était préposé, « C'était — poursuit-il — le parfait service militaire, l'exécution ponctuelle de la consigne administrative[80]. » En ce qui concerne les études atmosphériques, l'Observatoire se limitait à exploiter les observations réalisées *au sol*, à des fins de prévision du temps. Les recherches ne comprenaient aucune composante aérostatique, et aucune étude suivie des météores atmosphériques (parhélie, anthélie, orages d'altitude...).

Pour le Flammarion adolescent, les ascensions en ballon s'identifiaient métaphoriquement à des échappées loin de la science aride et routinière qu'incarne le directeur de l'Observatoire :

> « Pendant l'été 1858 », livre-t-il en 1870, « [...] j'étais dans le jardin de l'Observatoire de Paris, me reposant à l'heure de la sieste, lorsqu'un ballon vint à passer sur ma tête, tout près de la Terre [...] Jeune, ardent comme on l'est à seize ans, j'aurais voulu pour tout au monde me sentir dans cette nacelle, et je ne fis pendant longtemps que rêver aux voyages aériens[81]. »

Il ne s'agit pas que d'une métaphore de circonstances. La démarche qui préside aux voyages aériens de Flammarion, exploratoire, vulgarisatrice, créa-

---

78. *Voyages aériens*, *op. cit.*, p. 273.
79. C. Flammarion, *Mémoires biographiques...*, *op. cit.*, p. 155. Flammarion oppose cette astronomie de position aux recherches cosmogoniques, qui constituent pour lui l'essence même de l'astronomie.
80. *Ibid.*, p. 154.
81. *Voyages aériens*, *op. cit.*, p. 151.

tive et individuelle, semble comme le négatif de celle qui structure, au même moment, l'activité de l'Observatoire de Paris. Loin de chercher à l'éliminer, les voyages d'exploration aérienne exaltent la figure du Sujet. L'aéronaute savant est l'« œil » du public au cœur même de la Nature. À un autre niveau, les récits des voyages aériens paraissent dans les colonnes du *Siècle* alors même que Flammarion y instruit ce qu'il nomme le « dossier Le Verrier ». Il attaque dans une longue série d'articles à la fois l'administration de l'Observatoire, la personnalité de l'astronome et sa conception de la science[82]. L'affaire est aussi politique. Il n'est évidemment pas indifférent que Le Verrier, principal soutien du Second Empire au sein du monde savant, soit la cible de Flammarion, républicain notoire.

Avec ses voyages aériens, ce dernier fait la promotion d'un modèle scientifique alternatif. Il entend dépasser son rôle de vulgarisateur et de « critique de science », pour se poser comme un savant d'un nouveau type. Il prend ainsi un tournant qui ne fait que s'accentuer dans le dernier quart du siècle, avec la création de son observatoire de Juvisy et celle de la *Société astronomique de France*. C'est d'ailleurs quelques mois avant l'exposition universelle, au cours de l'hiver 1866-1867, qu'il a acquis une lunette astronomique personnelle et l'a installé dans son premier « observatoire », sur la terrasse d'un immeuble situé à proximité du Panthéon[83].

De nouveaux territoires pour la science

Les voyages aériens de Camille Flammarion constituent une entreprise qui vise à ouvrir de nouveaux territoires à la science. Le journaliste met tout d'abord en œuvre un ensemble de dispositions matérielles et narratives, pour faire du ballon un outil d'investigation scientifique légitime. Il cherche à en définir des usages moralement acceptables, en terme de conditions de décollage, de manœuvre, de temps de vol et d'organisation des tâches au sein de la nacelle. Flammarion cherche ainsi à lever l'interdit moral et épistémologique qui pèse, au sein de la communauté savante « officielle », sur l'exploration directe de l'espace aérien. Mais sa démarche est bien plus offensive : il conçoit l'atmosphère comme un lieu où mettre à l'épreuve une nouvelle façon de faire science, qui passe par l'observation, la sensibilité à Soi et au Monde et l'alliance entre l'étude et la contemplation des phénomènes. Sous sa plume, l'aéronaute « savant » est animé de sensations et d'affects liés à son émerveillement pour les beautés de la Nature. Il jouit également d'une douce sérénité, alors que sont exclus l'exaltation, le malaise, le vertige, la peur. La moralisation de l'usage scientifique des ballons ne passe donc pas, ici, par un auto-effacement ou un

82. Voir par exemple la série de cinq articles que Flammarion fait paraître du 13 au 21 mars 1868 dans *Le Siècle*.

83. C. Flammarion, *Mémoires biographiques…*, *op. cit.*, p. 358-360.

recours à la machine. En lieu et place, Flammarion propose une nouvelle forme d'observation, à la fois rationnelle et sensible. Simultanément, ses récits de voyages aériens empruntent, sous la forme du reportage puis du recueil, une forme narrative adaptée à l'exercice de la nouvelle science qu'il appelle de ses vœux. Flammarion assume encore, pour partie, la segmentation des publications entre littérature « savante » (les *Comptes rendus* de l'Académie) et littérature de « vulgarisation » (ses articles du *Siècle*, ses ouvrages). Mais ses récits tendent également à organiser la fusion entre les phases de production, d'élaboration et de vulgarisation des savoirs, avec une écriture (censée être) prise sur le vif, et qui mêle description rigoureuse, tentatives d'explication et évocation littéraire. Les nouveaux territoires ouverts à la science par les voyages aériens de Flammarion sont ainsi liés à la fois à un nouvel objet (l'espace atmosphérique), un nouvel outil (le ballon), un nouveau rapport aux phénomènes (l'« observation sensible »), un nouveau mode narratif (la fusion du scientifique et du romanesque).

La « science populaire » est promue sous le Second Empire par la frange politiquement et épistémologiquement la plus radicale de la communauté vulgarisatrice. Toujours vivace dans les premières années de la Troisième République, elle finit par s'épuiser au tournant des XIXe et XXe siècles. Les nouveaux territoires qu'elle ouvre un temps à la pratique scientifique peuvent paraître rétrospectivement comme étranges et peu conformes à l'idée contemporaine de la rigueur et de la rationalité. *A contrario*, certains de ses combats nous paraissent aujourd'hui évidents. Recourir aux ballons pour étudier scientifiquement l'atmosphère, quoi de plus naturel ? Les voyages aériens de Camille Flammarion y auront puissamment contribué.

CONCLUSION

L'atmosphère et le « temps qu'il fait », par leurs infinies variations, semblent lancer un défi à la science et à sa volonté de compréhension et de maîtrise. Au XIXe siècle, ce défi est relevé par des hommes issus des milieux maritimes, des observatoires, du monde du journalisme scientifique ou des professions enseignantes... Tous prennent part, à différents titres, à des pratiques d'observation et d'étude des phénomènes météorologiques.

Ce faisant, ils se trouvent enrôlés dans des formes d'organisation du travail scientifique où la place concédée au Sujet est contrastée. Les discours qui sous-tendent les recherches météorologiques accordent eux aussi un statut variable à la figure de l'individualité, en lien avec les attentes de la communauté scientifique et du grand public.

Les campagnes transnationales gérées par Herschel puis par Quetelet s'organisent dans un jeu de relations et de correspondances interpersonnelles où l'autonomie des individus est valorisée. Ce n'est plus du tout le cas à l'Observatoire de Paris : l'observation météorologique est déléguée — à dessein — à des acteurs que cette pratique n'implique pas directement. Les télégraphistes et les élèves des écoles normales sont soumis à un contrôle étroit, conçu pour brider leur autonomie d'action et promouvoir la régularité et l'uniformité des observations. Pour Le Verrier, l'observateur idéal est un « homme-machine » que des technologies de standardisation et de surveillance ont rendu oublieux de ses affects, de ses conceptions scientifiques et philosophiques, de ses aspirations propres.

Cette forme de négation de soi peut également être organisée et revendiquée par les acteurs eux-mêmes, comme dans le cas des promoteurs de la *Société météorologique de France*. Mais ces derniers ont une démarche profondément ambiguë. En organisant leur propre ascèse, ils cherchent en effet à obtenir une reconnaissance individuelle de la part de la communauté savante et à afficher l'héroïsme de leur engagement au service de la science.

L'élimination de l'individu ne constitue pas seulement un idéal en matière d'observation. Les dépouillements de journaux de bord menés par Léon Brault recourent à des procédures « en aveugle », afin d'éviter toute contamination des opérations par les idées, les connaissances ou l'expérience des sujets. Ce sont ici les procédures de traitement des données qui affichent leur conformité à l'idéal de l'objectivité mécanique, afin de répondre aux attentes de la communauté savante et à celles des navigants, rétifs à une codification de leurs pratiques. Le déploiement d'un processus mécanique de production des savoirs apparaît ici, en partie, comme une conséquence de la tension entre l'hydrographe de cabinet et le marin en mer.

A contrario, les expéditions aérostatiques des années 1860 sont des entreprises qui célèbrent la créativité et l'autonomie individuelle. Elles sont le fait de journalistes scientifiques qui entendent manifester leur autonomie vis-à-vis de la communauté savante « officielle ». Camille Flammarion se réfère aux écrits des astronomes Arago et Glaisher, mais il planifie et met en œuvre personnellement son étude des hautes couches atmosphériques. De retour au sol, il déploie des stratégies narratives élaborées pour convaincre de la moralité et la scientificité de ses pratiques. Ses récits de vol décrivent des périples mi-esthétiques mi-savants où sa sensibilité, son sang-froid et son dévouement au service de la science sont mis en scène. Le Sujet, à éliminer dans le cadre de l'observation « disciplinée », est ici au premier plan. L'atmosphère est le lieu où s'affirme une nouvelle identité sociale et personnelle : celle du « savant populaire », qui étudie la Nature et la fait connaître au plus grand nombre. La communauté savante, de son côté, cherche à surveiller et à discipliner les opérations scientifiques menées dans les nacelles. En 1850, Arago et Regnault font réaliser des observations « en aveugle » par les aéronautes Barral et Bixio. Regnault conçoit même un dispositif semi-automatique de mesure avec lequel il se propose de pousser à son terme la logique de l'« observateur-machine ».

La science académique ne montre pas toujours ce même attachement à l'idéal d'élimination du Sujet. Si la météorologie prévisionnelle organise l'objectivité mécanique de ses observations et de ses tracés, elle revendique aussi le caractère hautement individualisé de ses interprétations. Pour les savants de l'Observatoire, c'est une façon de mettre à distance les pratiques astrologiques et prophétiques.

La cartographie statistique des vents, elle aussi, combine la mise en œuvre d'un idéal de production mécanique du savoir et un recours assumé au jugement individuel. En effet, les données traitées par les chaînes de dépouillement de Brault sont produites, sur les navires, par des appréciations dues aux officiers de timonerie. L'idée d'une empathie des navigants vis-à-vis de l'environnement maritime structure ici l'organisation de l'observation à grande échelle. L'insistance sur le caractère participatif du programme vise également à aménager la réception des cartes par les milieux maritimes.

❦

C'est une nouvelle vision de l'atmosphère qui s'invente, au XIXe siècle, dans le regard croisé de tous ceux qui observent, étudient et prévoient le temps, en y mettant une part variable d'eux-mêmes. Cette vision se fixe notamment sous la forme de cartes. Les pratiques cartographiques, jusqu'ici marginales, prennent une importance centrale dans les études météorologiques. Cette façon d'appréhender l'atmosphère constituera le fondement des pratiques de prévision du temps jusqu'à l'essor des simulations numériques. Elle structurera aussi durablement les débats théoriques. Les entités produites/révélées par les cartes pourront alors être étudiées au moyen de méthodes importées d'autres disciplines scientifiques. Ce sera le cas, dans l'entre-deux-guerres, avec le développement des approches de la théorie dynamique des fronts, qui mêlent mathématiques appliquées, mécanique des fluides et analyse cartographique des états atmosphériques [1].

Les représentations profanes, elles aussi, sont profondément déplacées par cet essor de la cartographie atmosphérique. À partir de 1863, le *Bulletin* de l'Observatoire de Paris écrit une nouvelle histoire du « temps qu'il fait » : les dépressions y parcourent l'atmosphère, pour faire régner le Soleil ou le mauvais temps. Cette histoire est illustrée. D'abord réservées aux savants et aux marins à qui le *Bulletin* est adressé, les cartes synoptiques se multiplient dans les journaux au cours de la décennie 1870 [2]. À partir de ce moment, c'est le sort commun de la France vis-à-vis des dépressions qui est conté et exhibé quotidiennement, comme il l'est aujourd'hui par les présentateurs des bulletins télévisés. Ce qui s'impose avec le XIXe siècle, c'est aussi un temps médiatique, à l'échelle de la Nation.

1. F. Locher, « Configurations disciplinaires et sciences de l'Observatoire : le cas des approches scientifiques de l'atmosphère », *Enquête. Anthropologie, Histoire, Sociologie*, 5, septembre 2006, p. 193-212.
2. L'historien de la cartographie Mark Monmonier cite le chiffre de 10,5 millions de cartes synoptiques diffusées par les services météorologiques des États-Unis, pour la seule année 1909 [M. Monmonier, « Telegraphy Iconography and the Weather Map: Cartographic Weather Reports by the United States Weather Bureau, 1870-1935 », *Imago Mundi*, 40, 1988, p. 15-31 [et particulièrement, p. 18].

SOURCES MANUSCRITES

Archives de l'Académie des sciences

Dossiers individuels des académiciens

Série des « pochettes de séance » (correspondance à l'arrivée, comptes-rendus des débats académiques, plis cachetés).

Archives de l'Académie royale des sciences de Belgique

Correspondance à l'arrivée d'Adolphe Quetelet, dont les lettres reçues d'Arago (M247), Barral (M294), Bérigny (M362), Birt (M392), Bravais (M496), Buys Ballot (M561), Delcros (M804), Dupuis-Delcourt (M928), Élie de Beaumont (M944), Flammarion (M1009), Fron (M1060), Glaisher (M1154), Godard (M1162), Hæghens (M1233), Herschel (M1303), Le Verrier (M1599), Liais (M1606), Martins (M1735), Marié-Davy (M1720), Mathieu de la Drôme (M1753).

Archives nationales

« Observatoires — Observatoire de Paris » :

F^{17} 3718-44 (1854-1913), et particulièrement F^{17} 3727-29 (« météorologie »).

« Observatoires — travaux scientifiques — météorologie » : F^{17} 13575.

Dossiers administratifs concernant Urbain Le Verrier : F^{17} 23407 (administration centrale de l'Instruction Publique) et AJ^{16} 224 (académie de Paris).

Dossier administratif concernant l'Association scientifique : F^{17} 17198.

Éléments statistiques concernant la météorologie : F^{20}* 297/1-4.

Observatoire de Paris

Archives du service météorologique de l'Observatoire : série de cartons Ms 1060-II-E (Second Empire).

Cahiers d'observation météorologique : F^1 9-26 (1785-1871).

Registre de vérification des instruments météorologiques : F^2 28 (1836-1867).

Service Historique de la Marine

CC^3 1227 (personnel — dossier « service météorologique du Dépôt des cartes et plans »).

CC^4 2074 (commission des naufrages — affaires générales).

DD^2 1111 et 1112 (commission des électro-sémaphores (1854-1859)).

Bibliothèque de l'Institut

Ms 3710-18 : correspondance à l'arrivée d'Urbain Le Verrier (1840-1877). Les archives de l'Observatoire de Paris conservent également des éléments de cette correspondance (Ms 1072).

Bibliothèque Nationale de France – division des manuscrits

Mss 3303-07 : archives de l'expédition de *La Recherche*. Le Service Historique de la Marine conserve également une partie de la correspondance concernant le financement du voyage (3JJ/70), ainsi que le journal de bord du bâtiment pour 1838-1839 (4JJ/148.2).

Bibliothèque Nationale de France – division des cartes et plans

Portefeuille du Service hydrographique de la Marine n°1 ter (cartes des vents).

Fonds cartographique de la *Société française de géographie* : Ge BB^3 3381-4, Ge BB^3 3495-8 et Ge C 600 (cartes des vents). Voir également : A. Fleuriot de Langle, « Note sur la richesse des observations recueillies par les officiers de Marine ou autres agents appartenant à ce département », note manuscrite du 4 avril 1873, pièce 422, carton F (début), Microforme R133667, et A. Fleuriot de Langle,« Météorologie navale », note manuscrite du 4 août 1875, pièce 3681, carton n°23, Microforme R141560.

Centre des Archives Contemporaines de Fontainebleau

Fonds de l'Administration des télégraphes, dont les cartons de cotes F^{90} 163 (télégrammes au départ de Cherbourg, 1861), F^{90} 206 (au départ de Bayonne, 1868), F^{90} 231 (au départ de Lyon, 1858), F^{90} 497 (au départ de Limoges, 1864). On y trouve des dépêches d'observation adressées à l'Observatoire de Paris (voir chap. II).

Archives Départementales du Val-de-Marne

Fonds Raspail, cahiers d'observation météorologique (1849-1870), 69J 37-42.

SOURCES IMPRIMÉES

Académie des sciences, « Rapport fait à l'Académie des sciences, le lundi 23 avril 1821, sur le voyage autour du Monde de la corvette *L'Uranie*, commandée par M. Freycinet », *Annales de chimie et de physique*, 2e série, 30, 1825, p. 389-427.

Académie des Sciences, « Rapport sur les travaux de M. Espy relatifs aux tornados, lu à l'Académie des sciences dans la séance du 15 mars 1841 », CR, t. 12, 1841, p. 454-462.

Airy George Bidell, Le Verrier Urbain-Jean-Joseph, « Nouvelle détermination de la différence de longitude entre les observatoires de Paris et de Greenwich », CR, t. 39, 1854, p. 553-566.

Annuaire des sociétés savantes de la France et de l'étranger, Paris, ministère de l'Instruction Publique, 1846-1880.

Arago François, « La Lune exerce-t-elle sur notre atmosphère une influence appréciable ? », *Annuaire du Bureau des longitudes*, 1833, p. 157-273.

—, « En rendant compte d'un rapport fait à l'Association britannique pour l'avancement des sciences », CR, t. 13, 1841, p. 826.

—, « Communication sur un nouveau polarimètre de son invention », CR, t. 13, 1841, p. 840.

—, « Sur la prédiction du temps », *Annuaire du Bureau des longitudes*, 1846, p. 574-608.

—, « Compte rendu du voyage aéronautique exécuté le 29 juin 1850 par MM. Bixio et Barral », CR, t. 31, 1850, p. 5-9.

—, « Histoire de ma jeunesse », *Œuvres complètes*, Paris et Leipzig, Gide et T. O. Weigel, t. 1, 1854, p. 1-102.

—, « Sur l'état thermométrique du globe terrestre », *Œuvres complètes*, Paris, Gide, t. 8, 1858, p. 184-652.

—, « Sur les voyages aéronautiques exécutés dans l'intérêt de l'avancement des sciences », *Œuvres complètes*, Paris, Gide, t. 9, 1858, p. 512-513.

—, « Voyage de la Coquille », *Œuvres complètes*, Paris, Gide, t. 10, 1858, p. 176-222.

Atlas des mouvements généraux de l'atmosphère, Paris, C. Chauvin, 1868-1869, 5 t.

Atlas météorologique de l'Observatoire [impérial] [de Paris], Paris, C. Chauvin, 1867-1879, 6 t.

Babinet Jacques, « Sur la position actuelle d'une planète située au delà de Neptune », CR, t. 27, 1848, p. 202-208.

Barral Jean-Augustin, « Journal du voyage aérostatique fait le 27 juillet 1850 », CR, t. 31, 1850, p. 126-135.

Barrillot François, *Icare vengé par Pétin*, Paris, Durand, 1851.

Berghaus Heinrich, *Physikalischer Atlas*, Gotha, J. Perthes, 2 t., 1845 et 1848.

Bérigny Adolphe, « Historique de la météorologie dans le département de Seine-et-Oise », *Annuaire de la Société météorologique de France*, 1878, p. 112-116.

Bertholon Pierre, *De l'électricité des météores*, Paris, Croullebois, 1787.

Berthoud Samuel-Henri, *Petites chroniques de la Science pour 1864*, Paris, Garnier Frères, 1865.

Bigourdan Guillaume, « Le Bureau des longitudes : son histoire de l'origine à nos jours », *Annuaire du Bureau des longitudes*, 1828, A1-A72 ; 1829, C1-C92 ; 1930, A1-A110 ; 1931, A1-A151 ; 1932, A1-A117 ; 1933, A1-A91.

Brault Léon, « Projet de nouvelles cartes de navigation donnant à la fois la direction, l'intensité et la succession probable des vents », *Revue Maritime et Coloniale*, 28, 1870, p. 695-717.

—, « Nouvelles cartes de météorologie nautique, donnant à la fois la direction et l'intensité probable des vents », CR, t. 81, 1875, p. 433-435.

—, « Du progrès que peut apporter l'étude du régime des vents dans la question des itinéraires maritimes », *Revue Maritime et Coloniale*, 47, 1875, p. 805-817 et p. 811.

—, « Nouvelles cartes de météorologie nautique », *Annuaire de la Société météorologique de France*, 24, 1876, p. 114-131.

—, « Nouvelles cartes météorologiques pour l'Atlantique sud, donnant à la fois la direction et l'intensité des vents », CR, t. 84, 1877, p. 1074.

—, *Étude sur la circulation atmosphérique dans l'Atlantique nord pendant les saisons extrêmes*, Paris, Arthus Bertrand, 1879.

—, *Le Verrier météorologiste*, Paris, Gauthier-Villars, 1880.

Bravais Auguste, *Thèses présentées le 5 octobre 1837 à la faculté des sciences de Lyon, pour obtenir le grade de docteur ès sciences physiques... Sur les méthodes employées dans les levées sous voiles*, Lyon, s. éd., 1837 [première thèse] ; *Sur l'équilibre des corps flottants*, Paris, Arthus Bertrand, 1840 [deuxième thèse].

Bravais Auguste, Lottin Victor et Martins Charles, « Lettre de MM. Lottin, Bravais et Ch. Martins à Arago, relative aux travaux de la commission scientifique du Nord », CR, t. 10, 1840, p. 289-302.

Bravais Auguste, Martins Charles, « Comparaisons barométriques faites à Bruxelles et dans le nord de l'Europe », *Mémoires de l'Académie royale des sciences de Bruxelles*, 1841, p. 31-78.

Bravais Auguste, « Nouvelle table de dépression du mercure dans les tubes du baromètre », *Annales de chimie et de physique*, 3e série, 6, 1842, p. 492-508.

Bulletin hebdomadaire de l'Association pour l'avancement de l'astronomie et de la météorologie (puis de l'Association scientifique de France), Paris, Association pour l'avancement de l'astronomie et de la météorologie (puis Association scientifique de France), 1865-1887.

Buys Ballot Christophorus, « Note de M. Buys Ballot accompagnant l'envoi des premières feuilles de l'Annuaire de l'Institut Royal Météorologique des Pays-Bas », CR, t. 45, 1857, p. 640-641.

—, « Note sur le rapport de l'intensité et de la direction du vent avec les écarts simultanés du baromètre », CR, t. 45, 1857, p. 765-768.

CASPARI Chrétien-Édouard, PLOIX Charles, *Météorologie nautique. Vents et courants*, Paris, Imprimerie Nationale, 1874.

CASSINI Jean-Dominique, *De l'influence de l'équinoxe du printemps et du solstice d'été sur la déclinaison et les variations de l'aiguille aimantée*, Paris, L. P. Couret, 1791.

Catalogue par ordre géographique des cartes, plans, vues de côtes, mémoires, instructions nautiques, etc. qui composent l'hydrographie française, Paris, Imprimerie Nationale, 1878 et 1883.

CHAMPFLEURY, *Les bourgeois de Molinchart*, Paris, M. Lévy, 1859.

COMTE Auguste, *Discours sur l'esprit positif*, Paris, Vrin, 1995 [1re éd. 1844].

CUVIER Georges, « Éloge de M. de Lamarck », *Mémoires de l'Académie des sciences*, 1832, p. xxij-xxiv.

DAUDET Alphonse, « L'agonie de *La Sémillante* », *Les lettres de mon moulin*, Paris, Librio, 1994, p. 57-62.

DE FONVIELLE Wilfrid, *Aventures aériennes et expériences mémorables des grands aéronautes*, Paris, Plon, 1876.

DE LÉPINEY Granjon, *La Société centrale de sauvetage des naufragés*, Paris, SCSN, 1928.

DE ROSTAING Édouard, « Comparaisons des prévisions de l'office météorologique de Londres pour les côtes nord et ouest de la France avec l'état réel observé sur ces côtes », *Revue Maritime et Coloniale*, septembre-décembre 1867, p. 600-625.

DELARBRE Jules, *La Société centrale de sauvetage des naufragés sur les côtes de France (1864-1879)*, Paris, Berger-Levrault, 1879.

DELAUNAY Charles-Eugène, « Note sur le service météorologique de l'Observatoire de Paris », CR, t. 72, 1871, p. 178-179.

DELUC Jean-André, *Recherches sur les modifications de l'atmosphère*, Paris, Veuve Duchesne, 1784 [1re éd. 1772].

DENIKER Joseph, *Bibliographie des travaux scientifiques (sciences mathématiques, physiques et naturelles) publiés par les Sociétés savantes de France*, Paris, Imprimerie Nationale et E. Leroux, 4 t. : 1895, 1897, 1916 et 1922.

Dictionnaire biographique de la Drôme, Grenoble, Librairie dauphinoise, 1901.

ÉLIE DE BEAUMONT Léonce, « Éloge historique d'Auguste Bravais », *Mémoires de l'Académie des sciences*, 1866, p. XXIII-XCIX.

FIGUIER Louis, « Les aérostats et les aéronautes », *Revue des deux mondes*, octobre-novembre-décembre 1850, p. 193-245.

FITZROY Robert, *The weather book: a manual of practical meteorology*, London, Longman, Roberts and Green, 1863.

FLAMMARION Camille, *Les Merveilles Célestes*, Paris, Hachette, 1865.

—, « Études météorologiques faites en ballon », CR, t. 66, 1868, p. 1051-1055, p. 1113-1117, et p. 1207-1211 ; t. 67, 1868, p. 86-90.

FLAMMARION Camille, GLAISHER James, DE FONVIELLE Wilfrid et TISSANDIER Gaston, *Voyages aériens*, Paris, Hachette, 1870.

FLAMMARION Camille, BOISSAY Charles, *De Paris à Vancouleurs à vol d'oiseau. Relation d'un voyage scientifique en ballon*, Paris, Gauthier-Villars, 1873.

FLAMMARION Camille, *Récits de l'infini*, Paris, Didier, 1873.

—, *Voyages aériens : Impressions et Étude*, Paris, C. Marpon et E. Flammarion, 1881.
—, *L'Atmosphère et les grands phénomènes de la Nature*, Paris, Hachette, 1911.
—, *Mémoires biographiques et philosophiques d'un astronome*, Paris, E. Flammarion, 1911.
FRON Émile, *Thèses présentées à la faculté des sciences de Paris, pour obtenir le grade de docteur ès sciences physiques... des mouvements généraux de l'atmosphère dans leurs rapports avec les orages*, Versailles, Imprimeur Libraire Beau, 1868.
GAIMARD Paul, *Du Spitzberg, souvenirs de voyage à Bell Sound et à Magdalena Bay*, Paris, Pilout, 1839.
GAUTIER Théophile, « Locomotion aérienne. Système de M. Pétin », *La Presse*, 4 juillet 1850.
—, « Des ballons », *in* : *Fusains et eaux-fortes*, Paris, G. Charpentier, 1880, p. 253-264.
GOUTEREAU Charles, « Le service des avertissements du temps et le contrôle des prévisions », *Annales du BCM, partie mémoires, année 1903*, Paris, Gauthier-Villars, 1907, p. 27-54.
HÆGHENS, BÉRIGNY, LACROIX, « Notice sur les travaux météorologiques de la société », *Mémoires de la Société des sciences naturelles de Seine-et-Oise*, t. 12, 1847, p. 67-82.
HERSCHEL John, « Instructions for making and registering observations in southern africa, and other countries in the south seas, and also at sea », *Edinburgh New Philosophical Journal*, 21, 1836, p. 135-149.
—, « Report of the meteorological committee of the South african literary and scientific institution », *Edinburgh New Philosophical Journal*, 21, 1836, p. 239-246.
HUMBOLDT Alexandre, « Des lignes isothermes et de la distribution de la chaleur sur le globe », *Mémoires de physique et de chimie de la société d'Arcueil*, t. 3, 1817, p. 462-602.
—, « Sur les lignes isothermes », *Annales de chimie et physique*, 2e série, 5, 1817, p. 102-111 (carte p. 112-113).
Index generalis, annuaire général des universités, grandes écoles, Académies, archives, bibliothèques, instituts scientifiques, jardins botaniques et zoologiques, musées, observatoires, sociétés savantes, Paris, Gauthier-Villars, 2 t. : 1922-1923 et 1927-1928.
Journal d'Hippolyte Fortoul, ministre de l'Instruction Publique et des cultes, 1811-1856, Genève, Droz, 2 t., 1979 et 1989.
JULIEN Félix, « Des sémaphores », *La Science pour tous*, 3 décembre 1863.
KAËMTZ Ludwig Friedrich, *Cours complet de météorologie*, Paris, Paulin, 1843.
LAMARCK Jean-Baptiste, *Annuaires météorologiques de l'ère de la République française, à l'usage des agriculteurs, des médecins, des marins [...]*, Paris, Maillard, Treuttel et Würtz, et chez l'auteur, 1799-1810.
—, « Météorologie-statistique. Considérations sur les observations météorologiques comparatives, et sur leur application », *Annales de statistique*, t. 3, 1802, p. 58-72.
—, « Météorologie », *Nouveau dictionnaire d'histoire naturelle appliquée aux arts à l'agriculture*, 2e édition, Paris, Déterville, t. 20, 1818, p. 451-477.
LAPLACE Pierre-Simon, *Exposition du système du Monde*, Paris, Duprat, 1799.

LAUGEL Antoine, « Progrès et découvertes récentes de la météorologie », *Revue des deux mondes*, juillet-août 1860, p. 32-58.
LAUNOY, « Observations météorologiques faites pendant une ascension aérostatique, exécutée le 2 décembre 1852 », CR, t. 35, 1852, p. 856.
LE VERRIER Urbain-Jean-Joseph, « Recherches sur les mouvements d'Uranus », CR, t. 22, 1846, p. 907-918.
—, « Rapport fait au nom de la commission chargée d'examiner le projet de loi sur la correspondance télégraphique privée », *in* : *Assemblée nationale législative. 1850. Impressions. Projets de lois, propositions, rapports, etc.*, t. 18, Paris, Imprimerie de l'Assemblée nationale, 1850, n°1110.
—, *Rapport sur l'organisation de l'Observatoire impérial de Paris et projet d'organisation*, Paris, Mallet-Bachelier, 1855.
—, « M. Le Verrier présente un travail fait à l'Observatoire impérial, par M. Liais, sur la tempête de la mer Noire, en novembre 1854 », CR, t. 41, 1855, p. 1197-1203.
—, « Note sur un système régulier d'observations météorologiques, établi en France [...] », CR, t. 42, 1856, p. 1039-1042.
—, « Note sur la mesure des longitudes géographiques », CR, t. 43, 1856, p. 893-894.
—, « Remarques de M. Le Verrier, concernant un objectif précédemment présenté à l'Académie par M. Porro », CR, t. 44, 1857, p. 1293 et p. 1295.
—, « M. Le Verrier présente les remarques suivantes... », CR, t. 45, 1857, p. 609-612.
—, « Remarques au sujet d'une note de M. le maréchal Vaillant, sur la tempête des 2 et 3 décembre 1863 », CR, t. 58, 1864, p. 16-21.
—, « Organisation de quelques entreprises météorologiques », CR, t. 60, 1865, p. 136-144.
—, « Avertissements donnés aux côtes sur l'approche des tempêtes. État de la question », CR, t. 62, 1866, p. 1045-1053.
—, « Historique des entreprises météorologiques de l'Observatoire impérial de Paris, 1854-1867 », introduction à l'*Atlas des mouvements généraux de l'atmosphère*, année 1864, juin-décembre, Paris, Gauthier-Villars, 1868, p. 1-18.
—, « Situations des entreprises météorologiques », CR, t. 66, 1868, p. 228.
LIAIS Emmanuel, *Théorie mathématique des oscillations du baromètre et recherche de la loi de la variation moyenne de la température avec la latitude*, Paris, Bachelier, 1851.
—, « Sur la distribution électrique de l'heure », CR, t. 45, 1857, p. 952-958.
—, « De l'état de l'astronomie en France », *L'Ami des sciences*, 2 et 9 mai 1858.
—, *L'espace céleste*, Garnier Frères, 1889.
LOTTIN Victor, *Voyage en Islande et au Grœnland exécuté pendant les années 1835 et 1836 sur la corvette La Recherche*, « Physique », Paris, Arthus Bertrand, 1838.
MAIRE Albert, *Catalogue des thèses de sciences soutenues en France de 1810 à 1890 inclusivement*, Paris, H. Welter, 1892.
MARIÉ-DAVY Hippolyte, *Considérations sur le climat de Montpellier*, Montpellier, Ricard, 1851.

—, « Sur la météorologie », *Revue des sociétés savantes*, t. 3, Paris, Paul Dupont, 1863, p. 232-235.

—, « Sur l'état de l'atmosphère pendant la première quinzaine d'août, d'après les renseignements recueillis à l'Observatoire impérial de Paris », CR, t. 57, 1863, p. 384-386.

—, « Sur les tempêtes de l'équinoxe », CR, t. 57, 1863, p. 640-644.

—, « Tempêtes des 2 et 3 décembre 1863 », CR, t. 58, 1864, p. 65-67.

—, *Les mouvements de l'atmosphère et des mers, considérés du point de vue de la prévision du temps*, Paris, V. Masson et fils, 1866.

—, *Rapport à l'Empereur*, Paris, Imprimerie de Chanoine, 1867.

—, *Notice sur les travaux scientifiques de M. Marié-Davy*, Paris, Gauthier-Villars, 1868.

MARTINS Charles, « Essai sur la topographie botanique du Mont Ventoux en Provence », *Annales des Sciences Naturelles*, botanique, 2e série, 10, 1838, p. 129-158 et p. 228-277.

—, « Introduction », *Annuaire météorologique de la France pour 1849*, Paris, Gaume Frères, 1848, p. i-xxiv.

MASCART Éleuthère Élie Nicolas, « Rapport sur le service des observations météorologiques dans les écoles normales primaires », *Revue pédagogique*, nouvelle série, t. 18, janvier-juin 1891, p. 170-176.

MATHIEU DE LA DRÔME, *De la Prédiction du temps*, Paris, Mallet-Bachelier, 1862.

—, *Double almanach Mathieu de la Drôme*, Paris, Plon, 1863-1939.

—, *Triple almanach Mathieu de la Drôme*, Paris, Plon, 1863-1939.

—, *Annuaire Mathieu de la Drôme*, Paris, Plon, 1863-1939.

MATHIEU DE LA HAUTE-GARONNE, *Almanach perpétuel faisant appel aux savants et s'adressant à toutes les classes*, Paris, Ch. Noblet, et Toulouse, Armaing, 1869.

MAURY Matthew Fontaine, *Explanations and sailing directions to accompany the winds and currents charts*, Washington, C. Alexander, 1851.

—, *Instructions nautiques destinées à accompagner les cartes des vents et des courants*, Paris, Firmin-Didot, 1859.

MOUREAUX Théophile, « Rapport au directeur de l'Observatoire sur la vérification des instruments des stations météorologiques françaises », *Atlas météorologique de l'Observatoire de Paris*, 1876, section D3.

NISARD Charles, *Histoire des livres populaires et de la littérature de colportage, depuis l'origine de l'imprimerie jusqu'à l'établissement de la commission d'examen des livres de colportage*, Paris, Librairie d'Amyot, 1864.

NOUEL Ernest, « Émilien Renou », *Bulletin de la Société archéologique, scientifique et littéraire du Vendômois*, 3e trimestre 1902, p. 157-174.

PÂRIS François-Edmond, « Rapport sur les travaux de M. Brault », CR, t. 94, 1881, p. 256-259.

PELTEREAU Ernest, « Complément à la notice sur la vie et les travaux de M. Émilien Renou », *Bulletin de la Société archéologique, scientifique et littéraire du Vendômois*, 4e trimestre 1902, p. 25-30.

PERREYMOND, *Navigation aérienne. Système Pétin. Notions élémentaires sur l'aéronautique et sur les sciences accessoires à cet art*, Paris, Librairie nouvelle, 1851.

PIDDINGTON Henry, *Guide du marin sur la loi des tempêtes, ou exposition pratique de la théorie et de la loi des tempêtes et de ses usages*, Paris, Mallet-Bachelier, 1859.

POGGENDORFF Johan Christian, *Biographisch-literarisches handwörterbuch für mathematik, astronomie, physik mit geophysik, chemie, kristallographie und verwandte wissensgebiete*, Leipzig, J. A. Barth, 1863-1904.

QUETELET Adolphe, « De l'influence des saisons sur la mortalité aux différents âges », *Mémoires de l'Académie royale des sciences de Bruxelles*, 1838 [numéroté à part].

—, « Sur l'état du magnétisme terrestre », *Mémoires de l'Académie royale des sciences de Bruxelles*, 1842, p. 1-40.

—, « Notes sur les instruments employés dans les diverses stations pour les observations météorologiques horaires correspondantes des équinoxes et des solstices », *Mémoires de l'Académie royale des sciences de Bruxelles*, 1842, p. 83-104 et 1843, p. 99-111.

—, « Observations des phénomènes périodiques », *Mémoires de l'Académie royale des sciences de Bruxelles*, 1844, p. 1-25.

—, *Sur le climat de la Belgique. Seconde partie : pressions et ondes atmosphériques*, Bruxelles, Hayez, 1851.

—, *Sciences mathématiques et physiques au commencement du XIXe siècle*, Bruxelles, C. Muquardt, 1867.

—, *Sur l'homme et le développement de ses facultés, ou Essai de physique sociale,* Bruxelles, Muquardt, 1869, 2 t. [1re éd. 1835].

RAMOND Louis-François, *Mémoires sur la formule barométrique de la Mécanique céleste, et les dispositions de l'atmosphère qui en modifient les propriétés*, Clermont-Ferrand, Landriot, 1811.

RASPAIL François-Vincent, *Prédiction du temps. Almanach et calendrier météorologique*, Paris, Éditions des ouvrages de M. Raspail, 1865-1877.

RAYET Georges, *Thèses présentées à la faculté des sciences de Paris, pour obtenir le grade de docteur ès sciences physiques... mémoire sur les raies brillantes du spectre de l'atmosphère solaire et sur la constitution physique du Soleil*, Paris, Gauthier-Villars, 1871.

REGNAULT Henri-Victor, « La détermination des températures et des pressions dans les ascensions aérostatiques », *Annales de chimie et de physique*, 3e série, 64, 1862, p. 229-239.

RENOU Émilien, « Note sur une température anormale qui s'est produite au centre de la France au mois de mars 1847 », CR, t. 24, 1847, p. 978.

—, *Notice sur les travaux scientifiques de E. Renou*, Versailles, Beau Jeune, 1866.

ROYAL SOCIETY OF LONDON, *Catalogue of scientific papers*, London, C. J. Clay, 1867-1902 (pour 1800-1883) et Cambridge, Cambridge University Press, 1914-1925 (pour 1883-1900).

SANSON Joseph, « Versailles, berceau de la météorologie française », *La météorologie*, janvier-mars 1947, p. 151-154.

SHAW William Napier, *Manual of meteorology, vol. 1: Meteorology in history*, Cambridge, Cambridge University Press, 1926.

Simple Almanach Mathieu de la Nièvre, Paris, Lacroix et Cie, 1866-1877.

SONREL Léon, *Thèses présentées à la faculté des sciences de Paris, pour obtenir le grade de docteur ès sciences physiques... sur les mouvements généraux de l'atmosphère*, Versailles, Beau jeune, 1867.

Souscription nationale pour arriver à la réalisation de la navigation aérienne par le système Pétin, Paris, Imprimerie de Prevé, 1850.

Tableau général du commerce de la France pour 1864, Paris, Imprimerie Nationale, 1865.

Teisserenc de Bort Léon, *Notice biographique sur M. Émilien-Jean Renou*, Tours, Paul Bousrez, 1902.

Third number of meteorological papers, Londres, Board of Trade, 1858.

Vaillant Jean-Baptiste-Philibert, « Sur la tempête des 2 et 3 décembre 1863 », CR, t. 57, 1863, p. 1001-1007.

Verne Jules, *Cinq semaines en ballon, voyage de découvertes en Afrique par trois anglais*, Paris, J. Hetzel, 1863.

Voyages de la commission scientifique du Nord, en Scandinavie, en Laponie, au Spitzberg et aux Feroë pendant les années 1838, 1839, et 1840 sur la corvette La Recherche, commandée par M. Fabvre, Paris, Arthus Bertrand, 17 t., 1843-1855.

BIBLIOGRAPHIE

Actualité et universalité de la pensée scientifique d'Adolphe Quetelet [actes du colloque du 24-25 octobre 1996], Bruxelles, Palais des Académies, 1997.

Adolphe Quetelet, Bruxelles, Palais des Académies, 1975.

AGULHON Maurice, *1848 ou l'apprentissage de la République (1848-1852)*, Paris, Seuil, coll. « Points Histoire », 1992.

—, *Les quarante-huitards*, Paris, coll. « Folio Histoire », 1992.

ALBERT Pierre, « La presse sous le Second Empire », *in* : TULARD Jean (éd.), *Dictionnaire du Second Empire*, Paris, Fayard, 1995, p. 1056-1063.

ALBERT Pierre, TERROU Fernand, *Histoire de la Presse*, Paris, PUF, coll. « Que sais-je? », 1970.

ANCEAU Éric, *Dictionnaire des députés du Second Empire*, Rennes, PUR, coll. « Carnot », 1999.

ANCELLIN Jacques, *Un homme de science du XIXe siècle : l'astronome Emmanuel Liais, 1826-1900*, Coutances, OCEP, 1985.

ANDERSON Katherine, *Practical science: meteorology and the forecasting controversy in mid-victorian Britain*, Ph.D. Dissertation, Northwestern University, 1994.

—, « The weather prophets: science and reputation in victorian meteorology », *History of Science*, 37, 1999, p. 179-216.

—, « Looking at the sky: the visual context of victorian meteorology », *British Journal for the History of Science*, 36, 2003, p. 301-332.

—, *Predicting The Weather: Victorians And The Science of Meteorology*, Chicago, University of Chicago Press, 2005.

ANDRIES Lise, « La popularisation du savoir dans les almanachs français de 1750 à 1830 », *in* : LÜSEBRINK Hans-Jürgen, MIX York-Gothart, MOLLIER Jean-Yves et SOREL Patricia (dir.), *Les lectures du Peuple en Europe et dans les Amériques du XVIIe au XIXe siècle*, Paris, Complexe, 2003, p. 291-302.

AUBIN David, « The fading star of the Paris Observatory in the nineteenth Century: astronomer's urban culture of circulation and observation », *Osiris*, 18, 2003, p. 79-101.

BALTEAU Jules, BARROUX Marius, PREVOST Michel, *Dictionnaire de biographie française*, Paris, Letouze et ané, 1933-2003.

BAROLI Marc, *Le train dans la littérature française*, Paris, NM, 1964.

BATTESTI Michèle, *La Marine de Napoléon III. Une politique navale*, Thèse, université de Savoie, 1997.

BÉDÉÏ Jean-Pierre, BÉDÉÏ Patricia, *François-Vincent Raspail : Savant et Républicain rebelle*, Paris, Alvik éditions, 2005.

BÉGUET Bruno, *La science pour tous. 1850-1914*, Paris, CNAM, 1990.

BELHOSTE Bruno, « Arago, les journalistes et l'Académie des sciences dans les années 1830 », *in* : HARISMENDY Patrick (dir.), *La France des années 1830 et l'esprit de réforme*, Rennes, PUR, coll. « Carnot », 2006, p. 253-266.

BELLANGER Claude *et al.* (dir.), *Histoire générale de la presse française*, Paris, PUF, t. 2 (1815-1871), 1969.

BENSAUDE-VINCENT Bernadette (dir.), « La science pour tous », *Romantisme. Revue du XIXe siècle*, numéro spécial, 65, 1989.

—, « Homo medicus, homo academicus », *Alliage*, 9, automne 1991, p. 21-28.

—, « Un public pour la science : l'essor de la vulgarisation au XIXe siècle », *Réseaux*, 58, 1993, p. 47-66.

BENSAUDE-VINCENT Bernadette, RASMUSSEN Anne (dir.), *La science populaire dans la presse et l'édition, XIXe et XXe siècles*, Paris, CNRS, 1997.

BENSAUDE-VINCENT Bernadette, *L'opinion publique et la science*, Paris, Sanofi-Synthélabo, coll. « Les empêcheurs de penser en rond », 2000.

BERNARD Jean, LEMAIRE Jean-François, POIRIER Jean-Pierre, *Marat, homme de science ?*, Paris, Synthélabo, 1993.

BERTHO Catherine, *Télégraphes et téléphones – De Valmy au microprocesseur*, Paris, Le livre de poche, 1981.

BESLEAGA Nicolas, « Les débuts de la prévision numérique : l'intégration grapho-analytique », *La météorologie*, numéro spécial consacré à l'histoire de la discipline, avril 1995, p. 135-138.

BLAIS Hélène, *Les voyages français dans le Pacifique. Pratique de l'Espace, savoirs géographiques et expansion coloniale (1815-1845)*, Thèse, EHESS, 2000.

BLONDEL Christine, *Histoire de l'électricité*, Paris, Explora, 1994.

BOURGUET Marie-Noëlle, « La collecte du monde : voyage et histoire naturelle (fin XVIIe siècle-début XIXe siècle) », *in* : BLANCKÆRT Claude *et al.* (éd.), *Le Muséum au premier siècle de son histoire*, Paris, Muséum National d'Histoire Naturelle, 1997, p. 163-196.

BOURGUET Marie-Noëlle, LICOPPE Christian, « Voyages, mesures et instruments : Une nouvelle expérience du monde au Siècle des lumières », *Annales ESC*, 52 (5), 1997, p. 1115-1151.

BOURGUET Marie-Noëlle, « Landscape with numbers. Natural history, travel and instruments in the late eighteenth and early nineteenth century », *in* : BOURGUET Marie-Noëlle, LICOPPE Christian et SIBUM Otto (dir.), *Instruments, Travel, and Science: itineraries of precision from the seventeenth to the twentieth century*, London-New York, Routledge, 2002, p. 96-125.

BOURLOTON Edgar, COUGNY Gaston, ROBERT Adolphe, *Dictionnaire des parlementaires français*, Paris, Bourtolon, 1891, 5 vol.

BRAUNSTEIN Jean-François, « Le concept de milieu, de Lamarck à Comte et aux positivistes », *in* : LAURENT Goulven (dir.), *Jean-Baptiste Lamarck*, Paris, CTHS, 1997, p. 557-571.

BRIAN Éric, « Transactions statistiques au XIXe siècle. Mouvements internationaux de capitaux symboliques », *Actes de la recherche en sciences sociales*, 145, 2002/5, p. 34-46.

BURTON Jim, « Robert Fitzroy and the early history of the Meteorological Office », *British Journal for the History of Science*, 19, 1986, p. 147-176.

CAMERINI Jane, « The Physical Atlas of Heinrich Berghaus: distribution maps as scientific knowledge », *in* : MAZZOLINI Renato (ed), *Non-verbal communication in science prior to 1900*, Firenze, Leo S. Olschki, 1993, p. 479-512.

CARPINE-LANCRE Jacqueline, « Georges Aimé (Metz, 1810-Alger, 1846) », *Chronique d'histoire maritime*, 55, 2004, p. 60-76.

CAWOOD John, « Terrestrial magnetism and the development of international collaboration in the early nineteenth century », *Annals of science*, 34, 1977, p. 551-587.

—, « The magnetic crusade: science and politics in early Victorian Britain », *Isis*, 70, 1979, p. 493-518.

—, « François Arago, homme de science et homme politique », *La Recherche*, 16, 1985, p. 1464-1471.

CHALINE Jean-Pierre, *Sociabilité et érudition, les sociétés savantes en France*, Paris, CTHS, 1998.

CHAPERON Danielle, « Le ballon, comme un œil bizarre... voyage aérien et vulgarisation chez Camille Flammarion », *Études de lettres*, 1995(1-2), p. 149-177.

—, *Camille Flammarion, entre astronomie et littérature*, Paris, Imago, 1997.

CHAPMAN Allan, *The Victorian Amateur Astronomer: Independent Astronomical Research in Britain 1820-1920*, Chichester, John Wiley & Sons, 1999.

CHAPUIS Olivier, *À la mer comme au ciel. Beautemps-Beaupré et la naissance de l'hydrographie moderne (1700-1850)*, Paris, Presses de l'université de Paris-Sorbonne, 1999.

CŒURÉ Catherine, « Aspects populaires de l'aventure aérienne », *in* : BELLET Roger (dir.), *L'aventure dans la littérature populaire au XIXe siècle*, Lyon, Presses universitaires de Lyon, 1985, p. 43-55.

COLIN Florence, « Les revues de vulgarisation scientifique », *in* : BÉGUET Bruno (dir.), *La Science pour tous : sur la vulgarisation scientifique en France de 1850 à 1914*, Paris, CNAM, 1990, p. 75-79.

COLLINS Harry M., « The TEA set: Tacit Knowledge and Scientific Network », *Science Studies*, 4, 1974, p. 165-186.

COMMENT Bernard, *Le XIXe siècle des panoramas*, Paris, Adam Biro, 1997.

CONDETTE Jean-François, *Les recteurs d'académie en France de 1808 à 1940*, Paris, INRP, t. II « dictionnaire biographique ».

CORBIN Alain, *Le miasme et la jonquille : l'odorat et l'imaginaire social XVIIIe-XIXe siècles*, Paris, Aubier-Montagne, 1982.

—, *Le Territoire du vide. L'Occident et le désir du rivage (1750-1840)*, Paris, Flammarion, coll. « Champs », 1990.

—, *Le village des cannibales*, Paris, Flammarion, coll. « Champs », 1999.

—, *L'homme dans le paysage*, Paris, Textuel, 2001.

—, *Le ciel et la mer*, Paris, Bayard, coll. « Le rayon des curiosités », 2005.

COTTER Charles H., « Matthew Fontaine Maury (1806-1873): "Pathfinder of the seas" », *Journal of Navigation*, 32, 1979, p. 75-83.

COURT Arnold, « La rose des vents segmentaire de Léon Brault (1839-1885) », *La météorologie*, numéro d'avril 1995, p. 118-125.

CRAWFORD T. Hugh, « Networking the (Non) Human: Moby-Dick, Matthew Fontaine Maury, and Bruno Latour », *Configurations*, 5(1), 1997, p. 1-21.

Crosland Maurice, *Science under control*, Cambridge, Cambridge University Press, 1992.

—, « Popular science and the arts: challenges to cultural authority in France under the Second Empire », *British Journal for the History of Science*, 34, 2001, p. 306-307.

Curry Patrick, *Confusion of prophets: victorian and edwardian astrology*, London, Collins & Brown Limited, 1992.

Darnton Robert, *La fin des Lumières : le mesmérisme et la Révolution*, Paris, Perrin, 1984.

Daston Lorraine, « Objectivity and the escape from perspective », *in* : Biagioli Mario, *The Science Studies Reader*, New York-London, Routledge, 1999, p. 110-123.

Daston Lorraine, Galison Peter, « The image of objectivity », *Representations*, 40, 1992, p. 81-128.

Daumas Maurice, *Arago (1786-1853). La jeunesse de la science*, Paris, Belin, 1987.

Davis John L., « Weather forecasting and the development of meteorological theory at the Paris observatory », *Annals of Science*, 41, 1984, p. 359-385.

—, *Physics in France circa 1850-1914; its national organisation, characteristics and content*, Ph.D. Dissertation, University of Kent, 1990.

De la Cotardière Philippe et Fuentes Patrick, *Camille Flammarion*, Paris, Flammarion, 1994.

Delange Yves, « Les phénomènes de l'atmosphère et la météorologie de Lamarck », *in* : Laurent Goulven (dir.), *Jean-Baptiste Lamarck*, Paris, CTHS, 1997, p. 123-135.

Detwiller Jacques, « La loi de Buys Ballot », *La météorologie*, mars 1982, p. 61-70.

Dollfus Charles, *Les ballons*, Paris, Robert Delpire, 1960.

Dörries Matthias, « La standardisation de la balance de torsion dans les projets européens sur le magnétisme terrestre », *in* : Blondel Christine et Dörries Matthias (dir.), *Restaging Coulomb : usages, controverses et réplications autour de la balance de torsion*, Florence, L. S. Olschki, 1994, p. 121-150.

—, « Purity and Objectivity in Nineteenth-Century. Metrology in literature », *Perspectives on Science*, 9(2), 2001, p. 233-250.

Drouin Jean-Marc, « Comprendre et dominer le monde végétal. La vulgarisation de la géographie botanique au xixe siècle », *in* : Acot Pascal (dir.), *La maîtrise du milieu*, Paris, Vrin, 1994, p. 40-57.

Dumasy Lise, *La querelle du roman-feuilleton. Littérature, presse et politique, un débat précurseur (1836-1848)*, Grenoble, ELLUG, 1999.

Éléments pratiques de météorologie et de prévision synoptiques. Cours et Manuel. École Nationale de la Météorologie, Paris, Météo-France, 1994.

Elkhadem Hossam, « La correspondance d'Adolphe Quetelet avec sir John Herschel : un exemple de la richesse du fonds Quetelet », *in* : *Adolphe Quetelet*, Bruxelles, Palais des Académies, 1975, p. 46-58.

Feldman Theodore S., *The history of meteorology, 1750-1800: a study in the quantification of experimental physics*, Ph.D. Dissertation, University of California, 1983.

—, « Applied Mathematics and the quantification of experimental Physics: the example of barometric hypsometry », *Historical Studies in the Physical Science*, 15(2), 1985, p. 127-197.

—, « Late enlightment meteorology », *in* : FRANGSMYR Tore, HEILBRON John L., RIDER Robin (eds), *The quantifying spirit in the eighteenth century*, Berkeley, University of California Press, 1990, p. 143-177.

—, « The ancient climate in the eighteenth and early nineteenth century », *in* : SHORTLAND Michæl (ed), *Science and nature: Essays in the history of the environmental sciences*, Stanford in the Vale, British Society for the History of Science, 1993, p. 23-40.

FEURTET Jean-Marie, *D'Arago à Le Verrier, le Bureau des longitudes au XIXe siècle*, DEA, EHESS, 2004.

FICHOU Jean-Christophe, *Gardiens de phare. 1798-1939*, Rennes, PUR, 2002.

FIERRO Alfred, *Histoire de la météorologie*, Paris, Denoël, 1991.

FLEMING James Rodger, *Meteorology in America 1800-1870*, Baltimore-London, Johns Hopkins University Press, 1990.

FLICHY Patrice, *Une histoire de la communication moderne – Espace public et vie privée*, Paris, La Découverte, 1991.

FOX Robert, *The culture of science in France 1700-1900*, Aldershot, GB-Brookfil USA-variourum, 1992.

GALISON Peter, « Judgment against Objectivity », *in* : GALISON Peter, JONES Caroline (eds), *Picturing Science, Producing Art*, New York, Routledge, 1998, p. 327-359.

GILLEPSIE Richard, « Balooning in France and Great Britain, 1793-1786: Aerostation and Adventure », *Isis*, 75, 1984, p. 249-268.

GILLIPSIE Charles Coulston, *Dictionnary of scientific biography*, New York, Charles Scribner's sons, 1970-1990.

GINZBURG Carlo, « Traces. Racines d'un paradigme indiciaire », *in* : *Mythes, Emblèmes, Traces*, Paris, Flammarion, 1987, p. 139-179.

GIRDLESTONE Cuthbert, *Poésie, Politique, Pyrénées. Louis-François Ramond (1755-1827), sa vie, son œuvre littéraire et politique*, Paris, Minard, 1968.

GLASER Catherine, « Journalisme et critique scientifique : l'exemple de Victor Meunier », *Romantisme. Revue du XIXe siècle*, 65, 1989, p. 27-36.

GOLINSKI Jan, « Barometers of Change: Meteorological Instruments as Machines of Enlightment », *in* : CLARK William, GOLINSKI Jan, SCHAFFER Simon (eds), *The sciences in enlightened Europe*, Chicago-London, University of Chicago Press, 1999, p. 69-93.

GOODY Jack, *La raison graphique. La domestication de la pensée sauvage*, Paris, Minuit, coll. « Le sens commun », 2002 [1re éd. 1977].

GOSSELIN Ronald, *Les almanachs républicains*, Paris, L'Harmattan, 1992.

GRAND-CARTERET John, *Les almanachs français*, Genève, Slatkine reprints, 1968 [1re éd. 1896].

GUIGUENO Vincent, *Au service des phares. La signalisation maritime en France, XIXe-XXe siècle*, Rennes, PUR, 2002.

HANKINS Frank H., *Adolphe Quetelet as statistician*, New York, Columbia University Press, 1908.

HEARN Chester G., *Tracks in the Sea: Matthew Fontaine Maury and the Mapping of the Oceans*, Camden Me, International marine/McGraw-Hill, 2002.

Herschel at the cape, diaries and correspondence of sir John Herschel 1834-1838, Austin-London, University of Texas Press, 1969.

HOWSE Derek, *Greenwich Time and the discovery of the longitude*, Oxford, Oxford University Press, 1980.

HUGHES Patrick, *A century of Weather Service. 1870-1970*, New-York-London-Paris, Gordon and Breach, 1970.

HUMEAU Jean, *Des vigies aux sémaphoristes : les témoins de l'histoire islaise*, Ile d'Yeu, Atelier du patrimoine islais, 1993.

HUNT Bruce J., « Doing Science in a Global Empire: Cable Telegraphy and Electrical Physics in Victorian Britain », *in* : *Victorian Science in Context*, Chicago, University of Chicago Press, 1997, p. 312-333.

Index Biographique Français, London, K. G. Saur, 1993.

JACQUES Jean, RAICHVARG Daniel, *Savants et ignorants. Une histoire de la vulgarisation des sciences*, Paris, Seuil, 1991.

JANKOVIC Vladimir, « Ideological crests versus empirical troughs: John Herschel's and William Radcliffe Birt's research on atmospheric waves, 1843-50 », *British Journal for the History of Science*, 31, 1998, p. 21-40.

—, « The place of nature and the nature of place: the chorographic challenge to the history of british provincial science », *History of Science*, 38, 2000, p. 79-113.

—, *Reading the Skies. A Cultural History of English Weather, 1650-1820*, Chicago-London, University of Chicago Press, 2000.

KALIFA Dominique, « L'ère de la culture-marchandise », *Revue d'histoire du XIXe siècle*, 19, 1999 [introduction].

—, « L'entrée de la France en régime « médiatique » : l'étape des années 1860 », *in* : MIGOZZI Jacques (dir.), *De l'écrit à l'écran. Littérature populaire : mutations génériques, mutations médiatiques*, Limoges, Pulim, 2000, p. 39-51.

—, *La culture de masse en France, 1860-1930*, Paris, La Découverte, coll. « Repères », 2001.

KHRGIAN Aleksandr Khristoforovich, *Meteorology: a historical survey*, Jérusalem, Israël Program for Scientific Translation, 1970.

KONVITZ Josef, *Cartography in France 1660-1848. Science, Engineering, and Statecraft*, Chicago, University of Chicago Press, 1987.

L'Exposition Le Verrier et son temps, Observatoire de Paris, 18-27 octobre 1946, Paris, Gauthier-Villars, 1946.

LACOSTE Jean, *Gœthe. Science et Philosophie*, Paris, PUF, 1997.

LAMOTTE Françoise, *Urbain Le Verrier : savant universel, gloire nationale, personnalité cotentine*, Coutances, OCEP, 1977.

LANGLOIS Claude, POIRIER Jacques (dir.), *Raspail et la vulgarisation médicale*, Paris, Vrin, 1988.

LAPRÉVOTE Gilles, *Les écoles normales primaires en France 1879-1979 : splendeur et misère de la formation des maîtres*, Lyon, Presses universitaires de Lyon, 1984.

LATOUR Bruno, DE NOBLET Jocelyn (dir.), « Les "vues" de l'esprit. Visualisation et connaissance scientifique », *Culture technique*, numéro spécial, 14, 1985.

LATOUR Bruno, WOOLGAR Steve, *La vie de laboratoire. La production des faits scientifiques*, Paris, La découverte, 1988 [1re éd. 1979].

LATOUR Bruno, *La science en action*, Paris, Gallimard, coll. « Folio Essais », 1995 [1re éd. 1987].

—, *Nous n'avons jamais été modernes. Essai d'anthropologie symétrique*, Paris, La Découverte-Poche, 2001 [1re éd. 1991].

—, *Pasteur : guerre et paix des microbes* suivi de *Irréductions*, Paris, La Découverte-Poche, 2001 [1re éd. 1984].

—, *L'espoir de Pandore*, Paris, La Découverte, 2001.

LE ROY LADURIE Emmanuel, MEYER Jean, MULLER Otto et PETER Jean-Pierre, *Médecins, climat et épidémies à la fin du XVIIIe siècle*, Paris, Mouton La Haye, 1972.

LECOUTURIER Yves, LUCAS Serge, « Sémaphores d'hier et d'aujourd'hui », *Le Chasse-Marée*, 35, 1988, p. 2-17.

LÉRIS Pierre, TASSY Edme, *Les ressources du travail intellectuel en France*, Paris, Gauthier-Villars, 1921.

LETHIERRY Hugues (dir.), *Feu les écoles normales (et les IUFM ?)*, Paris, L'Harmattan, 1994.

LOCHER Fabien, « L'empire de l'astronome : Urbain Le Verrier, l'Ordre et le Pouvoir », *Cahiers d'histoire. Revue d'histoire critique*, 102, 2007, p. 33-48.

—, « Science, Média et Politique au XIXe siècle. Les controverses sur la prédiction du temps sous le Second Empire », *Revue d'Histoire du XIXe siècle*, 32, 2006(1), p. 63-79.

—, « De nouveaux territoires pour la Science : les voyages aériens de Camille Flammarion », *Société et Représentations,* 21, avril 2006, p. 157-175.

—, « Configurations disciplinaires et sciences de l'Observatoire : le cas des approches scientifiques de l'atmosphère », *Enquête. Anthropologie, Histoire, Sociologie*, 5, septembre 2006, p. 193-212.

—, « L'émergence d'une technoscience de l'environnement océanique : le cas du programme français de cartographie des vents en mer, 1860-1914 », *Nuncius. Annali di Storia della Scienza*, 22(2), 2007, p. 49-68.

LUCOT Yves-Marie, *Husson dit Champfleury*, Trœsnes, Dumerchez, 1990.

LÜSEBRINK Hans-Jürgen, MIX York-Gothart, MOLLIER Jean-Yves et SOREL Patricia (dir.), *Les lectures du Peuple en Europe et dans les Amériques du XVIIe au XXe siècle*, Paris, Complexe, 2003.

MATAGNE Patrick, *Aux origines de l'écologie : les naturalistes en France de 1800 à 1914*, Paris, CTHS, 1999.

MATTELART Armand, *L'invention de la communication*, Paris, La découverte, 1994.

MEYER Jean, « L'enquête de l'Académie de médecine sur les épidémies 1774-1794 », *Annales ESC*, 21(4), juillet-août 1966, p. 729-749.

MONMONIER Mark, « Telegraphy Iconography and the Weather Map: Cartographic Weather Reports by the United States Weather Bureau, 1870-1935 », *Imago Mundi*, 40, 1988, p. 32-45.

—, *Air Apparent. How meteorologists learned to map, predict, and dramatize weather*, Chicago-London, University of Chicago Press, 1999.

MORELL Jack, THACKRAY Arnold, *Gentlemen of Science. Early Years of the British Association for the Advancement of Science*, Oxford, Clarendon Press, 1981.

MORZER-BRUYNS Willem, « Matthew Fontaine Maury and the introduction of oceanography to the Netherlands in the Second Half of the Nineteenth Century », *American Neptune*, 18(1), 1988, p. 44-49.

NEBEKER Frederik, *Calculating the weather: meteorology in the 20th century*, San Diego, Academic Press, 1995.

NICOLAS Gilbert, *Instituteurs entre politique et religion. La première génération de normaliens en Bretagne au XIXe siècle*, Rennes, Apogée éditions, 1993.

NOËL-WALDTEUFEL Marie-France, « La météorologie entre science et savoir. L'affaire Mathieu de la Drôme », *Études Rurales*, 118-119, avril-septembre 1990, p. 59-68.

—, « La mise en place des réseaux d'observation météorologique dans les écoles normales d'instituteurs », *La météorologie*, n° spécial d'avril 1995, p. 11-15.

OPHIR Adi, SHAPIN Steven, « The place of knowledge: a methodological survey », *Science in context*, 4(1), 1991, p. 3-21.

ŒTTERMANN Stephan, *The panorama: History of a Mass Medium*, New York, Zone Books, 1997.

PELOSSE Valentin, « Observations météorologiques et sociétés savantes de province, ou la désignation du bon objet scientifique », *Études rurales*, 118-119, 1990, p. 69-82.

PERKINS Maureen, *Visions of future. Almanacs, Time and Cultural Change. 1775-1870*, Oxford, Clarendon press, 1996.

PESTRE Dominique, « Pour une histoire sociale et culturelle des sciences. Nouvelles définitions, nouveaux objets, nouvelles pratiques », *Annales. Histoire, Sciences Sociales*, 50, 1995, p. 487-522.

Pierres de mer, le patrimoine immobilier de la Marine nationale, Paris, ADDIM, 1996.

PLESSIS Alain, *De la fête impériale au mur des fédérés. 1852-1871*, Paris, Seuil, coll. « Points Histoire », 1979.

PORTER Theodore M., *Trust in numbers: the pursuit of Objectivity in Science and Public life*, Princeton, Princeton University Press, 1995.

REVEL Jacques, « L'Histoire au ras du sol », préface à LEVI Giovanni, *Le pouvoir au village*, Paris, NRF-Gallimard, 1990, p. I-XXXIII.

REVEL Jacques (dir.), *Jeux d'échelles*, Paris, Seuil-Gallimard, 1996.

REY Alain, *Dictionnaire historique de la langue française*, Paris, Dictionnaire Le Robert, 1998.

REYNAUD Marie-Hélène, *Auguste Bravais : de la Laponie au Mont-Blanc*, Annonay, Éditions du Vivarais, 1991.

RIOUX Jean-Pierre, *La révolution industrielle. 1780-1880*, Paris, Seuil, coll. « Points Histoire », 1989.

RISKIN Jessica, « The Lawyer and the Lightning Rod », *Science in Context*, 12(1), 1999, p. 61-99.

ROBÈNE Luc, *L'homme à la conquête de l'air. Des aristocrates éclairés aux sportifs bourgeois*, Paris, L'Harmattan, 1998, 2 t.

ROBINSON Arthur H., WALLIS Helen, « Humboldt's map of isothermal lines: a milestone in thematic cartography », *Cartographic Journal*, 5, 1967, p. 119-123.

ROHR Jean, *Victor Duruy, ministre de Napoléon III, essai sur la politique de l'Instruction Publique au temps de l'Empire libéral*, Paris, LGDJ, 1967.

ROLLET DE L'ISLE Maurice, « Étude historique sur les ingénieurs-hydrographes et le Service hydrographique de la Marine (1814-1914) », *Annales hydrographiques*, numéro bis spécial de l'année 1950.

ROZWADOWSKI Helen, « Small World: Forging a Scientific Maritime Culture for Oceanography », *Isis*, 87, 1996, p. 409-429.

—, « Technology and ocean-scape: defining the deep sea in mid-nineteenth century », *History and Technology*, 17, 2001, p. 217-247.

SCHAFFER Simon, « Astronomers Mark Time: Discipline and the Personal Equation », *Science in Context*, 2(1), 1988, p. 115-145.

SCHIAVON Martina, *Itinéraires de la précision. Géodésiens, artilleurs, savants et fabricants d'instruments en France, 1870-1930 (environ)*, Thèse, EHESS, 2003.

SHAPIN Steve, SCHAFFER Simon, *Le Léviathan et la pompe à air. Hobbes et Boyle entre science et politique*, Paris, La Découverte, 1993.

SHEETS-PYENSON Susan, « Popular science periodicals in Paris and London: the emergence of a low scientific culture, 1820-1875 », *Annals of science*, 42, 1985, p. 549-572.

SMITH Robert W., « A National Observatory Transformed: Greenwich in the 19th Century », *Journal for the History of Astronomy*, 45, 1991, p. 5-20.

TAILLEMITE Étienne, « Marine impériale », *in* : TULARD Jean (dir.), *Dictionnaire du Second Empire*, Paris, Fayard, 1995, p. 776-782.

Trésor de la langue française, Paris, CNRS, 1978.

TUCKER Jennifer, « Voyages of discovery on oceans of air: scientific observation and the image of science in an age of "baloonacy" », *Osiris*, 2e série, 11, 1996, p. 144-176.

VAN BERKEL Klass *et al.*, *A history of science in the Netherlands*, Brill, Leiden-Boston-Köln, 1999.

VENAYRE Sylvain, *La gloire de l'aventure. Genèse d'une mystique moderne. 1850-1940*, Paris, Aubier, coll. « historique », 2002.

WAT Pierre, *Naissance de l'art romantique*, Paris, Flammarion, 1998.

INDEX DES NOMS

E

F

G

H

J

K

L

M

TABLE DES MATIÈRES

Achevé d'imprimer
sur les presses du service reprographie de l'université de Rennes 2
en septembre 2008

Imprimé en France